Joachim Gnilka
Neutestamentliche Theologie

Joachim Gnilka

Neutestamentliche Theologie
Ein Überblick

Echter Verlag

CIP-Titelaufnahme der Deutschen Bibliothek

Die Neue Echter Bibel. – Würzburg, Echter Verlag.
Kommentar zum Neuen Testament mit der Einheitsübersetzung.
Hrsg. von Joachim Gnilka und Rudolf Schnackenburg.
NE: Gnilka, Joachim (Hrsg.); Abt.
Ergänzungsband Gnilka, Joachim: Neutestamentliche Theologie. – 1989

Gnilka, Joachim: Neutestamentliche Theologie: ein Überblick. Joachim Gnilka. –
Würzburg: Echter, 1989
(Die Neue Echter-Bibel: Kommentar zum Neuen Testament mit der
Einheitsübersetzung; Erg.-Band)
ISBN 3-429-01230-9

Mitglied der Verlagsgruppe »engagement«

© 1989 Echter Verlag Würzburg
Umschlag: Ernst Loew
Gesamtherstellung: Echter Würzburg
Fränkische Gesellschaftsdruckerei und Verlag GmbH
ISBN 3-429-01230-9

Inhalt

Einführung 7

I. Jesus 11
II. Die Spruchquelle 23
III. Ein alter Passionsbericht 29
IV. Das Markusevangelium 34
V. Das Matthäusevangelium 41
VI. Das lukanische Doppelwerk 50
VII. Bekenntnismäßige und hymnische
     Glaubensaussagen 62
VIII. Paulus 68
IX. Der zweite Thessalonicherbrief 93
X. Der Kolosser- und Epheserbrief 95
XI. Die Pastoralbriefe 103
XII. Der Hebräerbrief 110
XIII. Die Katholischen Briefe
      (mit Ausnahme der Johannesbriefe) 119
XIV. Das johanneische Schrifttum 126
XV. Die Apokalypse 149

Sachregister 157

Einführung

Theologie als Aussage von Gott, von Gottes Handeln in Jesus Christus, kann als ein umgreifendes Thema des Neuen Testaments angesehen werden. Die theozentrische Sicht, bei der Gott als der gewährende Initiator und als der Ziel- und Erfüllungsort der Erlösung gesehen wird, ist weithin Gemeingut neutestamentlicher Schriften. Wenn die Schöpfung in den Blick tritt, so meist im Kontext der Erlösung, weil vom Standpunkt der letzteren aus geurteilt wird. Begriffe wie Reich/Herrschaft Gottes, Evangelium Gottes, Gerechtigkeit Gottes, aber auch Sohn Gottes stellen die Verbindung zu Gott als Prinzip und Erfüllung her und können für manche andere stehen. Jesus Christus, der im Namen Gottes auftrat und in dem Gott das Heil wirkte, ist die Mitte der Botschaft aller neutestamentlichen Schriften. Dabei ist eine Verdichtung auf Kreuz und Auferstehung als den entscheidenden Heilsdaten von Anfang an festzustellen. Sie drückt sich in ältesten Glaubensformeln aus, um die sich erste christliche Gemeinden geschart haben mögen, sie erfährt ihre wahrscheinlich reifste Gestalt in der paulinischen Theologie, sie kann sich aber auch in apokalyptischen Bildern artikulieren wie dem vom Lamm, das eine Schlachtwunde trägt und am Throne Gottes steht (Offb 5,6). Sie wirkt prägend in die Gestalt der Evangelien hinein, die – beginnend mit Markus – das Wirken Jesu als einen Weg zeichnen, der konsequent nach Jerusalem führt. Die überspitzte Definition des Evangeliums als einer Passionsgeschichte mit einer ausführlichen Einleitung mag insbesondere für Markus in Frage kommen, sie hat auch im Matthäus- und Lukasevangelium ihre Spuren hinterlassen. Und selbst im Johannesevangelium, wo Jesus als der Sohn Gottes der Offenbarer Gottes ist, ist im Wort von seiner Erhöhung als einer Zentralaussage beides zusammengefaßt: sein Kreuz und seine Rückkehr zum Vater.
Der Zugang zu Jesus, der meist von seinem Wirken nicht absehen kann, erfolgt nicht nur in christologischen Hoheitsprädikaten, die das Bekenntnis oder die Bekenntnisse frühchristlicher Gemeinden ausmachen, sondern auch auf implizite Weise. Die bekenntnismäßigen christologischen Titulaturen sind unterschiedlich verteilt. Manche Schriften haben ihr spezifisches Bekenntnis, etwa der Hebräerbrief das zu Jesus dem Hohenpriester nach der Ordnung des Melchisedek (Hebr 5,10), doch ist eine gewisse Bevorzugung der Bezeichnung Jesu als Gottessohn nicht zu übersehen, wie immer diese im einzelnen ausgelegt werden muß. Die Erlösung hat zu tun mit den anthropologischen Voraussetzungen, mit dem Bestimmtsein des Menschen durch Sünde und Tod. Durchreflektierte anthropologische Konzeptionen treffen wir insbesondere bei Paulus und im johanneischen Schrifttum an. Das

in Christus gewirkte Heil als Thema neutestamentlicher Schriften ist ausgerichtet auf Gegenwart und Zukunft, ist ein schon anwesendes und gleichzeitig ein noch ausstehendes und zu vollendendes. Das Christentum begann mit dem Auftreten Jesu und seiner Predigt vom Reich Gottes als eschatologisch-endzeitliche Bewegung. Die Frage nach dem Verhältnis von Gegenwart und Zukunft bleibt ein gravierendes theologisches Problem, das unterschiedliche Lösungen erfährt. Präsentisches Heil, präsentische Eschatologie, Naherwartung, Problematik der Parusieverzögerung sind Stichwörter, die ein weites Feld lebhafter Auseinandersetzungen anzeigen.
Ist der Glaube die grundlegende theologisch-sittliche Forderung, die neutestamentliche Schriften an ihre Adressaten angesichts des in Christus gewirkten Heiles richten, so ist auch das Glaubensverständnis vielfältig und reichhaltig. Dies ist nicht bloß bedingt durch die Frage, ob der Glaube missionarisch eingefordert wird und als lebenswendende Entscheidung zu vollziehen ist, oder ob ein ermüdeter, bedrohter Glaube bestärkt werden soll. Es hat vor allem auch zu tun mit der Art des theologischen Denkens des jeweiligen Autors.
Alle neutestamentlichen Schriften richten sich an Gemeinden, richten sich an Kirche. Dies gilt selbst für den kleinen, als Privatbrief erscheinenden Philemonbrief, der an Philemon und seine Hausgemeinde gerichtet ist. Über den Stand der Gemeinde etwas zu erfahren, kann von Bedeutung sein für die theologische Argumentation, deren sich ein Autor bedient. Modelle von Kirche sind allenthalben vorhanden. Sie treten allerdings mit unterschiedlicher Schärfe hervor. Auch über die Verfassung von Gemeinden und von Kirche ist einiges zu erfahren.
Damit ist das Umfeld abgeschritten, in dem sich diese Darlegungen bewegen. Die neutestamentliche Theologie wird nicht anders faßbar als in den Fragestellungen der Theologie, das heißt im Aufweis christologischer, anthropologischer, soteriologischer, eschatologischer, ekklesiologischer Ansätze. Dieses Buch kann kaum mehr leisten als eine Darstellung. Sie ist ausgerichtet auf die einzelnen neutestamentlichen Schriften bzw. ihre Autoren. Auch die Spruchquelle und ein dem Evangelium vorausliegender alter Passionsbericht, die berücksichtigt werden, sind abgefaßte Schriften. Eine Ausnahme bilden die Bekenntnissätze und hymnischen Glaubensaussagen. Sie sollen aufmerksam machen auf das den Schriften vorausliegende Vorfeld mündlich vorgetragener theologischer Aussagen. Ob Jesus in eine solche Darstellung mitaufzunehmen ist, mag umstritten sein. Hier ist es geschehen. Wir haben auch gelernt, Markus, Matthäus und Lukas in ihrer Eigenständigkeit zu sehen und zu beurteilen. Auf eine Synthese ist bewußt verzichtet. Wahrscheinlich ist sie auch nicht möglich. Doch ist, Deo volente, eine größere »Theologie« geplant.

Literaturhinweise

Im folgenden kann nur eine gedrängte Auswahl geboten werden. Weitere Literaturangaben finden sich in den Kommentaren der »Neuen Echter Bibel«. Dort sind auch andere Kommentare verzeichnet, die im Text abgekürzt zitiert werden.

Gesamtdarstellungen: R. Bultmann, Theologie des NT, Tübingen ⁵1965; J. Schreiner/G. Dautzenberg (Hrsg.), Gestalt und Anspruch des NT, Würzburg ²1979; L. Goppelt, Theologie des NT, Göttingen ³1978; W. Thüsing, Die ntl. Theologie und Jesus Christus I, Düsseldorf 1981; H. Conzelmann, Grundriß der Theologie des NT, München ⁴1987; W. G. Kümmel, Die Theologie des NT, Göttingen ⁵1987.

Zu I: P. Volz, Die Eschatologie der jüdischen Gemeinde im ntl. Zeitalter, Tübingen ²1934; C. H. Dodd, The Parables of the Kingdom, Welwyn ²1936; A. Schweitzer, Die Geschichte der Leben-Jesu-Forschung, Tübingen ⁶1951; R. Bultmann, Jesus, Tübingen 1958; J. Jeremias, Die Gleichnisse Jesu, Göttingen ⁷1965; H. Braun, Jesus – der Mann aus Nazareth und seine Zeit, Stuttgart/Berlin 1984; G. Bornkamm, Jesus von Nazareth, Stuttgart ⁴1987.

Zu II: S. Schulz, Q – Die Spruchquelle der Evangelien, Zürich 1972; A. Polag, Die Christologie der Logienquelle, Neukirchen 1977; P. Hoffmann, Studien zur Theologie der Logienquelle, Münster ³1982.

Zu III: E. Linnemann, Studien zur Passionsgeschichte, Göttingen 1970; D. Dormeyer, Die Passion Jesu als Verhaltensmodell, Münster 1974; L. Schenke, Der gekreuzigte Christus, Stuttgart 1974.

Zu IV: K. G. Reploh, Markus – Lehrer der Gemeinde, Stuttgart 1969; K. Kertelge, Die Wunder im Markusevangelium, München 1970; M. Horstmann, Studien zur markinischen Christologie, Münster ²1973; H.-J. Steichele, Der leidende Sohn Gottes, Regensburg 1980; C. Breytenbach, Nachfolge und Zukunftserwartung nach Markus, Zürich 1983; E. Brandenburger, Markus 13 und die Apokalyptik, Göttingen 1984; T. Söding, Glaube bei Markus, Stuttgart 1985.

Zu V: G. Bornkamm/G. Barth/H. J. Held, Überlieferung und Auslegung im Matthäusevangelium, Neukirchen ²1961; G. Strecker, Der Weg der Gerechtigkeit, Göttingen 1962; W. Trilling, Das wahre Israel, München ³1964; H. Giesen, Christliches Handeln, Frankfurt/M. 1982; H. Frankemölle, Jahwebund und Kirche Christi, Münster ²1984.

Zu VI: C. Burchard, Der dreizehnte Zeuge, Göttingen 1970; E. Plümacher, Lukas als hellenistischer Schriftsteller, Göttingen 1972; K. Löning. Die Saulustradition in der Apostelgeschichte, Münster 1973; U. Busse, Das Nazareth-Manifest Jesu, Stuttgart 1978; M. Dömer, Das Heil Gottes, Bonn 1978;

F. Bovon, Lukas in neuer Sicht, Neukirchen 1985; F. W. Horn, Glaube und Handeln in der Theologie des Lukas, Bonn ²1986.

Zu VII: R. Deichgräber, Gotteshymnus und Christushymnus in der frühen Christenheit, Göttingen 1967; K. Wengst, Christologische Formeln und Lieder des Urchristentums, Gütersloh 1972.

Zu VIII: I. Hermann, Kyrios und Pneuma, München 1961; P. Siber, Mit Christus leben, Zürich 1971; J. Hainz, Ekklesia, Regensburg 1972; F. Laub, Eschatologische Verkündigung und Lebensgestaltung nach Paulus, Regensburg 1973; J. Hainz, Koinonia, Regensburg 1982; H. Hübner, Das Gesetz bei Paulus, Göttingen ³1982; W. Klaiber, Rechtfertigung und Gemeinde, Göttingen 1982; H.-J. Klauck, Herrenmahl und hellenistischer Kult, Münster ²1982; G. Nebe, »Hoffnung« bei Paulus, Göttingen 1983; U. Schnelle, Gerechtigkeit und Christusgegenwart, Göttingen 1983; H.-H. Schade, Apokalyptische Christologie bei Paulus, Göttingen ²1984; E. P. Sanders, Paulus und das palästinische Judentum, Göttingen 1985; W. Thüsing, Gott und Christus in der paulinischen Soteriologie, Münster 1986; A. von Dobbeler, Glaube als Teilhabe, Tübingen 1987; S. Jones, »Freiheit« in den Briefen des Apostels Paulus, Göttingen 1987.

Zu X: K. M. Fischer, Tendenz und Absicht des Epheserbriefes, Göttingen 1973; H. Merklein, Das kirchliche Amt nach dem Epheserbrief, München 1973; H. E. Lona, Die Eschatologie im Kolosser- und Epheserbrief, Würzburg 1984.

Zu XI: H. von Lips, Glaube – Gemeinde – Amt, Göttingen 1979.

Zu XII: E. Grässer, Der Glaube im Hebräerbrief, Marburg 1965; O. Hofius, Katapausis, Tübingen 1970; H. Zimmermann, Das Bekenntnis der Hoffnung, Köln 1977; F. Laub, Bekenntnis und Auslegung, Regensburg 1980; M. Rissi, Die Theologie des Hebräerbriefs, Tübingen 1987.

Zu XIII: R. Hoppe, Der theologische Hintergrund des Jakobusbriefes, Würzburg 1977; W. Popkes, Adressaten, Situation und Form des Jakobusbriefes, Stuttgart 1986.

Zu XIV: J. A. Bühner, Der Gesandte und sein Weg im vierten Evangelium, Tübingen 1977; W. Bittner, Jesu Zeichen im Johannesevangelium, Tübingen 1987; H. Kohler, Kreuz und Menschwerdung im Johannesevangelium, Zürich 1987; T. Onuki, Gemeinde und Welt im Johannesevangelium, Würzburg 1987; U. Schnelle, Antidoketische Christologie im Johannesevangelium, Göttingen 1987; L. Wehr, Arznei der Unsterblichkeit, Münster 1987; M. Theobald, Die Fleischwerdung des Logos, Münster 1988.

Zu XV: T. Holtz, Die Christologie der Apokalypse des Johannes, Berlin 1962; A. Satake, Die Gemeindeordnung der Johannesapokalypse, Neukirchen 1966; E. Schüßler Fiorenza, Priester für Gott, Münster 1972; G. Maier, Die Johannesoffenbarung und die Kirche, Tübingen 1981.

I. Jesus

1. »Erfüllt hat sich die Zeit und nahe gekommen ist die Herrschaft Gottes. Kehret um und glaubt an das Evangelium« (Mk 1,15). Zwar haben wir es bei diesen Sätzen mit einer vom Evangelisten Markus stammenden Zusammenfassung der Predigt Jesu zu tun. Doch hat sie deren Kern genau wiedergegeben, insofern *die Herrschaft oder das Reich Gottes* im Mittelpunkt seiner Verkündigung steht und alles andere von dieser Mitte her zu begreifen ist. Das heißt, Jesus kommt von Gott her, denkt von ihm aus. Die Herrschaft Gottes ist das Endgültige, das Heil, das das Glück des Menschen ausmacht. Es fällt zusammen mit der Offenbarung Gottes, die sich in naher Zukunft ereignen soll. Es hängt also engstens mit Gott zusammen, letztlich ist es Gott selbst. Und so sind alle Aussagen, die Jesus über die Herrschaft Gottes gemacht hat, auch Aussagen über Gott und sein Handeln.
Die Herrschaft Gottes als die zu erwartende Zukunft, auf die hin die Menschen sich ausrichten sollen, findet ihren beredten Ausdruck im Herrengebet, das Jesus zu beten gelehrt hat und das seinem eigenen Beten entsprochen haben dürfte. In bezug auf seine Prägnanz und Kürze hat es Lk 11,2–4 besser bewahrt, während in Mt 6,9–13 seine eschatologische Spannung eindringlicher erhalten blieb. Sein primäres Anliegen ist das Kommen der Gottesherrschaft: »Es komme deine Basileia«. Die Zeitform (Aorist) geht auf ein einmaliges erwartetes Handeln Gottes, nicht auf eine allmähliche Ausbreitung der Basileia in der Geschichte. Verknüpft ist dies mit dem Gedanken, daß dann Gott seinen Namen heiligen wird. Beides ist letztlich dasselbe. Doch deutet die Vorordnung der Heiligung des Gottesnamens an, daß die Offenbarung seiner Herrschaft sein heiliges Wesen offenbaren wird. Auch das bestätigt das theozentrische Denken Jesu. Für den Menschen bedeutet die Heiligung, daß er dann die endgültige Vergebung seiner Sündenschuld und die Befreiung durch jede versucherische Bedrohung erfahren wird. So sagen es die letzten Bitten des Gebetes aus, die in Mt 6,13b durch die »Erlösung vom Bösen« völlig sinngemäß ergänzt wurden. Auch die »Einlaßsprüche« bestätigen die Zukünftigkeit der Gottesherrschaft. Sie nennen Bedingungen, unter denen man in die Basileia gelangt, etwa daß man wie ein Kind werden muß (Mt 18,3) oder daß Zöllner und Dirnen wegen ihrer Umkehrbereitschaft eher in die Basileia gelangen werden als die jüdischen Hierarchen (Mt 21,31). Die Basileia erscheint dann wie ein Raum, wie ein weites Land, in das man eintritt. Oder sie kann als zukünftige Gabe verheißen werden. Insbesondere gilt sie den Armen und sozial Schwachen (Lk 6,20f), nicht bloß, weil diese die Stiefkinder dieser Welt sind, sondern vor allem auch, weil die Armen sich schon seit den Ta-

gen der Propheten als jene erwiesen haben, die für Gottes Wort ein offenes Herz besitzen. Wenn für Jesus der endgültige Anbruch der Gottesherrschaft mit der Auferstehung der Toten, dem Gericht über alle Menschen sich verbindet, so ist darin kein Proprium seiner Verkündigung zu sehen. Vielmehr teilt er diese Erwartung mit weiten Teilen des zeitgenössischen Judentums.

Kennzeichnend für Jesu Auffassung von der Gottesherrschaft ist deren bereits jetzt erfahrbare Gegenwart. Sie ist wesentlich Zukunft. Und doch hebt sie in seinem gegenwärtigen Wirken bereits an. Es hängt einiges davon ab, die Gegenwärtigkeit der Basileia zu sehen und anzuerkennen und das Verhältnis von Gegenwart und Zukunft richtig zu bestimmen. Weder ist die Basileia schon vollendet da (C. H. Dodd) – wie ließe sich das Fortbestehen von so viel Unrecht und Unglück erklären? –, noch ist sie ausschließlich Zukunft (A. Schweitzer). Vielmehr werden die definitiven Heilskräfte der Basileia in dem, was er tut und sagt, wirksam. So ist diese Botschaft von der Gottesherrschaft an seine Person gebunden. Letztlich kann sie nur von ihm ausgerichtet, oder wenn er Jünger aussendet, sein Wirken zu unterstützen (Mt 10,7), in seinem Namen weitergetragen werden. Diese bereits »christologisch« bedeutsame Einsicht wird explizit bestätigt durch das Wort, das im Kontext seiner exorzistischen Tätigkeit steht: »Wenn ich durch den Finger/Geist Gottes die Dämonen austreibe, dann ist die Herrschaft Gottes zu euch gelangt« (Lk 11,20/Mt 12,28). Die Verschränkung von Gegenwart und Zukunft der Basileia ist aber auch das Thema jener aus dem Leben des Landmannes genommenen Gleichnisse, die man – nicht ganz glücklich – Wachstumsgleichnisse genannt hat, wie die Gleichnisse vom Saatkorn (Mk 4,26–29), vom Senfkorn (Mk 4,30–32 par), vom Sauerteig (Mt 13,33). Denn nicht das Wachstum ist in ihnen der entscheidende Gedanke, sondern der Kontrast von kleinem, ja winzigem Anfang und herrlichem Ende. Wenn diese Gleichnisse als Gleichnisse von der Gottesherrschaft diese erklären, bedeutet das, daß die Gottesherrschaft schon ihren Anfang genommen hat. Mag er auch unscheinbar sein und übersehen werden können, der Anfang verbürgt das heilvolle Ende. So wie aus dem Senfkorn, das als sprichwörtlich galt für die kleinste dem menschlichen Auge wahrnehmbare Größe, die Senfstaude hervorgeht, so wie eine kleine Menge Sauerteigs eine große Menge Mehl durchsäuert, so gewiß ist im Wirken Jesu die zukünftige Vollendung der Basileia gewährleistet. Diese Kontrastgleichnisse verdeutlichen auch den engen, unlösbaren Zusammenhang des Wirkens Jesu mit der Basileia. Sie deuten die Basileia in gleicher Weise wie das Wirken Jesu. Auch das Gleichnis von Säemann (Mk 4,3–8 par) gehört hierher. Wenn man von der sekundär hinzugewachsenen paränetischen Deutung (Mk 4,13–20 par) absieht, so kündet auch dieses Gleichnis die Basileia im Kontext von unscheinbarem Beginn und großem Ende. Auf dem Hintergrund des stark betonten Verlustes von Saatgut, das auf dem Weg, auf felsigem Grund, unter den Dornen verdirbt, erscheint das Bild vom wogenden Ährenfeld um so zuversichtlicher. Es mag sein, daß Jesus diese Gleichnisse auch einsetzte als bezwingende Bilder gegenüber ungläubigen Kritikern seiner Botschaft, die ihm vorhalten konnten, daß seine Botschaft zu den unveränderten Verhältnissen in der Welt im Widerspruch stünde (J. Jeremias). Umstritten bleibt die Stelle Lk 17,20f: »Denn siehe, die Gottesherrschaft ist unter euch.« Geht sie auf die Gegenwart, ist sie nicht im Sinn von: »sie ist in euch, in euren Herzen«, sondern eben im Sinn von: »sie ist unter euch« zu verstehen. Geht sie auf die Zukunft, so daß man paraphrasieren könnte: »Wenn sie kommt, dann ist sie plötzlich unter euch«? Auf jeden Fall wendet sie sich gegen eine Auffassung, nach der man die endgültige Ankunft der Basileia meinte berechnen, mithilfe von Zeichen voraussagen zu können. Diese in apokalyptischen Kreisen des Judentums beheimatete Auffassung lehnt Jesus offenkundig ab.

Wie ist die Naherwartung zu qualifizieren? Wir haben einzelne Naherwartungslogien in der synoptischen Tradition, die eine befristete, termingerechte Zeitangabe enthalten (Mk 9,1 par; 13,30 par; Mt 10,23). Man spricht heute mit Recht weithin diese Worte dem historischen Jesus ab und läßt sie in der nachösterlichen Situation entstanden sein. Sie bedürfen darum an dieser Stelle keiner Erörterung. Dennoch kann die Basileiapredigt Jesu nur im Horizont einer den Hörer bedrängenden, aufrüttelnden Naherwartung verstanden werden. Freilich nicht so, daß die eben besprochenen Aussagen, die von der Gegenwärtigkeit der Gottesherrschaft handeln, als Ausdruck einer Nächsterwartung zu gelten hätten: Die Basileia ist so nahe, daß ihre ersten Ausläufer in die Gegenwart hineinreichen. Im Gegenteil, im gewissen Sinn relativiert die Gegenwärtigkeit die Naherwartung. Die Naherwartung läßt sich weder anthropologisch noch paränetisch auflösen, als Aufruf zur Gewinnung eines neuen Existenzverständnisses oder als Ansporn, so zu leben, als sei jeden Augenblick jüngster Tag. Letztlich läßt sich das Problem nur theologisch bewältigen, im Anschluß an das eingangs erwähnte Gottesverhältnis Jesu. In ihm, in seinem Wort, in seiner Person ist Gott dem Menschen so bezwingend nahe, daß die Möglichkeit der Entscheidung nicht aufgeschoben werden kann.

Die Entscheidung betrifft die Umkehr, die angesichts der Gottesherrschaft vom Menschen gefordert ist. Die Erfahrung und Erwartung der Basileia ist vordringliches Motiv für das einverlangte sittliche Handeln. Umkehr ist radikale Hinwendung zur Gottesherrschaft und damit zu Gott, wie ihn Jesus verkündigt. Ihre inhaltliche Entfaltung, auf die hier nicht näher einzugehen ist, erfährt sie insbesondere in den Jüngerunterweisungen (vgl. Lk 6,20–49). Es fällt auf, daß Jesus

häufiger von der verweigerten Umkehr spricht; gegenüber den galiläischen Städten (Mt 11,20f par), im Vergleich mit den Nineviten und der Königin des Südreiches (Mt 12,41f par). Dies deutet an, daß die Umkehrforderung aus dem Heilsangebot der Gottesherrschaft sich ableitet. Diese Reihenfolge ist gleichfalls in dem schon zitierten Summarium seiner Predigt in Mk 1,15 vorausgesetzt. Schön wird sie in den Gleichnissen, die vom Verlorenen handeln, veranschaulicht, vom verlorenen Schaf, von der verlorenen Drachme, vom verlorenen Sohn (Lk 15). Der Hirt, die Frau sind besorgt um das Verlorene. Ihrer Initiative ist es zu verdanken, daß das Verlorene wiedergefunden wird oder sich wiederfinden läßt. »So wird im Himmel Freude sein über einen Sünder, der umkehrt, mehr als über neunundneunzig Gerechte, die die Umkehr nicht nötig haben« (15,7). Auch im Gleichnis vom verlorenen Sohn ist der gütige Vater die Mitte des Geschehens. Das Entgegenkommen des Vaters zeigt sich darin, daß er den verlorenen Sohn von Ferne kommen sieht, ihm entgegenläuft, um den Hals fällt und ihn das Sündenbekenntnis, das er noch in der Ferne zu sprechen sich vorgenommen hatte, nicht aussprechen läßt (15,18–21). Darüber hinaus beschenkt er den Sohn mit einer Großzügigkeit, wie dieser sie niemals erwarten konnte. Die Geschichte ist transparent im Hinblick auf den Umgang Jesu mit den Menschen, denen er Vergebung gewährt. Völlig sinngemäß ist den Gleichnissen, die die Annahme des Verlorenen zum Thema haben, die Kritik der Pharisäer und Schriftgelehrten an Jesu Tischgemeinschaft mit den Zöllnern und Sündern vorangestellt (15,1f). Das Verhältnis des vorausgehenden Heilsangebotes zur einverlangten Umkehr in der Verkündigung Jesu erscheint besonders deutlich, wenn man diese mit der Verkündigung Johannes des Täufers vergleicht. In der Täuferpredigt ist es umgekehrt. Seine Predigt ist Gerichtspredigt. Von der Gottesherrschaft als Heilsangebot hat er nicht gesprochen. Mt 3,2, wo die Verkündigung des Johannes summarisch an die Verkündigung Jesu angeglichen ist (vgl. Mt 4,17), geht auf ein theologisches Anliegen des ersten Evangelisten zurück, der den Täufer ganz in die mit Jesus eröffnete Periode einfügen will. Gemäß dem Täufer soll die angesichts des hereinstehenden Gerichts geforderte Umkehr, durch die Taufe im Jordan besiegelt, dem Menschen helfen, dem Zorngericht zu entkommen. Gewiß ist das Gericht auch ein Thema in der Verkündigung Jesu. Aber bei ihm ergibt sich das Gericht aus der Zurückweisung des vorangegangenen Heilsangebotes (vgl. Mt 18,23–35).
Die vorläufige Gestalt der Gottesherrschaft in ihrer in Jesu Wirken gegenwärtigen Erfahrbarkeit ergibt sich auch daraus, daß die Welt von bösen Kräften durchwaltet ist. Zwar hat Jesus aller Wahrscheinlichkeit nach nicht – entsprechend dem apokalyptischen Vokabular – von diesem und dem kommenden Äon geredet, doch sieht er die Basileia angefochten von der Herrschaft Satans. Gewiß finden sich nicht

viele dualistische Aussagen, ist die Auseinandersetzung mehr Sache des Tuns als der Rede, aber im Gleichnis wird die Kampfsituation reflektiert: »Keiner kann in das Haus des Starken eindringen und seine Habe ausplündern, wenn er nicht zuerst den Starken gebunden hat. Und dann wird er sein Haus ausplündern« (Mk 3,27). Mit diesem Gleichnis reagiert er auf den Vorwurf des Bündnisses mit Beelzebul. Doch obsiegt auch hier der optimistische Ton. Es ist zu verstehen gegeben, daß der Stärkere schon da und dabei ist, den Starken zu binden. Ähnliches mag das rätselvolle Wort in Lk 10,18: »Ich sah den Satan wie einen Blitz aus dem Himmel fallen« besagen wollen. Man wird dabei nicht fehlgehen in der Annahme, daß Jesus sich selbst bei der visionär geschauten Bezwingung Satans als Bezwinger oder zumindest als Beteiligter versteht.

Am Ende seines Lebens spricht Jesus zum letztenmal von der Basileia in einer sehr persönlichen Form: »Amen, ich sage euch: Ich werde gewiß nicht mehr vom Gewächs des Weinstocks trinken bis zu jenem Tag, da ich es von neuem trinken werde im Reiche Gottes« (Mk 14,25). Das Bild vom endzeitlichen Freudenmahl, das er wiederholt in seinen Gleichnissen für das Reich Gottes verwendete, greift er nochmals auf, um es diesmal, angesichts des Todes, zum Ausdruck seiner eigenen Erwartung zu machen.

2. Auf welche Weise ist Heil im Wirken Jesu erfahrbar geworden? Man wird auf drei Dinge hinweisen müssen. Zunächst auf die Sündenvergebung. Wenn der statistische Befund etwas aussagt, fällt zunächst auf, daß die Wörter Sünde-Schuld-Vergehen verhältnismäßig wenig vorkommen. Jesus scheint von Sünde wenig geredet zu haben. Um die Vergebung der Schulden/Sünden zu bitten, lehrt er im Vaterunser (Mt 6,12/Lk 11,4). Einen Nachhall dieser Gebetsbitte haben wir in Mt 6,14f; Mk 11,25 vor uns. Daß er explizit einem Menschen die Sünden vergeben hat, hören wir nur zweimal. Er vergibt dem Gelähmten (Mk 2,5–10par) und der Sünderin (Lk 7,47–49). Dabei ist der explizite Zuspruch für Lk 7 fraglich. Für Mk 2 aber kann er als gesichert gelten. Dafür spricht die Differenzierung zwischen der grundsätzlichen Aussage »Der Menschensohn hat Vollmacht, Sünden zu vergeben auf der Erde« (V 10), die sekundär ist, und dem ganz anders gearteten Zuspruch: »Kind, deine Sünden sind vergeben« (V 5). Die passivische Formulierung läßt erkennen, daß Gott der Vergebende ist, dessen Sündenvergebungsauftrag Jesus erfüllt. Trotz des geringen Vorkommens ist die Vergebung im Wirken Jesu ein wichtiges Thema. Für sein Verständnis von Sünde und Vergebung ist es aufschlußreich, wie dieses Thema artikuliert wird. Er vergibt dem Gelähmten die Sünde, weil für ihn ein Zusammenhang zwischen Sünde und physischem Übel besteht, nicht so, daß Krankheit Ausdruck persönlicher Sünde sei (vgl. Joh 9,1–3), sondern weil er den Menschen

in einem umfassenden Sinn vom Bösen befreien möchte, dem physisch und dem seelisch Bösen. Er vergibt der Sünderin, der Frau – in ihrer Annahme ist die Vergebung enthalten, mag das explizite Wort auch sekundär sein –, und beschämt damit den Mann, der sich selbst für gerecht hält. Eine ähnliche Situation ist in der Perikope von der Ehebrecherin gegeben, die der synoptischen Überlieferung zugeordnet werden muß (Joh 7,53–8,11). Nur sagt Jesus hier, daß er nicht verurteilt.

Vergebung wird von Jesus praktisch geübt, indem er sich der Sünder annimmt, sie in seine Nähe ruft, Tischgemeinschaft mit ihnen hält. Sein Verhalten gewinnt besonderes Relief, wenn man sieht, daß diese einfachen Menschen von den Gesetzeslehrern, den in Sachen Frömmigkeit Maßgeblichen, verachtet, Amme-ha-arez, gewöhnliches Volk, Volk vom Lande genannt wurden. Herausragende Gruppen dieser Gesellschaftsschicht waren Dirnen und Zöllner. Letztere mögen nicht selten Betrüger gewesen sein. Die Verachtung, die die Gesetzeslehrer dem Amme-ha-arez zuteil werden ließen, hängt mit den gesetzlichen Reinheitsvorschriften zusammen, die ihnen verboten, Unreines zu berühren. Jesus beruft den Zöllner Levi in seine Nachfolge und hält anschließend Mahl in seinem Haus. Seine Offenheit rechtfertigt er mit dem Satz: »Nicht die Gesunden bedürfen des Arztes, sondern die Kranken« (Mk 2,13–17 par). Seine Tischgemeinschaft mit dieser Volksschicht trägt ihm den Vorwurf ein: »Fresser und Weinsäufer, Freund der Zöllner und Sünder« (Mt 11,19 par). Auch seine Einkehr im Haus des Oberzöllners Zachäus erweckt den Protest der Hierarchen (Lk 19,7). Jesu provozierender Umgang mit Zöllnern, Dirnen, Sündern beruht nicht auf einer romantischen Liebe zur Halbwelt, sondern ist Ausdruck seines Heilsangebotes, das auf die trifft, die seiner am meisten bedürfen, gepaart mit der Erfahrung, daß diese Menschen für sein Wort empfänglich sind. Ihre größere Empfänglichkeit vor den Hierarchen bestätigt Mt 21,31. Daß Jesu Verhalten nicht auf eine oberflächliche Gesellschaftskritik – obwohl es dies auch war – reduziert werden darf, sondern die durch ihn vermittelte Vergebung Gottes bedeutet, veranschaulicht das Gleichnis vom Pharisäer und Zöllner (Lk 18,9–14): Der reuige Zöllner geht gerechtfertigt nach Hause, der selbstgerechte Pharisäer nicht. Jesu Sündenvergebung basiert auf einem Verständnis von Sünde, das die Übertretung des göttlichen Gebotes als Zerstörung der menschlichen Beziehungen, Entzweiung der Menschen, Verletzung der Liebe wahr- und ernstnimmt. Darum reintegriert seine Vergebung den Sünder, der in eine Außenseiterrolle geraten ist, wie das in den gemeinsamen Mählern sinnenfällig zum Ausdruck gelangt. Ihre Wurzel aber hat diese Reintegration im Angenommensein durch Gott.

Heil war im Wirken Jesu weiter erfahrbar in seinen Wundern, in seinen Heilungen und Exorzismen. Dieser Aspekt seiner Tätigkeit kann auf keinen Fall ausgeklammert werden. Wenn auch die zahlreichen Wundergeschichten in den Evangelien vorgegebenen Schemata, die wir Gattungen nennen, angepaßt sind, wenn sie auch in ihrer Mehrzahl eher einen allgemeinen Einblick als eine Einsicht in einzelne konkrete Wunderheilungen gewähren, wenn manche von ihnen auch nachösterlich gesteigert wurden, indem Jesus, der irdische, mit den Zügen des erhöhten Herrn ausgestattet wurde, läßt sich dieses sein spezielles Wirken an den Kranken und Dämonischen nicht bestreiten. Es ist auch nicht erledigt durch das Welt- und Menschenbild, das es voraussetzt und das der Zeit verhaftet ist, nach dem physische Krankheit durch dämonische Kräfte verursacht ist. Der Glaube an Dämonen ist a fortiori in den Exorzismen gegeben, wo es sich bei den Kranken nicht um Blinde, Krüppel, Lahme usw. handelt, sondern eben um solche, die von einem unreinen Geist oder einem Dämon besessen sind. Diese antike Anschauung läßt sich nicht ohne weiteres in moderne Vorstellungen auflösen. Aber zweifelsohne verbirgt sich hinter ihr eine Realität, ein Krankheitsbefund psychisch-physischer Art, der wegen seines absonderlichen, erschreckenden Erscheinungsbildes das dämonische Wesen vermuten ließ und insinuierte. Die Beurteilung der Wunder Jesu ist auch dadurch erschwert, daß wir nur wenige authentische Worte haben, mit denen er diese deutet. Die wichtigsten haben wir schon erwähnt. Sie müssen nochmals zu Rate gezogen werden. Aus ihnen ergibt sich zweierlei: Jesus ordnet seine exorzistische Tätigkeit seiner Basileiapredigt unter; Lk 11, 20 par lehrt gerade auch dies, daß seine Wunder nicht isoliert betrachtet werden dürfen, sondern allein im Kontext der anbrechenden Gottesherrschaft richtig eingestuft werden können. Und Jesus will das Heil des ganzen Menschen, nicht bloß seiner Seele. Er vergibt die Sünden dem Gelähmten, den er heilt (Mk 2, 5). Die Antwort auf die Anfrage Johannes des Täufers (Mt 11, 4–6) blickt eher auf sein Wirken zurück und unterstreicht mit Hinweis auf Jes 35, 5 f; 61, 1 dessen messianische Qualität (Gnilka, Mt I 409 f). Die allgemeine Vermittlung seiner Heilungstätigkeit, die durch die Evangelien geschieht, läßt aber doch den bereits bekannten Zug der Reintegration deutlich werden. Die Kranken sind Randexistenzen ihrer Gesellschaft, besonders jene, denen man dämonische Besessenheit nachsagte. Jesus heilt sie ganz, indem er sie in das Leben zurückholt und ihnen ein wieder lebenswertes Leben schenkt.

Heil ist schließlich erfahrbar in der Lehre Jesu. Nicht bloß in der Weise, daß seine Lehre den Weg weist, der zum Heil führt, sondern auch in der Art und Weise, wie er lehrt. Er durchbricht die einengenden Schranken legalistischen Denkens und stellt die Würde des Menschen in den Mittelpunkt seiner Weisung. Darum kann er sich in Freiheit über die Reinheitsgebote hinwegsetzen und mit den Ausgestoßenen umgehen; darum nimmt er sich der Armen an, aber auch der Frauen und Kinder (Mk 10, 13–16), die in der Gesellschaft eine untergeordnete Rolle zu spielen hatten. Sein Wort: »Der Sabbat ist um des Menschen willen da und nicht der Mensch um des Sabbat willen« (Mk 2, 27), das wohl schon bald Anstoß erregte und bei den Seitenreferenten des Mk nicht mehr erscheint, ist ebenso kennzeichnend wie seine Gesetzesauslegung in den Antithesen, von denen wir die ersten beiden vom Töten und vom Ehebruch – als Antithesen! – auf Jesus zurückführen dürfen (Mt 5, 21 f. 27 f; vgl. Gnilka, Mt I z. St.). In ihnen wird eine gesetzlich orientierte Moral ad absurdum geführt, insofern Zorn und Ehebruch, in Gedanken vollzogen, gesetzlich niemals faßbare Vergehen, dem Gesetz entgegengestellt werden. Die in Mk 1, 22 aufbewahrte Reaktion des Volkes: »Und sie gerieten außer sich über seine Lehre. Denn er lehrte sie wie einer, der Vollmacht hat, und nicht wie die Schriftgelehrten« dürfte zutreffend wiedergeben, daß die Hörer Jesu das überraschend Neue seiner Verkündigung aufzunehmen imstande waren.

3. Jesus rief Menschen in seine Nachfolge, versammelte um sich einen Kreis von Jüngern. Es ist aufschlußreich, daß die einschlägigen griechischen Begriffe für Nachfolgen und Jünger (ἀκολουθέω, μαθητής,) nur in den Evangelien und in der Apg vorkommen (Ausnahme: Offb 14, 4). Zwar gab es im pharisäisch bestimmten Judentum Schulhäupter, die Jünger in ihre Schule aufnahmen und unterrichteten. Doch gewinnen Nachfolge und Jüngerschaft bei Jesus neue Inhalte. Schon die Art und Weise der Berufung ist neu (vgl. Mk 1, 16–20 par; 2, 14 par). Sie schließt an die Berufung der Prophetenschüler an (vgl. 1 Kön 19, 19–21). Nicht der Schüler sucht sich seinen Rabbi aus, sondern das Verhältnis ist umgekehrt. Jesus ruft, wen er will. Nachfolge ist gehorsame Annahme der Einladung. Sie ist verknüpft mit der Preisgabe der bisherigen Lebensverhältnisse (Lk 5, 11 radikalisiert: sie verließen alles) und kann für den Gerufenen einschneidende Folgen haben. Besonders anschaulich verdeutlicht das der »Totengräber-Spruch«, den Jesus an einen Nachfolgewilligen richtet, der zuvor seinen Vater begraben möchte: »Folge mir nach, und laß die Toten ihre Toten begraben« (Mt 8, 22 par; vgl. den Pflüger-Spruch Lk 9, 62). Die hier sich zu verstehen gebende Autorität ist auch für das Selbstverständnis Jesu von Belang. In seiner Schule lernt man auch nicht die Thora wie bei den Schriftgelehrten, sondern letztlich im persönlichen Umgang mit ihm ihn selber. Es kam wohl auch in der Schule der Pharisäer darauf an, daß der Schüler etwas von der Art seines Lehrers übernahm, doch entfaltet sich Nachfolge bei Jesus zur Schicksalsgemeinschaft und – weil er nach Jerusalem geht – zur Kreuzesgemeinschaft. Die ursprüngliche Fassung des Spruches von der Kreuzesnachfolge lautete wahrscheinlich: »Und wer nicht sein Kreuz aufnimmt und mir nachfolgt, kann mein Jünger nicht sein«

(Mt 10,38/Lk 14,27; vgl. Gnilka, Mt I 393 f). In der Nachfolge Jesu gibt es auch kein Aufrücken. Lehrer und Meister bleibt allein er, die Jünger sollen sich als Brüder (und Schwestern) verstehen (vgl. Mt 23, 8–10).

Innerhalb des Jüngerkreises konstituierte Jesus die Zwölf. Er schuf sie nicht, damit sie Apostel seien – dazu sollten sie erst nach Ostern werden –, die Zwölfzahl hat symbolischen Wert. Die Gründung des Zwölfergremiums durch Jesus zu bestreiten und seine Entstehung in die spätere (Jerusalemer) Gemeinde zu verlegen, bereitet Schwierigkeiten wegen 1 Kor 15,5. Auch paßt die Handlung zu seinem Wirken, insofern sie als prophetische Zeichenhandlung zu werten ist und er auch sonst, vor allem mit seiner Basileia-Verkündigung, prophetischem Wirken nahesteht. Die Reich-Gottes-Predigt wendet sich letztlich nicht an den einzelnen, sondern, indem sie sich an den einzelnen richtet, richtet sie sich an das Volk. Das Zwölfstämme-Volk Israel will Jesus angesichts der kommenden Basileia sammeln und neu begründen, wie es messianologisch-eschatologischer Erwartung entsprach. Faktisch war das Volk durch Kriege und Exil auf 2 bzw. 2½ Stämme zusammengeschrumpft. In der letzten Zeit sollte es neu zusammengerufen werden. Die von Jesus ausgelöste Bewegung galt als galiläische Bewegung. Er selbst wird nach seinem Heimatort der Nazarener (Mk 1,24; 14,67) oder auch der Galiläer genannt (Mt 26,69). In Galiläa waren neben der jüdischen Bevölkerung auch Nichtjuden ansässig. Schon in der griechischen Bibel heißt es »Galiläa der Heiden« (LXX Jes 8,23). Dennoch geht es ihm um Israel. Die Begegnungen mit Heiden werden als Ausnahmen gekennzeichnet (Mt 8,5–13 par; 15,21–28 par). In seinem Zug nach Jerusalem dürfte der Anspruch beschlossen sein, das Volk am Ort des Tempels zur Entscheidung zu zwingen. Das theologische Interesse an Israel oder am Volk Gottes kann von Jesu Wirken nicht abgelöst werden. Die Gründung einer aus den Völkern zusammengerufenen Kirche war erst nachösterlich möglich. Doch besteht zwischen dem alten und dem neuen Gottesvolk ein kontinuierliches Band, das aufzuweisen neutestamentliche Autoren sich bemüht haben. Jesus selbst schließt die Völker vom Heil der Gottesherrschaft nicht aus. Er erwartet im Anschluß an die altprophetische Idee von der Völkerwallfahrt (vgl. Jes 2,2–4; Mi 4,1–4; Sach 2,14 f) das Kommen der Völker zum Zionsberg in endzeitlicher Stunde: »Viele werden kommen von Anfang und Niedergang und mit Abraham, Isaak und Jakob in der Himmelsherrschaft zu Tisch liegen. Die Söhne des Reiches aber werden hinausgestoßen werden...« (Mt 8,11 f). Das eschatologische Herbeiströmen der Völker ist zu unterscheiden vom aktiven missionarischen Einsatz, den wir nachösterlich in Teilen der judenchristlichen Gemeinde feststellen.

4. Jesus wurde mit seiner Botschaft mehrheitlich abgelehnt. Sein Wirken, mag es ein, zwei oder drei Jahre umfaßt haben, war schon bald von Konflikt und Auseinandersetzung geprägt. Sie nahm für ihn und die Jüngerschaft zunehmend bedrohliche Formen an. Den Gründen für diesen Konflikt ist hier nicht nachzugehen. Nur ist darauf hinzuweisen, daß er die Jünger auf den Ernst ihrer Lage aufmerksam machte. Es gibt eine auf ihn zurückreichende Martyriumsparänese, mögen auch nur einzelne Worte auf uns gekommen sein. Hierzu gehört vor allem der schon erwähnte Spruch von der Kreuzesnachfolge, der nachösterlich nur im Blick auf das Kreuz Jesu verstanden werden konnte, vorösterlich aber die Bereitschaft zum Leiden beinhaltete. Auch die anderen einschlägigen Logien treffen wir in Mt 10, der Jüngeraussendungsrede, an (10, 37–39 par). Der in V 37 in Aussicht gestellte Familienzwist kann in Verbindung mit der Erfahrung Jesu gesehen werden, daß seine eigenen Verwandten ihn mißverstanden haben (vgl. Mk 9, 4; 3, 21). In Mk 8, 35 ist das Verlieren des Lebens »um meinetwillen« sekundär um die Floskel »und um des Evangeliums willen« erweitert worden. Sie überträgt eine Erfahrung des Jüngerkreises des irdischen Jesus auf die Situation der Gemeinde, in der das Evangelium gleichsam an die Stelle Jesu getreten ist.

Die Martyriumsparänese schließt den Gedanken aus, daß Jesus von seinem gewaltsamen Geschick, das die Gegner ihm in der Metropole bereiteten, überrascht worden sei. Er war auf sein Leiden gefaßt und bereit, es anzunehmen. Das letzte Mahl, das er in der Stadt mit den Jüngern hielt und das aller Wahrscheinlichkeit nach ein Paschamahl gewesen ist, ist überschattet von der Todesahnung. Anläßlich dieses Mahles hat er zu den Jüngern nicht bloß von seinem Tod gesprochen (vgl. Mk 14, 25 par), sondern ihnen auch eine besondere Gabe hinterlassen. Die Rekonstruktion seiner Abendmahlsworte ist mit Schwierigkeiten behaftet, doch ist ihre Urfassung im Umkreis von Mk 14, 22/1 Kor 11, 25 a zu suchen (vgl. Gnilka, Mk II 247–249). Der Bundesgedanke ist mit seiner Predigt von der Gottesherrschaft gut vereinbar. Jesus verzweifelt nicht im Sterben, sondern hält sein Heilsangebot an das Volk im Tode durch.

5. Aus welcher Vollmacht handelte Jesus? Die Frage kann keinesfalls auf die Möglichkeit christologischer Hoheitstitel, die in seiner Predigt vorkamen, beschränkt bleiben. Im Gegenteil ist der implizite (nicht-titulare) Ausdruck seiner Vollmacht unverzichtbar und fast noch besser geeignet, deren Originalität und Unableitbarkeit zu veranschaulichen. Jedoch kommt man nicht umhin, auch diesen Ausdruck im Rückgriff auf die bekannten Hoheitsprädikate zu umschreiben. Das bringt größere Klarheit und empfiehlt sich auch deshalb, weil der Horizont seiner Verkündigung das Alte Testament und Judentum ist, in dem auch nahezu alle Hoheitstitel beheimatet sind.

Es ist nahezu zu einem »Dogma« einer bestimmten Richtung der Bibelkritik geworden, Jesu Wirken die messianische Qualität abzusprechen und als unmessianisch zu bezeichnen. In unserem Jahrhundert hat Bultmann (Theologie 27–34) diese Auffassung neu begründet und durch sein Ansehen zu ihrer Verbreitung beigetragen. Diese Meinung hat teilweise seltsame Blüten getrieben. So wurde das Messiasbekenntnis des Petrus Mk 8, 27–30 in der Weise interpretiert, daß Jesus es als satanische Anfechtung zurückgewiesen habe; das Wort »Weiche hinter mich, Satan« gelte dem, was der Jünger von Jesus bekannt hat. Der unmessianischen Deutung des Lebens Jesu muß widersprochen werden.

Erinnern wir uns an bereits Gesagtes: Jesus hat die Gottesherrschaft verkündigt und dabei zu verstehen gegeben, daß diese von seinem Wirken nicht getrennt werden kann. Ihre Heilserfahrung bleibt an ihn (und seinen Auftrag) gebunden. In seinem Wirken, insbesondere in seinen Exorzismen, wird das rettende Eingreifen Gottes unmittelbar erfahrbar. Er wirkt Wunder als Zeichen des Heils. Er legt die Thora des Mose vollmächtig aus. In seiner Kritik der Gesetzespraxis gerät er in Konflikt mit den Hierarchen seines Volks. Daneben kann er das, was verpflichtender Wille Gottes ist, im freien Wort, das heißt, ohne auf die Schrift zurückzugreifen und deren Autorität in Anspruch zu nehmen, vortragen. Dies ist eine Lehrweise, wie sie bei den zeitgenössischen Gesetzeslehrern unüblich ist. Auch sie hat dazu beigetragen, bei seinen Hörern den Eindruck zu erwecken, daß seine Lehre neu ist. Jesus hat sich an Israel gewandt. Er wollte das ganze Volk der erwarteten Basileia Gottes entgegenführen. Dabei hat er die Heidenvölker aus seiner Heilsperspektive nicht ausgeschlossen.

Der Haupteinwand gegen eine messianische Deutung des Lebens Jesu lautet, daß der Messias als Nachfahre Davids in der jüdischen Erwartung ein politisches Königtum verwirklicht und dem Volk insbesondere auch nationale Befreiung erwirkt (Hahn, Hoheitstitel 157 und 179). Es ist völlig zutreffend, daß in Jesu Tätigkeit jegliche national-politische Komponente fehlt. Eine Vertreibung der Römer war nicht in seinem Programm, und von der Wiederaufrichtung des königlichen Thrones Davids hat er nicht geredet. Aber im jüdischen Messiasbild gab es auch andere Züge, die durchaus als wesentlich anzusehen sind. Der Messias vermittelt auch geistige Güter – so erwartete man es. Er wird in und für Israel wirken, er wird Wunder tun, seine Tätigkeit wird eins sein mit dem Wirken Gottes, mit seinem Auftritt beginnt die Heilszeit. In Ps Sal 17, 34 wird das Kommen der Völker zum Zion verheißen (vgl. Volz, Eschatologie 217–227). Es darf überhaupt gefragt werden, ob nicht jeweilige politische Mißverhältnisse, wie die Anwesenheit einer fremden Besatzungsmacht, dazu beigetragen haben, daß verstärkt national-politische Züge auf das Messiasbild aufgetragen wurden. Mag Jesus auch gegenüber einer

klaren Ausformulierung eines messianischen Anspruches aus verständlichen Gründen zurückhaltend gewesen sein, mag das eindeutige Bekenntnis Mk 8,29 par auch nachösterlich sein, Jesu Tätigkeit muß als eine messianische gekennzeichnet werden. Ohne den messianischen Hintergrund, bliebe letztlich auch seine Auslieferung in den Tod ein Rätsel.
Die spezifische Ausgestaltung der messianischen Qualität seines Lebens, die auf ihn zurückzuführen ist, kann in einem Zweifachen gesehen werden. Einmal war er bereit zum Leiden. Zum anderen steht er in einem jüdische Vorstellungen noch übertreffenden Intimverhältnis zu Gott. Er versteht sich in einzigartiger Weise als Kind Gottes. Als solches hat er freien Zugang zu Gott, besonders in seinem prophetischen Reden und in seinem Beten. Er nennt Gott seinen Abba (Mk 14,36). Wenn er Zusagen, Einsichten, Verheißungen auf bislang ungewohnte Weise mit »Amen« einleitet, deutet er diesen Zugang an.
Erst an zweiter Stelle ist das Menschensohn-Prädikat zu bedenken. Daß Jesus vom Menschensohn, näherhin vom endzeitlich kommenden, sprach, darf angenommen werden. Daß Menschensohn- und Basileia-Aussagen anscheinend unverbunden nebeneinander liegen, ist kein Gegenargument (vgl. Tödt, Menschensohn 302f). Es ist bekannt, daß der Menschensohn nahezu vollständig auf Jesus-Worte beschränkt ist, also als Anrede oder in narrativen Texten nicht vorkommt. Charakteristisch ist die Distanz in der Rede Jesu. Jesus spricht von ihm als einem Er (besonders deutlich in Lk 12,8). In der jüdisch-apokalyptischen Erwartung, wo er beheimatet ist, kommt ihm keine irdische Aufgabe zu. Er ist eine transzendente, abstrakte Figur, »keine recht aktive Persönlichkeit« (Volz, Eschatologie 188). Vor allem kommt ihm das Gericht über die Menschen zu. Wenn er gelegentlich und oberflächlich irdische Züge annimmt, geht das auf einen sekundären Einfluß zurück, der aus der Messiaserwartung stammt. Für Jesu Rede vom Menschensohn ist charakteristisch, daß nicht dessen Erwartung zentral ist, sondern alles auf die gegenwärtige Entscheidung ihm und seinem Wort gegenüber ankommt (nochmals Lk 12,8f par): »Wer sich zu mir bekennt...«

II. Die Spruchquelle

1. Zwischen dem Wirken Jesu von Nazaret und den nunmehr zu besprechenden Quellen liegt Ostern. Wir beginnen mit der Spruch- oder Logienquelle, die als solche im NT nicht unmittelbar zuhanden ist. Sie existiert als Postulat der sogenannten Zweiquellen-Hypothese, das heißt, in der Reflexion auf die Entstehung der synoptischen Evangelien Mk, Mt, Lk ergab sich die Auffassung, daß Mt und Lk – im wesentlichen – von zwei Quellen abhängig sind, nämlich von Mk und der Spruchquelle. Oder anders ausgedrückt: Der Mt und Lk gemeinsame Stoff geht auf diese Quelle (der Einfachheit halber auch Q genannt) zurück. Diese Definition mag hier genügen. Anzumerken ist, daß sie Unschärfen enthält und diese heute zunehmend kritischer gesehen werden. Dennoch können wir mit Q als einer greifbaren, selbständigen Tradition rechnen.
Wie schon der Name sagt, beinhaltet Q nahezu ausschließlich Logien, Wortgut, Redestoff. Dieser ist bereits in kleinen Gruppierungen oder auch in größeren Redekompositionen zusammengestellt. Es gibt mehrere Rekonstruktionsversuche. Es läßt sich ungefähr die folgende Inhaltsbeschreibung aufstellen:

Die Umkehrpredigt Johannes' des Täufers (Lk 3,7–9. 16f par)
Jesu Versuchung (Lk 4,1–12 par)
Die Jüngerunterweisungsrede (Lk 6,20–23. 27–49 par)
Der Hauptmann von Kafarnaum (Lk 7,1–10 par)
Der Täufer und Jesus (Lk 7,18–28. 31–35 par)
Nachfolge, Sendung, Seligpreisung (Lk 9,57–60; 10,2–16. 21–24 par)
Gebetserhörung (Lk 11,9–13 par)
Auseinandersetzung (Lk 11,14–26. 29–32 par)
Weherede (Lk 11,39–52 par)
Bekenntnis und Verfolgung (Lk 12,2–10 par)
Vom rechten Sorgen (Lk 12,22–31 par)
Mahnung angesichts der Not der Endzeit (Lk 12,39–46. 51–53 par)
Die Endgeschehnisse (Lk 17,23f. 37. 26f. 34f par).

Hinzu kommen noch verschiedene einzelne Logien, deren Zugehörigkeit zu Q teilweise umstritten ist. Ob das Vaterunser der Quelle zuzuschreiben ist oder eine eigene liturgische Tradition darstellt, mag offen bleiben. Die einzige narrative Überlieferung ist die Perikope vom Hauptmann von Kafarnaum.

2. Theologisch bedeutsam ist zunächst die Beobachtung, daß wir in der Spruchquelle nicht bloß die Predigt Jesu, sondern auch die Johannes' des Täufers vorfinden. Zum erstenmal haben wir hier die literarische Zusammenordnung beider Gestalten. Mit der Gerichtspredigt

des Täufers übernimmt das Dokument auch dessen drängende Naherwartung, anscheinend ohne Korrekturen: »Schon ist die Axt an die Wurzel der Bäume gelegt. Jeder Baum nun, der keine gute Frucht bringt, wird abgehauen und ins Feuer geworfen« (Lk 3,9 par). Die Vorläuferrolle des Täufers im Hinblick auf Jesus ist klar erkannt. Doch muß diese in Übereinstimmung mit der Naherwartung gesehen werden. Nach Q geht Johannes nicht so sehr dem auf Erden wirkenden Jesus voraus, als vielmehr dem Menschensohn Jesus, der in Bälde als der Stärkere kommen wird, um mit heiligem Geist und Feuer zu taufen, der Gericht halten und die Menschen trennen wird, wie der Bauer in der Ernte mit der Worfgabel die Spreu vom Weizen scheidet (Lk 3,16f par).

3. Damit ist der entscheidende Umbruch in der Christologie, den wir hier feststellen können, in den Blick getreten. Jesus ist nicht bloß vom Verkünder zum Verkündigten, vom Subjekt zum Objekt der Predigt geworden, sondern auch die Menschensohn-Christologie rückt unmißverständlich in den Vordergrund. Letzteres kann als das Charakteristische dieser Überlieferung gelten. Damit aber ist ein Mehrfaches verknüpft. Nach der oben vorgetragenen Meinung ist für Jesus das Messianische im Sinn der königlichen Messianologie von größerer Relevanz als die Menschensohn-Erwartung. Wenn demzufolge in der Spruchquelle dieses Messianische zurücktritt zugunsten des Menschensohnes, beruht dies letztlich auf der durch Ostern gewonnenen Erkenntnis, daß Jesus der Menschensohn sein wird, von dem Jesus rätselvoll gesprochen hatte. Die Bevorzugung des Menschensohn-Prädikats mag durch ein Zweifaches bedingt sein: einmal durch die Täuferpredigt, zu dessen Rede vom kommenden Geist- und Feuerrichter viel besser der apokalyptische Menschensohn paßte als ein auf Erden wirkender, milder Messias. Zum anderen war es die durch Johannes und durch die Ostererfahrung bedingte Naherwartung. Beides hat diese intensiviert, so daß sich gleichsam auch von rückwärts betrachtet, die Naherwartung für Jesus selber relativiert.
Freilich wird die auf den Menschensohn gerichtete Täufererwartung nicht voll akzeptiert. Jesus wird nämlich nicht nur der zum Gericht kommende Menschensohn sein, sondern er war auch als Menschensohn schon unter den Menschen. Bereits dem irdischen Jesus wird an zwei Stellen das Menschensohn-Prädikat zugesprochen. Auffälligerweise sind es die Texte, die sein Verhaftetsein mit der Erde stark betonen: Der Menschensohn hat im Gegensatz zu Füchsen und Vögeln nichts, wohin er sein Haupt legen kann (Lk 9,58 par); der Menschensohn wird wegen seiner Tischgemeinschaft mit Zöllnern und Sündern Fresser und Weinsäufer gescholten (Lk 7,34 par). Die Betonung der Menschlichkeit darf nicht dazu verführen, im »Menschensohn« hier eine Umschreibung von »Mensch« zu sehen und die Verwendung des

Hoheitsprädikats zu bestreiten. Das Hoheitliche erweist sich gerade darin, daß er sich als der Menschensohn erniedrigt. Die Korrektur der Sicht des Täufers erfolgt explizit in der Perikope von seiner Anfrage aus dem Gefängnis (Lk 7, 18–23 par). Irritiert darüber, ob Jesus der Kommende sei, erhalten die von ihm ausgesandten Jünger als Antwort den Hinweis auf Jesu Krankenheilungen und Verkündigung des Evangeliums an die Armen. Der negative Makarismus, der dem gilt, der sich an ihm nicht ärgert, spricht für sich. Damit tritt die Gegenwart als die dem Ende vorgeordnete Heilszeit in Erscheinung, mag diese nach Auffassung der Quelle auch nicht lang bemessen sein. In dieser Kombination erfährt die aus der jüdischen Apokalyptik stammende Menschensohn-Erwartung eine wichtige Neuinterpretation. Der Kommende ist der Gemeinde schon bekannt als der in der Geschichte Dagewesene. Sein Kommen wird sein wie der Blitz, der vom einen Ende des Himmels aufleuchtet bis zum anderen (Lk 17, 24 par), so unübersehbar und universal. Es ist schwierig, genau zu bestimmen, wie sich bezüglich seiner Autorität das Gericht des Kommenden zum Wirken des irdischen Menschensohnes verhält. Sicherlich hat man seine Machtvollkommenheit aus seiner Bestellung zum künftigen Menschensohn-Richter abgeleitet. Das dürfte das bedeutendste Motiv dafür gewesen sein, daß man daranging, die Worte Jesu zu sammeln und weiterzusagen und damit seine Predigt in der nachösterlichen Situation fortzusetzen. Waren es doch die Worte und Weisungen dessen, der nach deren Maßstab das Leben jedes einzelnen Menschen beurteilen wird (vgl. das Gleichnis von der Sturmflut Lk 6, 46–49 par). Dennoch wird man nicht ausschließlich auf die endzeitliche Richtertätigkeit abheben dürfen. Die Züge dieses Menschensohn-Richters versteinern nicht zum Bild des zornerfüllten Feuertäufers. Er ist als armer Wanderer über die Erde gegangen, der seine rettende Hilfe denen anbot, die sich ihm und seinem Evangelium öffneten, und der sich mit Vorliebe zu den Armen hingezogen fühlte.

4. Ist auch das neuinterpretierte Menschensohn-Prädikat das führende in der Christologie der Spruchquelle, so ist es nicht das einzige. In der Versuchungsgeschichte wird Jesus als der Sohn Gottes vom Teufel versucht (Lk 4, 1–12 par). Wegen der konditionalen Form, in der der Teufel die Versuchung an Jesus heranbringt (»Wenn du Gottes Sohn bist«), darf man vermuten, daß ihr schon in Q eine Erzählung von der Taufe Jesu vorausging, bei der dieser mit heiligem Geist ausgerüstet und vom Vater als Sohn proklamiert wurde. Sohn Gottes wäre er dann insbesondere als der in einzigartiger Weise mit Gottes Geist Ausgerüstete. Im eingeschränkten Sinn nimmt die Versuchung Stellung gegen eine zelotische Erlöservorstellung, nach der man politische Befreiung und irdische Weltgeltung für Israel erhoffte (die dritte Versuchung auf dem Berg). Die beiden anderen Versuchungen

aber lassen sich nicht in diese Richtung einordnen. Hier könnte es eher um die Korrektur eines überakzentuierten Wunderglaubens gehen.

Von besonderem Rang ist der sogenannte Messianische Jubelruf (Lk 10,21f par). Die den Unmündigen im Gegensatz zu den Weisen und Verständigen geschenkte Offenbarung bestätigt zunächst wieder die Hinwendung zu den einfachen Menschen. Den Inhalt der Offenbarung wird man nicht auf die Erkenntnis einschränken dürfen, daß Jesus der Menschensohn ist (P. Hoffmann). Darüber hinausgreifend, ist Jesus der Sohn in einem absoluten Sinn, erschließt sich in ihm der Vater, ist er die Offenbarung Gottes schlechthin. Gerade in dieser Einheit mit dem Vater in der Erkenntnis, die aller Wahrscheinlichkeit nach den jüdischen Erkenntnisbegriff noch übersteigt, ist der »johanneische« Charakter dieses Logions begründet. Für die absolute Sohnes-Aussage ist es ohnehin kennzeichnend, daß der Sohn immer in Relation zum Vater gesehen wird und beide jeweils genannt werden (vgl. Mk 13,32 par).

Nicht unerwähnt bleiben darf die an der Weisheit orientierte Schicht der Christologie der Spruchquelle. Jesus erscheint in ihr noch nicht als die personifizierte Weisheit (wie Mt 11,19), sondern als deren Gesandter. Q sprach noch nicht von den Werken (wie Mt), sondern von den Kindern der Weisheit, die diese rechtfertigen werden (wie Lk 7,35; vgl. Gnilka, Mt I 421f). Die Weisheits-Christologie ist verschiedene interessante Kombinationen eingegangen. Zunächst verband sie sich mit dem Menschensohn (Lk 7,34f). Dann wirkt die alttestamentliche (deuteronomistische) Tradition vom gewaltsamen Geschick der Propheten auf sie ein. Die Sendung Jesu, der Ablehnung erfährt, erscheint dann als der Abschluß in einer Kette von Gottesgesandten, die allesamt auf Widerstand stießen und ein blutiges Ende fanden, aber auch als der Auslöser des unwiderstehlich ergehenden göttlichen Gerichts. In der Klage über Jerusalem kommen diese Zusammenhänge zum Ausdruck (Lk 11,49–51; 13,34f par). Auch im Weisheitsmythos wird die Weisheit als personifizierte Sendbotin Gottes gesehen, die unter den Menschen wirkt, abgelehnt und verfolgt wird und daraufhin ihr Heilsangebot zurücknimmt und sich zurückzieht.

In diesem Licht hat man den Tod Jesu gesehen. Es ist der Tod eines Propheten, der wie so viele Propheten vor ihm zum Widerstand reizte und getötet wurde. Freilich war er der letzte Prophet. Darin liegt seine einzigartige Größe. Nach ihm wird keiner mehr kommen. Nur er wird noch einmal kommen als der erhöhte Menschensohn: »Siehe, euer Haus wird euch überlassen werden. Ihr werdet mich nicht mehr sehen, bis ihr sprecht: Gepriesen, der kommt im Namen des Herrn« (Lk 13,35 par). Für die Todesinterpretation ist weiter von Bedeutung, daß die Christen in das Los Jesu einbezogen werden.

Nicht daß sie seinem Todesgeschick etwas hinzufügen könnten, aber daß auch sie wie er verfolgt werden, um seinetwillen. Aus dieser Erfahrung wurde die letzte Seligpreisung am Beginn der Jüngerunterweisungsrede gestaltet: »Selig seid ihr, wenn die Menschen euch hassen... und schmähen und euren Namen wie etwas Böses austilgen um des Menschensohnes willen. Freuet euch an jenem Tag und springet. Denn siehe, euer Lohn wird groß sein im Himmel. Denn ebenso haben ihre Väter den Propheten getan« (Lk 6,22 f). Beachtung verdient, daß sie um des Menschensohnes willen verfolgt werden. Sie stehen ja in seiner Nachfolge und in seiner Erwartung. Wichtig aber ist auch, daß ihre Situation an der der alttestamentlichen Propheten gemessen wird. Dadurch werden sie auf außerordentliche Weise ausgezeichnet, aber auch getröstet. Schließlich ist darauf hinzuweisen, daß das Austilgen ihres Namens aller Wahrscheinlichkeit nach eine konkrete Maßnahme der Synagoge widerspiegelt. Man war dazu übergegangen, die jüdischen Bekenner des christlichen Namens aus den Listen der Synagoge zu streichen. Ob der Tod Jesu als Heilstod gedeutet wurde, verrät uns die Quelle nicht. Aus dem Schweigen darüber wird man keine besonderen Schlüsse ziehen dürfen. Denn die Spruchquelle war nicht für den internen Gebrauch der Gemeinde bestimmt. Wir vermuten vielmehr, daß sie als Handreichung jenen judenchristlichen Missionaren diente, die es unternommen hatten, in der Zeit zwischen Jesu Auferstehung und dem Ausbruch des jüdisch-römischen Krieges Israel zur Umkehr zu rufen.

5. Auf Grund dieses besonderen Charakters gewährt uns die Quelle vor allem einen Einblick in die Predigt der Boten. Sie setzen die Predigt Jesu unter veränderten Bedingungen fort. Weniger Einsicht gewinnen wir in das spezifische Leben judenchristlicher Gemeinden. Einen Einschnitt zeigt das Wort von der Sünde wider den Heiligen Geist an. Es mag in der Quelle gelautet haben: »Und wer ein Wort sagt wider den Menschensohn, dem wird vergeben werden. Wer aber lästert wider den Heiligen Geist, dem wird nicht vergeben werden« (Lk 12,10 par; vgl. Mk 3,29). Wie immer dieses schwierige Wort von den Boten aufgefaßt worden sein mag, auf jeden Fall gibt es uns zu verstehen, daß sie die von ihnen vorgetragene und an Israel gerichtete Botschaft vom Heiligen Geist getragen sehen. Wer das Heilsangebot unter Lästerungen ablehnt, der verwirkt sein eigenes Heil. Dieses ursprünglich selbständige Logion war für die Boten vermutlich von grundsätzlicher Bedeutung. Bei Mk und Mt erscheint es im Kontext der Exorzismen Jesu und erhält damit einen etwas eingeschränkteren Sinn. Das Lästern der Menschen wider den Heiligen Geist hat nur Lk aufbewahrt. Mt 12,32 formuliert: »Wer aber redet wider den Heiligen Geist.« Die mit Lästerungen verbundene Ablehnung der Botschaft dürfte eine Erfahrung der Boten ausmachen.

Für das Verständnis ihrer Sendung ist die Aussendungsrede aufschlußreich, deren Q-Fassung wir in Lk 10,1–16 besonders nahe sind. Sie wähnen, daß die Ernte reif geworden ist. Arbeiter für das Einbringen der Ernte wären dringend erforderlich. Doch die Sendung ist gefährlich. Es kann ihnen ergehen wie Schafen, die sich inmitten von Wölfen befinden. Die Ausrüstung für den Weg ist im höchsten Grad bescheiden. Kein Geldbeutel, keine Vorratstasche, keine Schuhe sollen mitgenommen werden. In ihrer Bedürfnislosigkeit zeigen sie das kommende Gottesreich an. Wenn es ihnen verboten ist, unterwegs jemanden zu grüßen, soll auch dies darauf hinlenken, daß der Aufmerksamkeit für das Reich Gottes nichts vorzuziehen ist. Sie heilen Kranke, rufen das Reich Gottes aus, entbieten aber vor allem den Friedensgruß dem Haus, in das sie eintreten. Dieser Friedensgruß ist Abkürzung ihrer Botschaft, Inbegriff des Heiles, Summe des Evangeliums. Auf dem Hintergrund des sich mehr und mehr abzeichnenden Krieges erhielt der Gruß einen besonderen Klang. Er drückte den Einsatz für den Frieden aus, zumal sie im Anschluß an Jesus die Friedensliebe und den Verzicht auf Gewalt lehrten (Lk 6,27–29 par). Doch kann er keinesfalls auf eine politische Intention hin eingeschränkt werden. Vielmehr ist sein in Gott ruhender Grund die Begründung dafür, daß sie dem Haß und dem Krieg entgegentreten. Darum fordert das Friedensangebot zur Entscheidung heraus. Der Stadt, die ihre Botschaft ablehnt, sagen sie das nahe Gericht an. Dies unterstreichen sie mit einem sinnenfälligen Zeichen, indem sie beim Verlassen der Stadt den Staub von sich abschütteln. Ein solches Tun verstand man als Aufkündigung der Gemeinschaft. Freilich besitzen sie die Vollmacht zur Botschaft von Heil und Gericht nicht aus sich selbst. Sie richten sie aus im Auftrag Jesu, letztlich im Auftrag Gottes. Die Weisungen zur Aussendung schlossen in der Quelle mit dem Logion: »Wer euch hört, der hört mich. Und wer euch ablehnt, der lehnt mich ab. Wer aber mich ablehnt, der lehnt den ab, der mich gesandt hat« (Lk 10,16 par).
Wir dürfen vermuten, daß die Boten sich nicht darauf beschränkten, ihre Botschaft zu verkünden. Darüber hinaus werden sie jene, die auf sie hörten, in Gemeinschaften, kleinen Gemeinden zusammengeführt haben. Der Tenor der Ablehnung, der aus der Spruchquelle spricht, läßt dies ebenso vermuten wie die Aussendungsrede. In ihr spielt das Haus eine entscheidende Rolle (Lk 10,5–7 par). Wir haben uns diese ältesten Versammlungen von Christen als Hausgemeinden vorzustellen. Nähere Anweisungen für das Gemeindeleben bietet die Quelle nicht.

III. Ein alter Passionsbericht

1. Alle vier Evangelien schließen mit einem Bericht von Jesu Leiden, Sterben und Auferstehen. Doch bestehen zwischen den vier Evangelien auch hinsichtlich der Ereignisfolge innerhalb der Darstellung der Passion weitgehende Übereinstimmungen. Auch im vierten Evangelium ist diese Grundstruktur deutlich zu erkennen. In der modernen Forschung hat sich die Auffassung durchgesetzt, daß am Anfang dieser Überlieferungen ein alter Passionsbericht steht, auf dem die Leidenserzählungen unserer Evangelien fußen. Wahrscheinlich ist dieser noch zur Amtszeit des Hohenpriesters Josef Kajafas, der von 18 bis 37 im Amte war, abgefaßt worden. Daß dieser in Mk 14,55–64 als der Hohepriester ohne Nennung seines Namens eingeführt wird, könnte eine Reminiszenz des alten Berichtes sein in dem Sinn, daß man damals bei der Erwähnung des Hohenpriesters ohne weiteres wußte, wer damit gemeint sei (R. Pesch). Als Abfassungsort darf man Jerusalem vermuten. Hier gab es schon sehr früh eine christliche Gemeinde. Für Jerusalem spricht auch die Vertrautheit mit den örtlichen Verhältnissen. Die Erwähnung bestimmter Örtlichkeiten (Getsemani, Golgota) kann aber auch damit zusammenhängen, daß die Gemeinde sich dort gelegentlich zum Gedächtnis versammelte. Das Interesse an den letzten Ereignissen des Lebens Jesu ist verständlich.
Hinsichtlich der Abgrenzung dieser Urpassion setzt man am besten mit der Verhaftung Jesu in Getsemani ein. Weit in sein Wirken zurückreichende Bestimmungen des Anfangs vermögen nicht zu überzeugen. Ab seiner Verhaftung ist Jesus ein Leidender, auch in dem Sinn, daß er nicht mehr handelt, kaum noch redet, nur noch die Dinge an sich geschehen läßt. Es schließen sich an das Verhör vor dem Hohenpriester und dem Synhedrion, verknüpft mit einer Verspottungsszene, das Verhör vor Pilatus, die Begnadigung des Barabbas, die Verurteilung Jesu, wieder verknüpft mit einer Verspottungsszene. Das Todesgeschehen gliedert sich in Kreuzweg, Verhöhnungen und Tod, der von verschiedenen, teilweise wunderbaren Geschehnissen begleitet ist. Die Bestattung Jesu und die Entdeckung des leeren Grabes bilden den Abschluß. Dies bedeutet, daß man von der Passion nicht erzählte, ohne sie in den Ausblick auf seine Erweckung aus dem Tod einmünden zu lassen. Schließlich ist in die Verhörszenen die Episode von der Verleugnung des Petrus eingeschaltet. Sie rahmt heute die Verhandlung vor dem Hohenpriester (Mk 14,53–72 par). Bei Lk 22,54–62 ist sie ihr vorgeordnet, was die ursprüngliche Reihenfolge sein könnte.

2. Hinsichtlich des Milieus der Entstehung der Urpassion oder – exegetisch formuliert – hinsichtlich ihres »Sitzes im Leben« bestehen unterschiedliche Vorstellungen. Man hat allein das geschichtliche Interesse als Anlaß für ihr Entstehen vermutet (R. Bultmann) oder ein apologetisches Anliegen an den Anfang gestellt, aus dem heraus die Gemeinde den ärgerlichen Kreuzestod Jesu begreiflich machen wollte (M. Dibelius). Man hat die gottesdienstliche Versammlung der Gemeinde als »Sitz im Leben« angegeben (G. Bertram) und darüber hinaus einzelne Teile des Passionsberichtes mit Stationsfeiern in Verbindung gebracht (G. Schille). Daß sich mit der geschichtlich bestimmten Darlegung theologische Interpretation verbindet, erkennt man am besten in der Berücksichtigung alttestamentlicher Texte. Immer wieder fließen in die Darlegung alttestamentliche Zitate oder Anspielungen ein, besonders solche, die aus dem Psalter genommen sind, näherhin aus den Psalmen, die vom leidenden Gerechten handeln. Die Zitate werden nicht eigens als solche gekennzeichnet. Ihre Verschmelzung mit der Erzählung läßt den Verfasser als einen Mann erkennen, der sich nicht nur im Alten Testament bestens auskennt, sondern auch um eine schriftgemäße Deutung des Geschehens bemüht ist. Psalm 22 spielt eine herausragende Rolle. So ist der Gebetsschrei des Gekreuzigten der Beginn dieses Psalms: »Eloi, eloi, lema sabachthani – Mein Gott, mein Gott, warum hast du mich verlassen?« (Mk 15,34). Die Verteilung der Kleider Jesu wird mit Worten aus Ps 22,19 beschrieben: »Und sie verteilen seine Kleider, indem sie das Los über sie werfen« (Mk 15,24). Der Spott der Vorüberziehenden lehnt sich an Ps 22,8f an: »Alle, die mich sehen, verlachen mich, verziehen die Lippen, schütteln den Kopf: Er wälze die Last auf den Herrn, der soll ihn befreien! Der reiße ihn heraus, wenn er an ihm Gefallen hat« (vgl. Mk 15,29f). Die Tränkung mit Essig läßt sich mit Ps 69,22b vergleichen (Mk 15,36). Auch die Perikope vom Verhör Jesu durch den Hohenpriester besitzt zahlreiche vorgeprägte Motive. Dazu gehören etwa der Plan, den Gerechten zu töten (Mk 14,55; vgl. Ps 35,4; 63,10; 70,3), die Aussage falscher Zeugen (Ps 35,11, vgl. Mk 14,56f), das Schweigen des Gerechten angesichts böswilliger Anklagen und Verleugnungen (Ps 39,2f.10; vgl. Mk 14,61). Die Angaben ließen sich fortsetzen. Man wird aus diesem Bemühen, mit Hilfe alttestamentlicher Worte zu berichten, das Erfüllungsprinzip herauslesen dürfen. Darüber hinaus aber gewinnen wir erneut die Einsicht, daß für den Verfasser der Tod Jesu nicht das Letzte ist, sondern über sich hinausweist auf die durch Gott letztendlich erfolgte Rettung. Der prägende Psalm 22 mündet aus in die Rettung, die der gequälte Gerechte von Gott erfahren hat (22,23–32). Der Standort, von dem aus der Passionsbericht konzipiert ist, ist der österliche Glaube an die Auferstehung des Gekreuzigten.

Die Verschmelzung von Erzählung und alttestamentlichem Text, die zum Zweck der Deutung erfolgte, löst den geschichtlichen Bezug des Geschilderten nicht auf. So ist etwa die Verteilung der Kleider unter die Henkersknechte ein Vorgang, der zur Hinrichtung gehört. Die Zuweisung der Hinterlassenschaft des Hingerichteten war im römischen Spolienrecht geregelt. Zur alttestamentlichen Reflexion tritt eine weitere Beobachtung hinzu, die das Tempus, die erzählerische Zeitstufe betrifft. Herausragende Geschehnisse des Passionsverlaufs werden in der präsentischen Zeitform geboten: »Und sie führen ihn hinaus ... Und sie nötigen einen Vorbeigehenden ..., daß er sein Kreuz aufnimmt. Und sie bringen ihn an den Ort Golgota ... Und sie kreuzigen ihn usw.« (Mk 15,20b–22). Mag auch die Bedeutung der verschiedenen Zeitstufen, insbesondere die Bedeutung des Präsens, in synoptischen Texten bis heute noch nicht voll erfaßt sein, so ist doch der Häufung der Gegenwartsstufe im Passionsbericht die Funktion zuzusprechen, den Leser anzuregen, sich diesen Begebenheiten in besonderer Weise zuzuwenden, sie zu kommemorieren, sie in die Gegenwart hereinzuholen, sich selbst als ein Gegenwärtiger anzusehen. Damit gewinnt der Text eine nach innen gerichtete Perspektive. Man kann davon ausgehen, daß er für solche geschrieben wurde, die bereits Glaubende sind, die sich des zentralen Stückes ihres Glaubens vergewissern sollen. Von den oben erwähnten Möglichkeiten, wo der »Sitz im Leben« für den Passionsbericht zu suchen ist, erweist sich die gottesdienstliche Versammlung als die wahrscheinlichste. Mit Hilfe von Gebetstexten des Alten Testaments (Psalter) gedachte man des leidenden und sterbenden Jesus. Im Glauben an seine Auferweckung und Erhöhung wußte man sich ihm nahe.

3. Das bestimmende christologische Hoheitsprädikat der Urpassion ist der Königstitel. Jesus wird König der Juden genannt. Die Kennzeichnung der Passionstradition durch diesen Titel geht auch daraus hervor, daß er sich innerhalb der Evangelien (von Mt 2,2 abgesehen) nur hier findet. Das Verhör durch Pilatus geht von der Frage nach dem König der Juden aus (Mk 15,2), am Ende des Prozesses sagt sich die Volksmenge im Kreuzigungsschrei vom König der Juden los (15,12–15). Ehe er zur Kreuzigung abgeführt wird, wird Jesus von den Soldaten als König verspottet, hohnvoll mit königlichen Insignien ausgestattet und inthronisiert (15,16–20). Auch die Szene der Kreuzigung ist entsprechend stilisiert. Der Kreuzestitel »Der König der Juden« (15,26) proklamiert vordergründig seine Schuld, insgeheim aber seine wahre Würde. Wenn sein Kreuz inmitten der Kreuze von zwei anderen steht, erscheinen diese beiden wie der Hofstaat des Königs, mag es sich auch um zwei Verbrecher handeln. Die Spannung des Verhältnisses von der Außen- zur Innenseite ist bis zum Äußersten gesteigert (15,27). Die lästernden Hohenpriester und Schriftgelehrten greifen den Titel auf, geben ihm aber die richtige, jüdische

Form: »Der Christus, der König Israels, steige jetzt herab vom Kreuz« (15,32). So wurde der Messias bezeichnet. Israel ist jener Name für das Volk, der seine Erwählung impliziert. Vom König der Juden zu reden, war dem Römer angemessen.

Mit dem Königstitel ist zu verstehen gegeben, daß der Prozeß Jesu um seinen messianischen Anspruch kreist. Das Verhör durch den Hohenpriester, das mit dessen Frage, der Antwort und dem Schweigen Jesu parallel zum Verhör durch Pilatus gestaltet wurde, spricht es noch deutlicher aus. Die entscheidende Anfrage lautet: »Du bist der Christus, der Sohn des Hochgelobten?« (Mk 14,61). Hier ist zu beachten, daß das Christus-Prädikat um den Gottessohn erweitert ist. Der Hochgelobte ist feierliche Umschreibung des Gottesnamens. Weil der Messias im Judentum nicht direkt Sohn Gottes genannt wurde, kann man folgern, daß die Frage des Hohenpriesters im Sinn des christlichen Bekenntnisses formuliert worden ist.

Weiter kann damit gerechnet werden, daß der Passionsbericht noch auf einer vormarkinischen Traditionsstufe auf eine bestimmte Weise überarbeitet wurde, und zwar so, daß apokalyptisches Gedankengut in ihn eindrang (vgl. Gnilka, Mk II 348–350). Dazu gehört die Stundenzählung, die sich wie folgt darstellt: Um die dritte Stunde wird Jesus gekreuzigt (Mk 15,25), um die sechste breitet sich eine Finsternis über der ganzen Erde aus (15,33), um die neunte erfolgt sein Gebetsruf, der seinen Tod einleitet (15,34). Hierin spricht sich nicht bloß ein apokalyptisch geprägter »christologischer Determinismus« aus, sondern auch die Vorstellung, daß die Ereignisse des Todes Jesu die zwölfte Stunde vorbereiten und auf sie hinlenken, in der die Welt sich vollenden und das Gericht gehalten wird. Die Finsternis als Begleiterscheinung kündet das Gericht an. Das Kreuz wird als Apokalypsis, als Offenbarung gedeutet, die in ihrer universalen Bedeutung angenommen werden soll. In der Epoche bis zur Vollendung gibt es nur die Offenbarung des Kreuzes, die den Glauben herausfordert. Als hinzugetretenes apokalyptisches Interpretament ist auch die Erweiterung in der Antwort Jesu auf die Anfrage des Hohenpriesters zu werten: »Und ihr werdet den Menschensohn zur Rechten der Kraft sitzen und mit den Wolken des Himmels kommen sehen« (14,62). Damit wird der für die Enderwartung zentrale Ausblick auf die Parusie des Menschensohn-Richters in die Passionsgeschichte eingeblendet. Das Menschensohn-Prädikat ist gemäß Dan 7,13 auf dessen Kommen mit den Wolken des Himmels gerichtet. Das Thronen zur Rechten der Kraft (= jüdischer Gottesname), mit Worten aus Ps 110,1 formuliert, bezieht sich auf Christi Erhöhung und Inthronisation, die als eine mit seiner Auferweckung erfolgte und nicht als eine mit seiner Parusie erst erfolgende gedacht ist. Das in Aussicht gestellte Sehen hat für die irdischen Richter einen bedrohlichen Klang. Wahrscheinlich gehört zur apokalyptischen Überarbeitung des Textes auch das Tempelwort (14,58). Der angekündigte Bau eines neuen Tempels, der sich in drei Tagen ereignen soll, hebt vermutlich auf Christi Auferweckung von den Toten ab. Mithin läßt die apokalyptisch geprägte Redaktion eine vordringlich christologisch orientierte Interpretation erkennen, die darum bemüht ist, den Zusammenhang der Passion mit Auferweckung, Parusie, Vollendung herzustellen.

4. Die Urpassion zeichnet sich schließlich dadurch aus, daß namentlich bezeichnete Personen in ihr vermehrt auftreten. Die führende Rolle der Antagonisten, des Pilatus und des Hohenpriesters, dessen Name Mt 26,3 (Kajafas) ohne weiteres zu ergänzen in der Lage war, versteht sich nahezu von selbst. Daneben aber weiß man Frauen und Männer zu benennen, die in die Ereignisse verwickelt wurden oder sich an ihnen beteiligten und die der Gemeinde nahestehen oder ihr später zugehören. Es sind dies Simon von Kyrene, dessen Kennzeichnung als Vater des Alexander und Rufus sehr auffällig ist, für den Kreuzweg (Mk 15,21); verschiedene Frauen, vor allem Maria von Magdala, für die Kreuzigung, Grablegung und Entdeckung des leeren Grabes (15,40.47; 16,1); und Josef von Arimatäa für die Bestattung Jesu (15,42–46). Selbstverständlich kommen die Genannten nicht als Autoren der Passionsgeschichte in Frage. Sie fungieren in ihr aber als wichtige Zeugen, die die Glaubwürdigkeit des Geschehens zu verbürgen in der Lage waren.

IV. Das Markusevangelium

1. Markus schrieb das älteste Evangelium. Dabei greift er für die Kennzeichnung des Inhalts seines Werkes jenen Begriff auf, der in der frühchristlichen Missionssprache die Verkündigung bezeichnet: »Anfang des Evangeliums Jesu Christi, des Gottessohnes« (1,1). Er steht damit gleichsam an der Schwelle eines Verständnisses von Evangelium, das von der mündlichen Verkündigung in die schriftliche Niederlegung hineinragt. Denn von dem zitierten Eingangsvers abgesehen bezeichnet Evangelium bei Mk sonst immer die Botschaft: Jesus verkündete das Evangelium Gottes (1,14), ruft zum Glauben an das Evangelium auf (1,15), »dieses Evangelium muß allen Völkern verkündet werden« (13,10). Dabei spricht Mk in der Regel vom Evangelium ohne nähere Bestimmung (noch 8,35; 10,29; 14,9).

Charakteristisch für das mk Verständnis von Evangelium ist, daß es nicht nur verkündigt, sondern in ihm auch berichtet wird. Damit ist ein prägendes Interesse an der Geschichte Jesu von Nazaret angezeigt. Dieses Interesse konzentriert sich auf den Zeitraum seines öffentlichen Wirkens, angefangen von der Taufe des Johannes bis zu Kreuz und Auferstehung. Sieht man den Stoff durch, so überwiegen Perikopen, die von Jesu Wirken erzählen, insbesondere von seinem Wunderwirken, seinen Exorzismen. Redekompositionen treten demgegenüber zurück. Letztlich bietet Mk nur zwei umfangreichere Reden Jesu: die Gleichnisrede, die an das Volk gerichtet ist (4,1–34, mit einer eingeschalteten Jüngerbelehrung), und die eschatologische Mahnrede, die sich nur an vier auserwählte Jünger wendet (Kap. 13).

Jesus, der sich zunächst vom Vorläufer Johannes taufen läßt, beginnt in Galiläa und bildet dort den Schwerpunkt seiner Tätigkeit aus. Galiläa erscheint als die Heimat des Evangeliums. Insgesamt ist Jesu Wirken eingespannt in einen Weg, der von Galiläa über einen episodischen Abstecher in das heidnische Nordland von Tyros, Sidon und Kaisareia Philippi (7,24.31; 8,27) nach Jerusalem führt. Die konsequente Ausrichtung auf Jerusalem, den Ort des Kreuzes, läßt erkennen, daß das Evangelium von Passion und Ostern, von Kreuz und Auferstehung her bestimmt ist und von diesem Standpunkt aus gelesen werden soll. Verweise auf das Leiden und auf Ostern durchziehen wie Richtmarken das ganze Evangelium (2,20; 3,6; 8,31; 9,30f; 10,32–34; 11,18; 12,12; 14,1f), so daß die bekannte pointierte Formulierung, das Evangelium sei eine Passionsgeschichte mit ausführlicher Einleitung (M. Kähler), vorzüglich auf das Markusevangelium zu passen scheint.

Die Verschränkung der Geschichte des irdischen Jesus mit der österlichen Perspektive, letztlich von Bericht und Kerygma, läßt sich noch anhand anderer Beobachtungen aufweisen. Hierher gehört der Markus-Schluß. Am Ende des Evangeliums liest man von der Entdeckung des leeren Grabes Jesu durch einige Frauen, denen in der Grabkammer (durch einen Engel) das Osterkerygma verkündigt wird und die den Auftrag erhalten, den Jüngern und Petrus Meldung zu erstatten. Sie aber sagen niemandem etwas davon, sondern fliehen mit Schrecken und Entsetzen vom Grab weg. »Sie fürchteten sich nämlich« lautet der merkwürdig erscheinende Schlußsatz (16, 1–8). Während man früher meinte, diesen Schluß ergänzen zu müssen (vgl. 16, 9–20 als kanonischen, nichtmarkinischen Schluß des Evangeliums), oder behauptete, es sei etwas verloren gegangen, hat sich in der gegenwärtigen Forschung die Auffassung durchgesetzt, daß Mk in der Tat sein Evangelium mit einem offenen Schluß enden ließ und sich dabei als außerordentlich geschickter Schriftsteller erweist. Die Offenheit des Schlusses ist in der angekündigten, aber bewußt nicht mehr erzählten Erscheinung des Auferweckten in Galiläa zu erblicken. Der Leser ist auf indirekte Weise aufgefordert, sich mit den Jüngerinnen zu identifizieren, deren Glaube herausgefordert ist. In der »erzählten Welt« wird die Christophanie nicht mehr geschildert. Sie soll im Glauben der Betroffenen, d. h. in der »Pragmatik« des Lebens Gestalt gewinnen. Die Aufforderung, nach Galiläa zu gehen, bedeutet auf der ersten Ebene zwar den Verweis auf die geschehene Christophanie, auf der zweiten und der den Leser betreffenden aber die Anweisung, das Evangelium vom österlichen Standpunkt zu lesen, seine Relecture neu zu beginnen, den irdischen Jesus als den Lebenden zu erfassen. Ganz Ähnliches hat der Evangelist schon in der Anfangszeile seines Werkes angedeutet. Wenn er hier vom Evangelium Jesu Christi, des Gottessohnes, sprach, bedeutet dies ein Zweifaches. Einmal handelt es sich um das Evangelium von Jesus Christus, das ihn zum Inhalt hat, von dem es berichten will. Zum anderen ist Jesus Christus Subjekt des Evangeliums, ist es sein Evangelium, ist er es, der es jetzt ausrichten und predigten läßt. Das ist möglich, weil er durch das Kreuz in die Auferstehung eingegangen ist. So ist das Evangelium die Geschichte von einem Lebenden (E. Schillebeeckx).

2. Im Mittelpunkt des Evangeliums steht also Jesus Christus. Führendes christologisches Bekenntnis ist der Gottessohn. Um dem Leser die Bedeutung dieses Bekenntnisses zu verstehen zu geben, hat Mk es an zentralen Stellen seines Buches eingefügt, nicht nur in der ersten Zeile, sondern auch im paradoxen Ruf des (heidnischen) Hauptmanns unter dem Kreuz: »Wahrhaftig, dieser Mensch war Gottes Sohn« (15, 39), der als zusammenfassendes Bekenntnis am Schluß die Grundintention des Evangeliums ausdrückt; sie besteht darin, die Menschen zu befähigen, diesen Satz im Glauben nachzusprechen. Daneben begegnet uns das Gottesohn-Prädikat in der Tauf- und Ver-

klärungsgeschichte (1,11; 9,7; noch 3,11; 5,7). Als Gottessohn ist Jesus der Geistträger (1,11), der Überwinder der Dämonen (3,11; 5,7), die Offenbarung Gottes in Wort (9,7) und Tat (15,39). Als Menschensohn kommt er zum universalen Gericht (13,26; 8,38), geht er aber zuvor in den schmachvollen Tod. Es ist kennzeichnend, daß alle Leidensankündigungen mit dem Menschensohn-Titel verbunden sind (8,31; 9,31; 10,33.45; 14,21.41). Als Menschensohn übt Jesus irdisch Vollmacht aus, die den Menschen zum Heil ist (2,10.28). In der Verknüpfung des Menschensohn-Prädikats mit dem Leiden geht Mk über die Spruchquelle hinaus. Daß aber auch in diese christologische Sicht das dominierende Gottessohn-Bild eindringt, gibt die auffällige Formulierung in 8,38 frei, daß der Menschensohn kommen werde in der Herrlichkeit *seines Vaters*.

Auch der Christus-Titel ist eingebettet in die Interpretation durch andere Prädikate. So fällt für das Christus-(Messias-)Bekenntnis des Petrus auf, daß es zwar als vollgültiges anerkannt wird – die Anweisung zu schweigen kann nicht anders verstanden werden –, daß es aber der Fortführung durch die Leidensankündigung bedarf. Das heißt, Jesus der Christus muß als der leidende Menschensohn begriffen werden (8,29–31). Die jüdischen Hierarchen lästern Jesus unter dem Kreuz als »Christus, König von Israel« (15,32). Doch weiß der gläubige Leser, daß der Titel, den sie lästernd aussprechen, Jesus zukommt. Ähnlich wird er von den Soldaten als König der Juden verhöhnt (15,16–20). Die Ausrichtung der Messianität auf die Parusie des Menschensohnes im Verhör durch den Hohenpriester übernimmt Mk bereits aus seiner Vorlage (14,61 f). Doch gewinnt bei ihm die Erörterung der Davidssohnfrage spezifischen Rang. Denn hier kann die offenbleibende Frage, daß der Christus mehr sein muß als Sohn Davids, weil dieser ihn gemäß Ps 110,1 Herr nennt, nur mit seiner Gottessohn-Würde beantwortet werden (12,35–37). Es wird deutlich, daß die mk Christologie in ihren Verarbeitungen auf das Bekenntnis zu Jesus als dem Sohn Gottes als dem tragenden hinausläuft, während das alte Christus-Bekenntnis an manchen Stellen schon verblaßt und Christus zum Eigennamen zu werden beginnt (1,1; 9,41).

Eine besondere Gestalt hat das christologische Konzept des Mk-Evangeliums in dem gefunden, was man seit W. Wrede das Messiasgeheimnis nennt. Vielleicht wäre es besser, aufgrund des Gesagten vom Gottessohn-Geheimnis zu sprechen, doch ist das nicht erheblich. Der Begriff wurzelt in 4,11: »Euch (= den Zwölfen) ist das Geheimnis der Gottesherrschaft gegeben. Jenen aber, die draußen sind, geschieht alles in Rätseln.« Das Reich Gottes und Jesus als dessen Verkündiger hat Mk in einem engen, sachlich bestimmten Zusammenhang gesehen. Das Reich Gottes ist letztlich nur für den verstehbar, der weiß, wer Jesus ist. Doch zunächst müssen die literarischen Bausteine genannt werden, mit denen der Evangelist sein Konzept gezimmert hat. Es sind drei: Am stärksten treten die Schweigegebote hervor, mit denen Jesus Geheilten (1,44; vgl. 5,43; 7,36) oder den Dämonen (3,12) oder den Jüngern (8,30; 9,9) gebietet, über ihn zu schweigen in dem Sinn, daß seine messianische Vollmacht nicht offenbar werde. Hinzu gesellt sich eine eigene Parabelauffassung, nach der Gleichnisse das, was sie ins Bild setzen, nur jenen eröffnen, denen das Geheimnis gegeben ist. Gegenüber dem Geheimnis ist der Mensch begriffsstutzig, blind. Ausgerechnet die Jünger werden zum Exempel der Nichtverstehenden und als solche wiederholt getadelt und des Unglaubens, verhärteter Sinne, eines verstockten Herzens gescholten (4,13.40; 6,52; 8,14–21; 9,6.10.32; 10,32; 14,40). Legt sich somit über das Wirken des irdischen Jesus die Hülle des Geheimnisses, so erfahren wir aus 9,9, dem letzten Schweigegebot, daß das Geheimnis ein befristetes ist und die Hülle weggezogen werden soll, »bis der Menschensohn von den Toten auferstanden ist«. Damit ist auch die Richtung gewiesen, in der die theologische Intention dieser Konzeption zu suchen ist. Der irdische Jesus konnte noch nicht verstanden werden, weil zur vollen Erfassung seiner Person und Sendung die Erfahrungen von Kreuz und Auferstehung notwendig waren. Die Geltendmachung des Kreuzes bedeutet nicht eine Abwertung des Wunderwirkens Jesu. Allerdings besagt sie, daß eine Abwertung des Kreuzes und ein auf den Wundertäter fixiertes Jesusbild falsch ist. Letztlich hat Mk mit seinem Konzept vom Gottessohn-Geheimnis das kerygmatische Problem aufgearbeitet, das darin bestand, daß Jesus, der Verkünder, in der nachösterlichen Situation zum Verkündigten wurde. Er rückt in die Mitte der christlichen Predigt. Die Reich-Gottes-Predigt wird nicht entfernt. Aber ihr Verstehen wird an das Verstehen der Person Jesu gebunden, so daß er zum Inhalt des »Geheimnisses des Reiches Gottes« werden konnte.

3. Das Bild der Jünger ist ein doppelseitiges. Einerseits sind sie unverständig, ängstlich, noch nicht fest im Glauben. Sie verstehen die Gleichnisse nicht (4,13), bangen im Seesturm um ihr Leben (4,38ff), sorgen sich, weil sie vergaßen, Brote auf die Reise mitzunehmen (8,14ff). Vor allem aber weisen sie das Kreuz ihres Meisters von sich weg und setzen ihm eitle, egoistische Gedanken entgegen. In dreifacher Folge hat Mk im Anschluß an die drei Leidensankündigungen Jesu dramatische Jüngerreaktionen eingebracht, die deren Verständnislosigkeit bekunden. Nach der ersten Ankündigung reagiert Petrus mit Begriffsstutzigkeit und dem Versuch, Jesus von seinem Weg abzubringen, und wird daher von diesem Satan gescholten (8,32f). Nach der zweiten entsteht unter den Jüngern ein dem Leidensgedanken völlig entgegengesetzter Streit, wer unter ihnen der Größte sei (9,33ff). Nach der dritten treten Jakobus und Johannes an Jesus heran mit der unerleuchteten Bitte, er möge ihnen in seiner Herrlich-

keit die Plätze zu seiner Rechten und zu seiner Linken verleihen (10, 35 ff). In der entscheidenden Stunde der Passion versagen sie samt und sonders. Bei der Verhaftung Jesu in Getsemani fliehen sie alle (14, 50). Nur Petrus folgt ihm von ferne nach (14, 54), sagt sich aber unter Flüchen und Schwüren von ihm los, als er von einer Magd und den Knechten des Hohenpriesters auf seine Zugehörigkeit zu Jesus angesprochen wird (14, 66 ff). Unter dem Kreuz steht keiner der Männer, nur Frauen, die ihm in Galiläa nachgefolgt und zusammen mit ihm nach Jerusalem hinaufgezogen waren, darunter Maria von Magdala (15, 40 f). Andererseits – ihrem Unverstand entgegenwirkend – sind die Jünger die von Jesus Gerufenen, Angenommenen, Erwählten. Er holt sie vom Fischerhandwerk weg in seine Nachfolge (1, 16 ff), er ruft, wen *er* will (3, 13), er schenkt ihnen das Geheimnis des Reiches Gottes (4, 10 f), er nimmt sich ihrer in besonderer Weise lehrend an (4, 13 ff; 7, 17 ff; 9, 28 f; 13, 3 ff), er lädt sie ein an seinen Tisch (14, 12–26). Beachtung verdient, daß die den Jüngern gemachten Vorwürfe in Frageform gehalten sind (4, 13; 5, 40; 8, 17 f), womit angedeutet sein dürfte, daß sie wachgerüttelt und weitergeführt werden sollen.

In ihrer Disparatheit als Angenommene und Unverständige sind die Jünger als Typen gezeichnet, als Spiegelbilder zu nehmen, in denen sich der christliche Leser wiedererkennen darf. Was ihnen widerfuhr, ist transparent im Blick auf den Alltag des Christen. So kann man das Evangelium des Mk vorab auch begreifen als Einweisung in die Nachfolge. Nachfolge Jesu aber ist Kreuzesnachfolge. Herausragende Punkte dieser Einweisung sind jeweils im Anschluß an Szenen des Jüngerunverstandes gegeben. Darum ist es kein Zufall, wenn die Jüngerschaft nach dem Aufbegehren des Petrus den Spruch von der Kreuzesnachfolge zu hören bekommt, der einen zentralen Platz im Evangelium behauptet: »Wenn jemand mir nachfolgen will, verleugne er sich selbst, und nehme sein Kreuz auf, und so folge er mir« (8, 34). Nach dem Rangstreit der Jünger spricht Jesus vom Dienen, indem er ein Kind herbeiruft, es in ihre Mitte stellt und umarmt: »Wenn jemand der Erste sein will, werde er der Letzte von allen und der Diener von allen« (9, 35 f). Nach dem Ansinnen der beiden Zebedäussöhne schließlich stellt sich Jesus selbst mit seinem Beispiel vor, nachdem er die Zwölf gewarnt hatte, sich nicht wie die Mächtigen in dieser Welt zu verhalten: »Denn auch der Menschensohn ist nicht gekommen, um bedient zu werden, sondern um zu dienen und sein Leben zu geben als Lösepreis für viele« (10, 45). Das Versagen aller in der Passion führt nicht ins Aus, sondern zur Wiederannahme durch den Auferweckten. Dieser will die durch die Ereignisse des Karfreitags zerstreute Herde neu sammeln, ihr nach Galiläa vorausgehen, wo den Jüngern und Petrus ein Neuanfang gewährt wird (14, 27 f; 16, 7). Innerhalb der Jüngerschaft gewinnt die Gruppe der Zwölf eine Bedeutung, die ihnen in einzigartiger Weise zukommt und nicht übertragbar ist. Sie sind die von Jesus mit Vollmacht ausgerüsteten Zeugen seines Wirkens, die sein Werk fortsetzen sollen und von ihm ausgesendet werden (3, 14 ff; 6, 7 ff). Obwohl sie bei Mk noch nicht die zwölf Apostel heißen – in 6, 30 wird der Begriff Apostel noch nicht technisch, sondern funktional verwendet und auf sie bezogen, die eben als »Ausgesendete« zu Jesus zurückkehren –, kündigt sich das für die Kirche bedeutungsvolle Verständnis des Apostolischen an. Aus den Bevollmächtigten ragt Simon Petrus heraus, dessen Name inklusionsartig am Beginn und am Schluß steht: er ist mit seinem Bruder Andreas der Erstberufene (1, 16) und wird eigens angewiesen, nach Galiläa zu ziehen, um den Auferweckten zu sehen (16, 7).

Die Jünger-Existenz soll geprägt sein durch den Glauben. Dieser ist zunächst auf das Evangelium gerichtet, ist ein dem Evangelium zugewandter Glauben (1, 15). Der hier vorliegende Dativ darf nicht im Sinn von: »Glauben aufgrund des Evangeliums« aufgelöst werden. Jesus ist der Freudenbote. Glauben gewinnt stärker die Nuance des Vertrauens. Mit dem Glauben rechtfertigt der Mensch das Evangelium und bezeugt den in ihm erhobenen Anspruch als wahr. Glaube als Vertrauen wird insbesondere durch die Wundergeschichten verdeutlicht, in denen das Wort am häufigsten begegnet (2, 5; 4, 40; 5, 34. 36; 10, 52). Das gläubige Vertrauen richtet sich konkret auf Jesus und seine helfende, rettende Macht. In diesem Sinn ist dem Glaubenden alles möglich (9, 23). Er kann Berge ins Meer stürzen lassen, das heißt sein Glaube verändert die Welt, so wie Gott endzeitlich die Welt verändern will. Es ist bemerkenswert, daß Mk Jesus als Glaubenden vorstellt. Letztlich ist er in seinem einzigartigen Gottesverhältnis von diesem alles vermögenden Glauben bestimmt. Er kann aber auch zur Teilhabe an diesen Glauben einladen. Der Mensch als Glaubender wird sich dabei seines Unglaubens bewußt (9, 23 f).

4. Das Wort »Kirche« kommt explizit bei Mk nicht vor. Doch ist die Sache, ist die Idee des Gottesvolkes im Evangelium präsent, sogar ein leitendes Thema. Es wird in zweifacher Hinsicht entfaltet: als Hinwendung Jesu zu Israel, das sich verschließt und verhärtet, und als Übergang zu einem neuen Gottesvolk, das für alle Völker offen ist. Die Hinwendung zu Israel, die geographisch durch Galiläa und den Weg nach Jerusalem zu verstehen gegeben ist, wird explizit im Bildwort 7, 27 angesprochen: »Laß zuerst die Kinder satt werden. Denn es ist nicht recht, den Kindern das Brot zu nehmen und den Hündlein vorzuwerfen.« Gerade dieses Wort aber spricht Jesus im heidnischen Land, im Gebiet von Tyros (7, 24). Die Israeliten müssen als Kinder, die Heiden, deren Repräsentantin die Syrophönikierin ist, als die Hündlein angesehen werden. Es ist kein Zufall, daß Jesus als Davidssohn in der Nähe von Jerusalem und in der Stadt in Erscheinung tritt (10, 48; 12, 35 ff; vgl. 11, 10). Der Davidssohn ist der für das jüdische

Volk bestimmte Messias. In den Vordergrund aber schiebt sich der Unglaube. In seiner Heimat wird Jesus abgelehnt (6, 1–6). Die Speisegebote werden für unnütz erklärt (7, 19). Die Verfluchung des Feigenbaums als Symbolhandlung in Verbindung mit dem Tempelprotest (11, 12–19) zeigt das Ende des Tempelkultes an. Der Tempel wird zerstört werden (13, 2). Die förmliche Absage erfolgt im Pilatusprozeß, in der das Volk die Kreuzigung des Königs der Juden fordert (15, 11–15). Der Übergang zum neuen Gottesvolk kündigt sich feinsinnig in der Antwort an, die die Syrophönikierin Jesus gibt: »Herr, auch die Hündlein unter dem Tisch essen von den Brosamen der Kinder« (7, 28). Der Tempel hätte als Bethaus für alle Völker dienen sollen (11, 17). In der Endzeitrede gibt Jesus unmittelbare Weisung, daß das Evangelium allen Völkern verkündet werden muß (13, 10). Auch das Gleichnis von den bösen Weingärtnern deutet die Ablösung an: »(Der Herr des Weinbergs) wird den Weinberg anderen geben« (12, 9). Hat Mk also die neue um Jesus sich bildende Gemeinschaft, das neue Gottesvolk, deren Stammväter die Zwölf sind, klar im Blick, so erfahren wir aus dem Evangelium über Struktur oder Verfaßtheit der Gemeinde so gut wie gar nichts. Man wird aber das Wort von den geistigen Brüdern und Schwestern Jesu so verstehen dürfen, daß die neue Gemeinschaft sich als Bruderschaft, als seine Familie begreifen soll (3, 35).

5. Mk steht in der Erwartung des Reiches Gottes. Allerdings ist dieses für ihn nicht ausschließlich Zukunft, sondern auch schon Gegenwart. »Erfüllt hat sich die Zeit und genaht ist die Herrschaft Gottes« (1, 15) besagt hinsichtlich der Nähe, daß ab jetzt die Basileia anbricht. Das Verhältnis von Gegenwart und Zukunft der Basileia wird auch in den Wachstumsgleichnissen vom zuversichtlichen Landmann und vom Senfkorn (4, 26–32) thematisiert. Die Gegenwart ist unscheinbar wie das Senfkorn, aber wirksam und die Zukunft garantierend und eröffnend. In der eschatologischen Rede (Kap. 13), in die der Evangelist eine vorgegebene aus judenchirstlichen Kreisen stammende kleine apokalyptische Schrift eingearbeitet hat, wird die Frage nach dem Wann der Vollendung gestellt. Die Antwort kann nicht mit einem Wort gegeben werden. Doch weiß sich Mk mit seiner Gemeinde in der Endzeit, in der endgültigen Zeit. Die Christen haben im Blick auf die durch den Menschensohn Jesus herbeizuführende Vollendung zu leben, die ihre Sammlung und Rettung sein wird. Die anstehenden Drangsale sind die »messianischen Wehen«, aus denen das Ende hervorbrechen wird. Die Katastrophe, die über Jerusalem gekommen ist, ist noch nicht das das Ende einläutende Zeichen. Aber offenbar rechnet Mk mit dem Ende für eine absehbare Zeit (13, 30). Doch muß zuvor das Evangelium in der ganzen Welt verkündigt werden (13, 10), und es ist allein dem Vater vorbehalten, Tag und Stunde zu wissen (13, 32).

V. Das Matthäusevangelium

1. Mt schließt an seine Mk-Vorlage hinsichtlich des Aufbaus seines Evangeliums erkennbar an. Er fügt das Logiengut der Spruchquelle ein und redigiert mit dessen Hilfe die das ganze Werk prägenden Redekompositionen: Bergpredigt, Aussendungsrede, Gleichnis- und Gemeinderede, Wehe- und Endzeitrede. Die beiden letzteren wird man trennen und nicht als eine einzige Redekomposition verstehen dürfen, weil jede ihr eigenes Eröffnungsszenario und unterschiedliche Adressaten besitzt (23,1; 24,1-3). Hinzu kommt mancher Sonderstoff. Mt hat ihn zum großen Teil dadurch gekennzeichnet, daß er ihn mit alttestamentlichen Reflexionszitaten verband. Dies fällt insbesondere für Mt 1 und 2 auf (1,23; 2,15.18.23; vgl. 2,6), aber auch für 27,3-10. Damit ist bereits angezeigt, daß der Anfang des Evangeliums im Vergleich zu Mk völlig neu gestaltet wurde, nämlich durch einen Rückgriff auf die Kindheit/Geburt Jesu, ja in einem Stammbaum auf die Geschichte Israels. Das Wort Evangelium scheint als Überschrift des gesamten Werks nicht mehr auf. Mt spricht aber sonst schon vom Evangelium, das er mit Vorzug das Evangelium vom Reich nennt (4,23; 9,35; 24,14), das verkündigt wird. Auch der Schluß des Werkes ist neu konzipiert. Wir haben keinen offenen Schluß mehr wie bei Mk. Mt weiß von der Erscheinung des Auferstandenen in Galiläa auf einem Berg zu berichten. Christus proklamiert seine Vollmacht, gibt Weisung an die Elf, zu allen Völkern zu gehen, und die Verheißung, daß er mit ihnen sein will bis zur Vollendung der Weltzeit (28,16-20). Diese Hinweise deuten bereits den engeren Zusammenhang von Christusverkündigung und Gottesvolk/Kirche an, aber auch den etwas größer gewordenen zeitlichen Abstand zur Jesus-Geschichte. Im gewissen Sinn läßt sich sagen, daß Mt mit seinem Werk die Jesus-Geschichte als Geschichte des Gottesvolkes abgefaßt hat.

2. Nach der Darstellung des Mt spricht Simon Petrus das gültige Glaubensbekenntnis: »Du bist der Christus, der Sohn des lebendigen Gottes« (16,16). Die Einsicht ist dem Jünger durch göttliche Offenbarung zuteil geworden (16,17). An ihrer Gültigkeit besteht kein Zweifel. Jesus seinerseits bejaht die entsprechende Anfrage des Hohenpriesters Kajafas im Verhör (26,63f: Christus, der Sohn Gottes). Im Verständnis des Gottessohnes als Geistträger (3,16f), Offenbarung Gottes (17,5; 27,54) stimmt Mt mit Mk überein. Allerdings vertieft er es durch die Vorstellung, daß Jesus als ein aus dem Heiligen Geist Gezeugter in das menschliche Dasein tritt (1,18-25). Als Sohn ist Jesus mit dem Gottesvolk solidarisch (2,15), aber auch in besonde-

rer Weise durch den Unglauben der Menschen angefochten (27,43). Als Sohn kann er Gott als den himmlischen Vater vermitteln. Mt hat sich diese Gottesprädikation vor allem angelegen sein lassen. Sie ermöglicht es den Menschen, zu Gott als »unserem Vater in den Himmeln« zu beten (6,9) und in der Nachahmung Gottes zu Söhnen des himmlischen Vaters zu werden (5,44f. 48).

Die Christologie des ersten Evangeliums ist facettenreicher als die markinische. Immer wieder bietet Mt christologische Nuancen, die einer Szene, einem Namen, einem Motiv entnommen sind. Josef soll dem erwarteten Kind den Namen Jesus geben, weil dieser sein Volk von seinen Sünden retten wird (1,21). Die dahinterstehende volksetymologische Ableitung bezieht sich auf hebräisches Jeschua (= Heil). Jesus soll aber auch Nazoräer genannt werden (2,23). Dieser Name hängt mit seinem Heimatort Nazaret zusammen, kann jedoch daneben in Verbindung mit dem klanglich verwandten messianischen Sproß *(neser)* gesehen werden (vgl. Jes 11,1). Man hat aber auch die Anhänger Jesu mit diesem Namen belegt (Apg 24,5). An manchen Stellen zeichnet Mt das Jesusbild typologisch nach dem Vorbild des Mose. So hat die Geschichte von der Bedrohung des Kindes durch den König Herodes und seine wunderbare Errettung durch Gott ihr Vorbild in einer auf den Moseknaben bezogenen Haggada zu Ex 1f, die auch der jüdische Geschichtsschreiber Josephus, ant. 2,205ff, bezeugt. Wie Mose steigt Jesus auf den Berg und von ihm herab, um seinem Volk die göttliche Weisung zu geben (5,1; 8,1; vgl. Ex 19,3; 24,15). In 12,15-21 zeichnet Mt ein Porträt Jesu als des Knechtes Gottes, indem er das ausführlichste Reflexionszitat innerhalb des Evangeliums (=Jes 42,1-4) bietet. Erstaunlicherweise beschreibt er auf diese Weise nicht den leidenden Gottesknecht, sondern Jesus als den erwählten Geistträger, der weder zankt noch schreit, der das geknickte Rohr nicht bricht, den glimmenden Docht nicht löscht. In den in der Stille erfolgenden Massenheilungen sieht Mt das vom Propheten Vorausgesagte erfüllt. Jesus ist nicht in erster Linie – wie bei Mk – der Bezwinger der Dämonen, der den Kampf gegen das Böse ausficht, sondern jener, in dessen Wirken sich das Wort Hos 6,6 »Barmherzigkeit will ich und nicht Opfer« verwirklicht (9,13; 12,7). Der Dualismus tritt in Erscheinung in der Gegenüberstellung von Licht und Finsternis. Als Jesus seine Tätigkeit in Galiläa beginnt, schaut das Volk, das im Dunkeln saß, ein großes Licht, und geht denen, die im Todesschatten sitzen, ein Licht auf (4,12-16; vgl. Jes 8,23f).

Ein besonderer Name, der nur bei Mt Jesus gegeben ist, heißt Emmanuel (= Gott mit uns). Dieser gleichfalls aus dem Buch des messianischen Propheten Jesaja abgeleitete Begriff (7,14) hat für das Evangelium weitreichende Bedeutung. Die Zusage, daß Jesus mit ihnen ist, ist für die Gemeinde/Jüngerschaft bleibende Verpflichtung und fortwirkende Verheißung. Wiederholt wird dieses Mit-Sein in Erinnerung gerufen, bedrohlich (17,17), verpflichtend (26,40), verheißend (26,29), bis hin zur Zusage, daß er mit ihnen sein will alle Tage bis zum Ende der Weltzeit (28,20), die den letzten Satz des Evangeliums ausmacht. Die Zusage ist vom alttestamentlichen (deuteronomischen) Gottesvolk-Gedanken bestimmt, denn auch Jahwe wollte mit Israel sein (H. Frankemölle).

Jesus ist der Christus und als solcher seinem Volk Israel zugewendet. Mt geht mit der Glaubensformel »Jesus Christus« sparsam um. Sie drückt von Haus aus das alte judenchristliche Bekenntnis zu Jesus dem Christus aus. Im Evangelium ist deren Bedeutung noch zu spüren. An beiden Stellen, wo sie begegnet, wird die Verknüpfung des Christus mit dem Volk und seiner Erwartung deutlich. In 1,1 leitet sie den Stammbaum ein, der Jesu Abkunft von Abraham, den Patriarchen, dem König David und seine Solidarität mit den Vätern bezeugt. In 2,1 eröffnet sie die Geburtsgeschichte, die seine Geburt in Betlehem, der Davidsstadt, zur Voraussetzung hat (2,6). Das heilvolle Wirken, das in Übereinstimmung mit Jes 35,5f Heilungen an Blinden, Lahmen, Aussätzigen, Tauben und Totenerweckungen umfaßt, bezeichnet Mt als die Werke des Christus (11,2; vgl. LXX Jes 61,1; 26,19). Sie lösen den Lobpreis der Menschen aus, der dem Gott Israels gilt (15,31). Mt hat den Christus-Titel auch in der Passionsgeschichte zur Geltung gebracht. In der Verhörszene bei Pilatus fragt der Statthalter das Volk nach Jesus dem Christus (27,17.22) und konfrontiert es so mit dem für sie bestimmten Erlöser.

Freilich hat Mt das Christusverständnis mit Hilfe des Gottessohn-Titels überhöht, wie es das Petrusbekenntnis formuliert (16,16; vgl. 14,33). Auch erscheint das Davidssohn-Prädikat in Akklamationen und flehentlichen Bittrufen nicht nur im Mund von Juden (9,27; 15,22; 20,30f; 21,9.15), sondern auch im Mund der heidnischen Kanaanäerin, verknüpft mit der Kyrie-Anrede (15,22). Damit tritt ein anderes christologisches Bekenntnis in den Blick, das Mt sorgfältig einzusetzen versteht. Kyrios, Herr ist Jesus für jene, die auf ihn hören, sich vertrauensvoll an ihn wenden, für seine Jünger oder für solche, denen ein rettendes Wunder zuteil wird. Wenn diese ihn mit Kyrie anreden, ist das mehr als höfliche Umgangsform. Es ist bereits Reflex des an den Erhöhten gerichteten Gebetsrufes (etwa 30mal). Die Distanzierten sagen »Lehrer« zu ihm (6mal). Nur dem Judas bleibt die Rabbi-Anrede vorbehalten (26,25.49). Eindrucksvoll ist der Wechsel von der Herr-Anrede der Jünger zum »Bin etwa ich es, Rabbi?« des Judas in der Perikope von der Ankündigung des Verrats (26,22.25).

Auch dem Menschensohn-Prädikat hat Mt eine eigene Prägung verliehen. Er behält die Vorstellung vom mit Vollmacht betrauten irdischen Menschensohn bei, auch die vom leidenden und auferweckten (8,20; 9,6; 11,19; 17,22 u.ö.), baut aber die vom kommenden Menschensohn-Richter weiter aus. Die Schilderung des Gerichts des

Menschensohnes, vor dessen Herrlichkeitsthron sich alle Völker versammeln werden, schließt die letzte Redekomposition ab (25,31ff). Bei der Parusie des Menschensohnes – dies ist ein von Mt eingeführter Begriff (24,37.39) – wird sein Zeichen erscheinen (24,30). Vermutlich ist damit sein Panier gemeint, das die Feinde in Schrecken versetzt. Als der erhöhte Menschensohn aber läßt er schon jetzt die auf die Welt, auf alle Menschen gerichtete Mission betreiben, die gleichsam die Völker auf die endzeitliche Begegnung mit ihm vorbereiten will (13,36–43). Das dem bösen und ehebrecherischen Geschlecht in Aussicht gestellte erneuerte Jonazeichen ist der Menschensohn, der drei Tage und drei Nächte im Schoß der Erde weilt (12,39f). Nicht erst die Parusie, schon die Auferweckung Jesu, in 27,51–53 als apokalyptisches, Tote miteinbeziehendes Ereignis (hier das Kreuz umgreifend) geschildert, wird zum Zeichen, das seine Adressaten aber nicht zum Glauben führt, sondern in der Ablehnung verhärtet. Die Episode von den Grabwächtern und deren Bestechung durch die Hierarchen deutet ein realistisches Auferstehungsverständnis an und muß in Zusammenhang mit dem Jonazeichen gesehen werden (27,62–28,4.11–15). Mt benutzt die Menschensohn-Aussage, um die universale, diese Weltzeit überdauernde Bedeutung Jesu herauszuarbeiten.

Das markinische Messiasgeheimnis hat in diesem Rahmen keinen Platz mehr. Zwar behält Mt formal noch einzelne Schweigegebote bei (9,30; 12,16; 16,20; 17,9), aber sie gewinnen einen anderen Sinn. Bedeutungsvoll für den Zugang zu Jesus ist die auf dem Glauben basierende Erkenntnis, die Gott gewährt. In diesem Kontext kann von Geheimnissen der Himmelsherrschaft gesprochen werden (13,11; Plural!).

3. Adressat der Sendung des irdischen Jesus ist das Volk Israel, wie dieser nur bei Mt explizit feststellt und entsprechende Anordnung den Jüngern am Beginn der Aussendungsrede gibt (15,24; 10,5f). Am Ende des Evangeliums hören wir von der Weisung des Auferweckten an die Elf, alle Völker zu Jüngern zu machen (28,19). Das zwischen diesen Aussagen bestehende Gefälle umschreibt das theologische Problem, mit dem sich Mt vordringlich auseinandersetzt. Dieses ist nicht auf einer rein historischen Ebene lösbar, indem man im Sinne von Epochen die Israel-Mission des irdischen Jesus von der universalen Evangelisierung abgelöst sein läßt. Damit wäre die theologische Qualität des Problems zu wenig gewürdigt und übersehen, wie universale Aspekte immer wieder zur Geltung kommen. Vielmehr ist an die Stelle des alten Gottesvolks ein neues getreten, das allen Völkern offen steht. Der von Mt viermal im Kontext von Gericht und Mission verwendete Begriff »alle Völker« duldet keine Einschränkung, auch nicht die, daß man Israel ausklammert (24,9.14; 25,32; 28,19).

Nicht Gott war es, der sein Volk verworfen hat, vielmehr hat die Ablehnung des Messias durch sein Volk den Wechsel herbeigeführt. Aufschlußreich für diese Sicht ist die mt Bearbeitung von Gleichnissen. So sieht er im Gleichnis von den bösen Weingärtnern am Ende das neue Gottesvolk angezeigt: »Deshalb sage ich euch: Die Herrschaft Gottes wird euch genommen und einem Volk gegeben werden, das ihre Früchte bringt« (21, 43). Zu beachten ist dabei die Wahl des Wortes für Volk, welches das Neue bezeichnet (ἔθνος an Stelle von λαός). Noch tiefgreifender ist die Bearbeitung des Gleichnisses vom königlichen Hochzeitsmahl, in das Mt nicht bloß die Heidenmission, sondern auch in kühner Allegorese die Zerstörung der Stadt Jerusalem im Jahr 70 einbringt (22, 1–14). λαός, die Bezeichnung des alten Gottesvolkes, wird zu einem negativ besetzten Begriff, wie es die wiederholten Wendungen »Hohepriester und Schriftgelehrte des Volkes« o. ä. verdeutlichen (2, 4; vgl. 21, 23; 26, 3. 47; 27, 1). Einen Schlußstrich setzt die Szene von der Verurteilung Jesu im römischen Prozeß, die Mt nach der Unschuldserklärung des Pilatus ausmünden läßt in den Ruf des Volkes: »Sein Blut auf uns und unsere Kinder« (27, 25). Es kann nicht übersehen werden, daß diesem Wort nachhaltiges Gewicht verliehen wurde durch die einführende Bemerkung, daß das ganze Volk es gesprochen habe (πᾶς ὁ λαός). Dieser im hohen Grad mißverständliche Blutruf, der sich an alttestamentliche Vorbilder anlehnt (2 Sam 1, 16; 14, 9; 1 Kön 2, 32f), darf weder im Sinn einer Selbstverfluchung noch als Ausdruck einer dem Volk zugeschriebenen Kollektivschuld interpretiert werden. Deutungen dieser Art haben furchtbare Folgen gezeitigt. Vielmehr ist mit dieser sakralrechtlichen Formel zu verstehen gegeben, daß das Volk sich bereit erklärt, die Konsequenz, die sich aus dem vergossenen Blut Jesu ergibt, auf sich zu nehmen. Sie besteht in der Beendigung der Geschichte Israels als des erwählten Gottesvolkes. Die Zerstörung Jerusalems, die Verödung ihres Hauses (23, 38) tut letzteres nur kund. Auch die Abrahamskindschaft wertet Mt kritisch (3, 9; 8, 11; 22, 32). In diesem Horizont ist nicht damit zu rechnen, daß Mt eine endzeitliche Bekehrung Israels, die bei der Parusie erfolgen könnte, erwartete. 23, 39 ist gelegentlich so verstanden worden. Allerdings dürfte das – im Kontext des Evangeliums rätselvolle – Logion 10, 23 darauf verweisen, daß die Israel-Mission bis zum Ende geschehen soll und unter Verfolgungen geleistet werden wird.

Die Ausweitung zu den Heiden bereitet sich im Evangelium vor. Im Stammbaum Jesu begegnen heidnische Frauen (1, 2–16; vgl. Gnilka, Mt I 9), heidnische Magier huldigen dem neugeborenen Judenkönig, Jerusalem erschrickt (2, 1–12). Der Glaube des nichtjüdischen Hauptmanns wird gerühmt. Bei Mt gewinnt der Spruch verstärkte Bedeutung durch das angeschlossene Logion von der Völkerwallfahrt (8, 10–12). Für die Arbeitsweise des Evangelisten ist belangvoll, daß er den universal-missiologischen Aspekt in zwei Jesaja-Zitaten zur Geltung bringt: einmal beim Beginn des Wirkens Jesu, wo die Erwähnung des »Galiläa der Heiden«, über dem ein Licht ausstrahlt, in diese Richtung weist (4,15; LXX Jes 8,23); zum anderen im Kontext der Heilungen, wo es heißt: »Und Völker werden auf seinen Namen hoffen« (12,21; LXX Jes 42,4).

Mt ist der einzige unter den Evangelisten, der die neue Gemeinschaft, das neue Gottesvolk, Kirche (ἐκκλησία) nennt, wobei er einen Begriff weitergibt, der vermutlich im hellenistischen Judenchristentum geprägt wurde. Näherhin spricht Jesus in 16,18 von seiner Kirche, was – kontextgemäß nach dem Petrusbekenntnis – soviel besagt wie Kirche Christi (ἐκκλησία τοῦ Χριστοῦ; vgl. Röm 16,16). In dieser Kirche sind alle vereint, die wie Simon Petrus an Jesus, den Christus und Gottessohn glauben. Dieser Kirche der Endzeit ist die Verheißung gegeben, daß die Pforten des Hades, die Todesmächte, sie nicht überwältigen werden. Die Person des glaubenden Petrus ist ihr Felsenfundament. Er bürgt für die Zuverlässigkeit der Lehre Jesu. Auch ist er vom himmlischen Vater in einzigartiger Weise erleuchtet worden (16,17). Man wird bei der Bedeutung des Simon Petrus nicht davon absehen können, daß er – mit seinem Bruder Andreas – der Erstberufene ist, wie er auch sonst aus der Jüngerschar hervortritt als Fragender, der insbesondere um halachische Weisung, um christliche Lebensregeln bittet (vgl. 15,15; 17,24ff; 18,21; 19,27ff).

Kirche Christi sein heißt nach Mt vor allem auf sein Wort ausgerichtet sein. Damit ist sowohl der einzelne als auch die ganze Gemeinschaft herausgefordert. Die Weisung Jesu ist in den Redekompositionen zusammengetragen, angefangen bei der Bergpredigt. Im Sammelbericht vor der Bergpredigt hat Mt die Volksscharen aus Galiläa, der Dekapolis, Jerusalem, Judäa, Transjordanien nebeneinandergestellt. Man hat darin eine Darstellung des Gottesvolkes in Anlehnung an alte, der deuteronomistischen Geschichtstradition entsprechende Vorstellungen erblickt (4,25; vgl. Gnilka, Mt I 109). Mit der Aufnahmebereitschaft in bezug auf das weisende Wort der Bergpredigt steht das Gottesvolk auf dem Spiel. Die Kirche soll das neue Volk sein, das die Früchte der Gottesherrschaft bringt (21,43).

Auch Mt will die Gemeinschaft der in der Kirche Vereinigten als Bruderschaft begriffen wissen. Das bei ihm häufig vorkommende Wort »Bruder« bezieht sich vielfach auf den Glaubensgenossen. In eine ähnliche Richtung mag es weisen, wenn er in den Berufungsgeschichten mit solchem Nachdruck betont, daß Brüderpaare berufen werden (4,18–22). In den Gemeinden wirken Propheten, denen gegenüber bereits eine gewisse Skepsis beobachtet werden kann (7,22f), aber auch christliche Weise und Schriftgelehrte (23,34; vgl. 13,52). Diese Bezeichnung christlicher Amtsträger weist wieder die Nähe des Mt und seiner Gemeinden zur jüdischen Synagoge aus. Doch wird vor

Herrschsucht und Eitelkeit gewarnt. 23, 8–12 kann als Basis einer mt Gemeindeordnung gelten: »Ihr aber sollt euch nicht Rabbi nennen lassen. Denn einer ist euer Lehrer. Ihr alle aber seid Brüder... Wer sich selbst erhöht, wird erniedrigt werden, und wer sich selbst erniedrigt, wird erhöht werden.« – Auch manche Gleichnisse hat Mt in diesem Sinn ausgelegt (vgl. 19, 30; 20, 16).

Im Schlußauftrag des erhöhten Christus wird der Wille, Gemeinden entstehen zu lassen, deutlich. Die Weisung, Jünger zu machen (μαθητεύσατε) an Stelle von künden, hat damit zu tun. Konkretisiert wird der Auftrag durch die Taufe, durch die Menschen in die Kirche aufgenommen, und die Lehre, durch die sie in dieser gefestigt werden. Beachtung verdient die trinitarische Taufformel (28, 19 f). In der Eucharistiefeier wird den Mahlteilnehmern auch Sündenvergebung zuteil. Mt unterstreicht dies durch deren ausdrückliche Erwähnung im Deutewort über den eucharistischen Becher (26, 28).

4. Auch im Verständnis der Basileia-Predigt Jesu entwickelt Mt ein eigenes Konzept. Zunächst fällt auf, daß er vorzugsweise von der Himmelsherrschaft (βασιλεία τῶν οὐρανῶν) redet. Den Begriff dürfte er bereits im judenchristlichen Raum vorgefunden haben. Daneben ist der Begriff »Herrschaft (Reich) Gottes« nicht völlig aufgegeben (noch in 12, 28; 19, 24; 21, 31. 43). Darum kann für den Wechsel kaum die Scheu vor dem Aussprechen des Gottesnamens verantwortlich gemacht werden. Vielmehr erschien das Wort Himmelsherrschaft geeignet, das Allumfassende des hier verkündeten Heiles in das Bewußtsein zu rücken. Johannes der Täufer wird bereits sowohl in die Epoche als auch in die Verkündigung der Basileia mithineingenommen (11, 12; 3, 2). Jesu Botschaft ist das Evangelium vom Reich (4, 23; 9, 35; 24, 14). Die Redekompositionen sind auf die Basileia und in diesem Sinn eschatologisch ausgerichtet. Gut läßt sich das an der Bergpredigt ablesen, an deren Beginn die Seligpreisungen stehen, die Einlaßbedingungen für die Basileia nennen, und die abschließt mit dem Gleichnis von der Sturmflut und in deren Mitte das Vaterunser mit der Bitte um das Kommen des Reiches zu lesen ist (5, 3–12; 7, 24–27; 6, 10).

Mt führt die Vorstellung vom »Reich des Menschensohnes« in das Evangelium ein. Diese stammt aus der Apokalyptik und ist in LXX Dan 7, 14 vorgeprägt. Dort wird die Basileia des Menschensohnes als eine gepriesen, die nicht vergeht. Hatte Mt bereits in seiner Verwendung des Menschensohn-Prädikats den Gedanken der Universalität akzentuiert, so ist das Reich des Menschensohnes ganz entsprechend die Welt (13, 41). Der Erhöhte ist mit seiner Herrschaft auf sie hingeordnet, wenn diese gegenwärtig auch eine verborgene ist. Es gibt in ihr Gute und Böse, Söhne des Reiches und Söhne des Bösen. Noch wirkt der Teufel in der Welt (13, 38 f). Diese Basileia darf nicht mit der Kirche identifiziert werden, doch hat das Konzept dazu beigetragen, beide Größen enger aneinanderzurücken. Endgültig und offen vor aller Welt wird das Reich des Menschensohnes bei seiner Parusie in Erscheinung treten (16, 28; 20, 21). Die Versammlung aller Völker vor dem Thron des Menschensohnes, der in diesem Zusammenhang auch König genannt wird (25, 31 f. 34. 40), vermag das Offenbarwerden seiner Königsherrschaft zu veranschaulichen. Daß der König seine Herrschaft an Gott abtritt (wie in 1 Kor 15, 28) und die Basileia des Menschensohnes nur in dieser Welt besteht, ist nicht abzusehen, doch ist eine Unterordnung unter den Vater in 20, 23 auszumachen. Mit Hilfe dieses Konzeptes konnte Mt den Erhöhten noch schärfer in seiner göttlichen Gestalt hervortreten lassen.

Eine weiterreichende Neuinterpretation erfährt die Himmelsherrschaft bei Mt dadurch, daß die Geschichte Israels seit seiner Erwählung und dem Wirken der Propheten in diese miteinbezogen werden kann. Dieser Aspekt wird in Gleichnissen verdeutlicht, die der Evangelist durch allegorische Bearbeitung zu Kompendien der Heilsgeschichte Gottes mit seinem Volk umgestaltet und ausdrücklich zur Basileia in Beziehung gesetzt hat, sei es, daß er eine entsprechende Einleitungsformel voranstellte wie im Gleichnis vom königlichen Hochzeitsmahl (22, 1), sei es, daß er ein interpretierendes Basileia-Logion einfügte wie im Gleichnis von den bösen Winzern (21, 43). Nur von diesem »heilsgeschichtlichen« Neuansatz aus ist die hier sich findende Formulierung möglich: »Das Reich Gottes wird euch genommen.« Das Reich Gottes wird gleichbedeutend mit der Erwählung des Volkes. Die eschatologische Dimension ist dadurch gewahrt, daß das erwählte Volk in erster Linie bestimmt gewesen ist für die endgültige Basileia, die zu künden Jesus gekommen ist. Durch ihn erhält die Basileia eine neue Qualität, wird sie nahegebracht, durch ihn wird sie auch in die Vollendung geführt (25, 31 ff). Sie ist im Heilsplan Gottes so zentral und bestimmend, daß von ihr gesagt werden kann, sie wurde vom Vater seit Schöpfung der Welt bereitet (25, 34).

5. Bevorzugtes Mittel theologischer Reflexion ist für Mt das Alte Testament. Vom Stammbaum Jesu (1, 2 ff) bis zur Schlußperikope mit Vollmachtswort, Auftrag, Verheißung (28, 16 ff) wirken immer wieder alttestamentliche Vorbilder, Motive, Ideen auf das Evangelium ein. Besonders kennzeichnend sind die sogenannten Reflexionszitate, die man mit einer »Schule des Mt« (K. Stendahl) in Verbindung gebracht hat und die darauf hinweisen wollen, daß die Ereignisse des Lebens und Wirkens Jesu in der Schrift vorabgebildet sind und somit vorausverfügt waren. Freilich macht Mt einen feinen Unterschied zwischen Heilvollem und Unheilvollem, insofern er die glücklichen Geschehnisse direkt mit dem Willen Gottes verknüpft und die entsprechenden Zitate final einleitet (damit erfüllt werde), während er

die tragischen (Kindermord von Betlehem 2,17; Ende des Judas 27,9) von Gott distanziert und konstatierend einführt (da erfüllte sich). Jesaja ist der messianische Prophet, Jeremia der Prophet des Unheils. Mit Hilfe von Jes 42,1–4 zeichnet Mt 12,18–21 so etwas wie ein Porträt Christi. Jeremia sagte den Kindermord und die Umstände des Judastodes voraus. Auch kennt der Evangelist jüdische Auslegungstraditionen, wie er etwa in 27,51b–53, wo er eine Ez 37 betreffende Auslegungsgeschichte aufgreift, oder in 5,43, wo er das Gebot der Feindesliebe (im AT nicht vorhanden) aller Wahrscheinlichkeit nach in der Auseinandersetzung mit qumran-essenischer Mentalität zitiert, unter Beweis stellt.

6. Wie gewinnt der Mensch das Heil? Mt forciert das Tun des Willens des Vaters: »Nicht jeder, der Herr, Herr zu mir sagt, wird in die Himmelsherrschaft eintreten, sondern wer den Willen meines Vaters in den Himmeln tut« (7,21). Die den Willen Gottes tun, heißen die Gerechten (25,37.46; 13,43; vgl. 1,19). Zu den spezifisch mt Begriffen gehört auch »Gerechtigkeit« (δικαιοσύνη). Sie darf freilich nicht im paulinischen Sinn als die von Gott dem Menschen geschenkte Gerechtigkeit gedeutet werden, wie dies immer wieder versucht wurde, sondern umschreibt letztlich das von Gott geforderte Rechttun, so wie es insbesondere in der Bergpredigt vorgelegt wird. »Es ziemt sich, daß wir alle Gerechtigkeit erfüllen« (3,15). Die Gerechtigkeit der Jünger soll in diesem Sinn die der Schriftgelehrten und Pharisäer bei weitem übertreffen (5,20), und sie soll nicht vor den Menschen zur Schau gestellt werden (6,1). Jesus kann sogar dazu auffordern, vollkommen zu werden, wie der himmlische Vater vollkommen ist (5,48). Die Vollkommenheit zielt ab auf das Wesen Gottes, das die frei sich verschenkende Liebe ist (vgl. 19,21). Hat Mt die Gnade in den Hintergrund treten lassen? Er überliefert Texte wie das Gleichnis von den Arbeitern im Weinberg, das vom Gnadenlohn handelt. Freilich deutet er es auf die beim letzten Gericht erfolgende Umwertung der Werte (19,30–20,16). Die Heils- und Gnadeninitiative Gottes wird im Zusammenhang mit der Basileia erkennbar. Zwei Stellen vermögen dies zu beleuchten: Das erste Wort der Bergpredigt preist die geistig Armen selig und verheißt ihnen die Himmelsherrschaft (5,3). Die Armut im Geist bezeichnet eine Haltung vor Gott, die sich völlig von ihm abhängig weiß und alles von ihm erwartet. Analog hierzu stellt Jesus am Beginn der »Gemeinderede« ein Kind in die Mitte der Jünger und sagt: »Wenn ihr nicht umkehrt und werdet wie die Kinder, werdet ihr nicht eintreten in die Himmelsherrschaft« (18,3). Die spezifisch mt Sünde ist der Kleinglaube. Er ist Mangel an Vertrauen auf Jesus, der immer dann sich zeigen kann, wenn es gilt, eine Situation der Angst und existenziellen Bedrängnis durchzustehen (6,30; 8,26; 14,31; 16,8).

VI. Das lukanische Doppelwerk

1. Das lk Evangelium wird zwar zu Recht zu den synoptischen Evangelien gerechnet, doch besteht seine sich von den anderen unterscheidende Eigenart darin, daß es mit der Apostelgeschichte eine sachliche und theologische Einheit bildet. Die Frage, ob Lk von vornherein ein literarisches Doppelwerk beabsichtigte oder sich erst später entschloß, auf sein Evangelium die Apg folgen zu lassen, ist darum im ersten Sinn zu beantworten. Deshalb hat eine Darstellung der theologischen Intentionen des Lk von vornherein Evangelium und Apg zu berücksichtigen.

Die Zusammengehörigkeit der beiden Bände ist zunächst kurz aufzuweisen. Die Einsicht in sie wird sich im Zuge der weiteren Darstellung noch vertiefen. Da haben wir das Wegmotiv. Wie schon Mk und Mt stellt auch Lk die Wirksamkeit des irdischen Jesus als einen Weg von Galiläa nach Jerusalem dar. Doch intensiviert er diese Sicht, indem er in 9,51–19,28 eine Textfolge entfaltet, die man den lk Reisebericht genannt hat. Dieser von Jesus eingeschlagene Weg nach Jerusalem aber wird in der Apg von den christlichen Aposteln und Zeugen fortgesetzt als ein Weg, der von Jerusalem wegführt über Judäa und Samaria bis an das Ende der Erde (vgl. Apg 1,8). Jerusalem wird zur Mitte dieses Weges. Dies hat auch zu tun mit dem Problem »Israel und die Völker«, wie sich zeigen wird. Eine bemerkenswerte inklusionsartige Klammer ist gegeben mit der Ankündigung des weltweiten Heiles. Nur im dritten Evangelium ist in Verbindung mit dem Wirken Johannes des Täufers das Zitat von Jes 40,3 ff ausgeweitet um den Satz: »Und alles Fleisch (= alle Menschen) wird schauen das Heil Gottes« (Lk 3,6). Die Erfüllung dieser Ansage wird gleichsam am Ende der Apg gemeldet: »Den Völkern ist dieses Heil Gottes gesandt. Und sie werden hören« (28,28).

Nicht nur Jerusalem, der Weg Jesu hin zu dieser Stadt im Evangelium und der Weg von ihr fort in der Apg, stellen als übergreifendes Konzept die Klammer des gesamten Werkes dar, sondern in diesem Rahmen begegnen auch gleichlaufende theologische Anliegen und Interessen. Das Voranschreiten auf diesem Weg geschieht nicht von ungefähr, sondern nach einem Plan, den Gott vorausverfügt hat und der in der Schrift grundgelegt wurde. So wird zu wiederholten Malen auf die Notwendigkeit des Leidens Jesu hingewiesen (9,22; 17,25; 22,37; 24,7.26; Apg 17,3). Zusammenfassend kann Jesus sprechen: »Alles muß sich erfüllen, was im Gesetz des Mose und den Propheten und den Psalmen über mich geschrieben ist« (Lk 24,44), oder analog dazu in der Terminologie des Weges formulieren: »Doch heute und morgen und am folgenden Tag muß ich wandern, weil es nicht angeht, daß ein Prophet außerhalb von Jerusalem umkommt« (13,33). Nach Apg 23,11 ist es dem Paulus zugeteilt worden, Zeuge für Christus in Rom zu sein, das heißt den Weg zu vollenden (vgl. 19,21). Auf der Schiffsreise nach Italien, auf der das Schiff in höchste Seenot geraten war, spricht ein Engel Gottes in einer nächtlichen Vision zu ihm: »Fürchte dich nicht, du mußt vor den Kaiser hintreten« (27,24). Immer wieder betont Lk in Evangelium und Apg mit einer Häufigkeit wie kein anderer neutestamentlicher Schriftsteller das »Muß« (δεῖ), das heilsgeschichtliche Erfordernis der Geschehnisse (Lk 2,49; 4,43; 13,16; 19,5; 21,9; Apg 1,16. 21 u. ö.) Aus der Verknüpfung von verheißendem Wort und seiner Erfüllung ergibt sich die Zuversicht, daß das für die Zukunft Verheißene gewiß von Gott herbeigeführt werden wird. Dies ist die Vollendung des Heils, die sich mit der Parusie Christi ereignen soll (Apg 3,21: »den der Himmel aufnehmen muß bis zu den Zeiten der Wiederherstellung von allem«). Aus dem Wirken Gottes in Vergangenheit und Gegenwart kann Zuversicht geschöpft werden für die Zukunft.

Lk eröffnet das Doppelwerk mit einem Prolog (Lk 1,1–4), wie es in der anspruchsvolleren Literatur jener Zeit üblich war. Er spricht hier von den Dingen, die sich unter uns erfüllt haben, und tut dem Leser seine Absicht kund, ihm Sicherheit verleihen zu wollen. Man wird den Prolog nicht allein auf das Evangelium beschränken, sondern auf das Gesamtwerk bezogen sehen dürfen. Denn »Erfüllung« und »Sicherheit, Zuversicht« (ἀσφάλεια) haben mit jenen Einsichten zu tun, von denen wir eben sprachen und die im Kontext von Plan, Verheißung, Erfüllung dem Leser immer wieder gewährt werden.

Eine letzte Klammer sei noch erwähnt. Jünger (μαθηταί) heißen im Evangelium selbstverständlich Jesu Gefolgsleute. Der Name aber lebt in der Apg fort und bezeichnet hier die Mitglieder der christlichen Gemeinde. Die Ersterwähnung haben wir in 6,1: »In jenen Tagen, als die Zahl der Jünger zunahm...« (insgesamt 28mal). Gegenwart und Vergangenheit sind so auf bezeichnende Weise verschränkt. Obwohl Lk die Epochen trennt, sind die Gefolgsleute Jesu der Vergangenheit nicht Fremde, sondern die Mitglieder der Gemeinde dürfen sich an ihnen messen, sie sich zum Vorbild nehmen oder sich doch wenigstens in ihnen wiedererkennen.

2. Ein Grundakkord der Freude und des Jubels bestimmt das lk Schrifttum. Es ist die Freude über die Erlösung, die mit der Geburt Johannes des Täufers sich ankündigt (Lk 1,14), von Maria, der Mutter Jesu, erfahren wird (1,47; vgl. 1,44) und mit der Geburt Jesu, des Heilandes, allem Volk verkündigt wird (2,10). Freude ist bei den Jüngern, als sie von Jesus ausgesendet werden und zum erstenmal wirken dürfen (10,20), bei den Menschen, in deren Haus er einkehrt (19,6). Die besondere Qualität der Freude tritt in Erscheinung, wo

sie von den Jüngern erfahren wird bei ihrem Zeugnis vor den Menschen, die sie verfolgen (Apg 5,41; Lk 6,23). Freude herrscht über einen Sünder, der umkehrt (Lk 15,5.7.10), die Erfolge in der Mission (Apg 11,23; 13,48), die im Zusammenhang gesehen wird mit dem Erwählen Gottes (vgl. Lk 10,20). Freude ist bei ihren Mählern (Apg 2,46; 16,34). Sie ist ausgelöst von der Gewißheit, daß der Herr den Tod überwunden hat (Lk 24,52). Zwar verwendet Lk den Begriff Evangelium nicht, doch forciert er das dazu gehörige Verb: die Frohbotschaft verkünden (εὐαγγελίζομαι). Dies ist der wesentliche Auftrag Jesu als auch der Jünger. Die Frohbotschaft richtet sich insbesondere an die Armen (Lk 4,18; 7,22), zum Inhalt hat sie das Reich Gottes (Lk 4,43; 8,1; 16,16; Apg 8,12), nachösterlich: Christus Jesus (Apg 5,42; vgl. 8,35; 11,20), Jesus und die Auferstehung (17,18), die an die Väter ergangene Verheißung, die jetzt erfüllt ist (13,32f), die Bekehrung von den Götzen zum lebendigen Gott (14,15), den Frieden (10,36), ist sie mit Krankenheilung, Befreiung, Taufe verknüpft (Lk 4,18; 7,22; Apg 8,12). Ausdruck und Kundgabe der Freude ist der Lobpreis, den der einzelne, die Gemeinde, das Volk oder die himmlische Heerschar darbieten (Lk 2,13.20; 19,37; Apg 2,47; 3,8f).

3. Hinsichtlich des Christusbildes, das sich als ein recht differenziertes herausstellt, ist zunächst von Jesus Christus als dem Geistträger zu reden. Dabei stellt Lk eine etymologische Verbindung zwischen dem Christus-Titel (der Gesalbte) und dem Geist her. Jesus Christus ist der »mit Heiligem Geist und Kraft« Gesalbte (Apg 10,38), der am Beginn seines öffentlichen Wirkens in der Heimatsynagoge von Nazaret, Jes 61,1f zitierend, über sich sagt: »Geist des Herrn auf mir, da er mich gesalbt hat, den Armen die Frohbotschaft zu verkündigen« (Lk 4,18). Diese Geist-Christologie kommt insbesondere in den ersten Kapiteln des Evangeliums zur Sprache, gleichsam als Präsentation eines besonderen Aspektes lk Christologie. In seinem Vortrag bezieht sich Jesus auf die Geistausrüstung nach der Johannestaufe, die Lk nur mehr ganz beiläufig erwähnt, um allen Nachdruck auf jene zu legen. Dabei kommt es bei ihm zu einer Identifikation von Geist und äußerem Erscheinungsbild der Taube (3,21f). Von diesem Geist Gottes erfüllt, geht Jesus seinen Weg (4,1.14), betet er frohlockend (10,21). Die von der Taufperikope Mk 1,9–11/Lk 3,22 her vorgegebene Assoziierung des Gottesgeistes mit dem Gottessohn erfährt in 1,26–38 in Übereinstimmung mit Mt 1,18–25 eine Vertiefung, insofern der Mensch Jesus als ein aus dem Heiligen Geist Erzeugter vorgestellt ist. Die Perikope muß primär christologisch gelesen werden. Im Stil der Angelophanie gehalten, erfüllt die vieldiskutierte Marienfrage die Funktion, diese Botschaft zu provozieren: »Heiliger Geist wird über dich kommen und Kraft des Höchsten dich überschatten.

Darum wird auch das Kind heilig und Sohn Gottes genannt werden« (1,34f). Nach Apg 13,32f erweist sich die Gottessohn-Würde Jesu in seiner Auferstehung von den Toten. Das Psalmwort »Mein Sohn bist du, heute habe ich dich gezeugt« (2,7), auf die Auferstehung angewendet, kann als Rudiment einer archaischen Christologie gewertet werden. Für Lk aber ist wichtig, daß dieser Sohn unmöglich »die Verwesung schauen konnte« (V 36) und darum die wesentlichen Heilsgaben, Sündenvergebung und Auferstehungsleben, schenkt. Auffällig ist, daß im Bekenntnis des Hauptmanns unter dem Kreuz das Gottessohn-Prädikat zurückgenommen und ersetzt ist durch das Wort: »Dieser Mensch war wirklich ein Gerechter« (Lk 23,47). Dies ist Ausdruck des paradigmatischen Charakters der lk Passionsgeschichte und des Interesses, Jesu Unschuld zu erhärten. Dafür wird im Verhör durch den Hohenrat das Gottessohn- vom Christus-Prädikat abgesetzt und die Inanspruchnahme der Gottessohnwürde als der maßgebliche Anklagepunkt ersichtlich.
In diesen Kontext gehört das Bild vom betenden Jesus, das Lk herausarbeitet. Nicht nur betont er, daß Jesus sich immer wieder zum Gebet zurückgezogen habe (5,16; 6,12; 9,18,28; 11,1), sondern er verknüpft dieses Gebet auch mit besonderen Anlässen, so daß es christologische Relevanz gewinnt. Die Geistausrüstung erscheint wie eine Antwort auf sein Beten (3,21), ebenso die Verklärung (9,28f). Im nächtlichen Gebet auf dem Ölberg vor dem Sterbetag erscheint ein »Engel vom Himmel«, um ihn zu stärken (22,41–43). Sein letztes Wort am Kreuz ist nicht der Eli-Ruf (Mt 27,46), sondern ein vertrauensvolles Gebetswort (23,46).
Wird man dem Gottessohn auch bei Lk eine dominierende Rolle zuschreiben, so ist Jesus als der Christus der von Gott Verheißene und der von seinem Volk Erwartete (2,11.26; Apg 9,22). Daß Lk den Christustitel voll zur Geltung bringen will, erkennt man auch daran, daß er in Anlehnung an alttestamentliche Sprechweise die Formen »Christus (Gesalbter) des Herrn« (Lk 2,26; vgl. LXX 1 Kön 26,9.11 u.ö.) oder »Christus Gottes« (Lk 9,20; 23,2; vgl. LXX 2 Kön 23,1) einbringt. Diesem Christus ist der Leidensweg vorgezeichnet (Lk 24,26.46; Apg 3,18), weshalb die jüdischen Hierarchen seinen messianischen Anspruch ungläubig ablehnen (Lk 23,35.39). Die Einsetzung Jesu zum Herrn und Christus, von der Petrus in der Pfingstpredigt redet (Apg 2,36), wird man nicht als Amtsantritt deuten dürfen, sondern als eine mit seiner Erhöhung gegebene neue Epoche. Denn von jetzt ab wird im Namen dieses Herrn und Messias gepredigt, getauft, geheilt (Apg 2,38; 3,6; 4,10; 5,42 u.ö.).
Während Lk den Davidssohn nicht besonders reflektierte, ist hinsichtlich der Verwendung von »Herr« und »Lehrer« für die Anrede Jesu ein ähnliches Verhältnis festzustellen wie bei Mt. »Herr« sagen die Jünger und die ihm positiv gegenüberstehen. Die Lehrer-Anrede

ist den Argwöhnenden vorbehalten. Doch ist diese Differenzierung nicht konsequent durchgehalten (vgl. Lk 21,7). Dafür führt Lk die Jüngeranrede »Gebieter« in das Evangelium ein (ἐπιστάτα, 7mal), Rabbi fehlt völlig, was mit dem heidenchristlichen Adressatenkreis in Verbindung zu bringen ist. Als Herr (κύριος) ist Jesus der eschatologische Richter (Lk 13,25); man betet zum Herrn Jesus (Apg 7,59f: Stephanus im Sterben), die Christen sind die an den Herrn Glaubenden (5,14), die Jünger des Herrn (9,1), wie das Wort des Herrn durch sie verbreitet wird (13,49). Besondere Ausprägungen der Menschensohn-Konzeption kann man darin erblicken, daß Jesus als der Menschensohn das Verlorene sucht (19,10), vor seinem Richterstuhl alle Menschen, vor allem aber seine Gemeinde versammelt, die aufgerufen ist, wachsam zu bleiben (21,36). Das skeptisch klingende Wort: »Wird der Menschensohn, wenn er kommt, Glauben auf der Erde finden?« (18,8), geht in dieselbe Richtung, angesichts der sich dehnenden Zeit zur Nüchternheit zu ermuntern. Die sich hinziehende Zeit kommt in der Stephanusszene zum Ausdruck, wo der Menschensohn seinen Martyrer stehend empfängt (Apg 7,56). Also nicht erst beim Endgericht, schon in der Todesstunde findet die Begegnung mit dem zur Rechten Gottes befindlichen Menschensohn statt.

Daneben hat Lk eine Fülle von christologischen Namen ausgebaut oder gesammelt. In seinen Wundern, die teilweise der Elija-Elischa-Tradition entsprechen, erweist sich Jesus als Prophet (24,19), als großer Prophet (7,16), was dem messianischen Endzeitprophet entspricht (vgl. Apg 7,37). Daß er als Prophet die Herzen der Menschen kennt (Lk 7,39), mag für Lk einem hellenistischen Prophetenverständnis sich annähern (Schneider, Lk 97). Jesus ist Retter (Lk 2,11; Apg 5,31; 13,23), Anführer des Lebens (Apg 3,15; vgl. 5,31, Wegmotiv), Heiliger und Gerechter (Apg 3,14; vgl. 7,52; Lk 23,47), Knecht Gottes (Apg 3,13.26; 4,25–30, letzteres ist ein Gebetstext), Wohltäter (Apg 10,38 im Kontrast zu Lk 22,25 Anlehnung an ein Herrscherprädikat). In diesem Zusammenhang muß auf jenen Zug im lk Christusbild hingewiesen werden, auf Grund dessen man vom Sünderheiland redet. Dieses ursprüngliche und bei allen Synoptikern aufbewahrte Bild hat Lk mit besonderer Schärfe gezeichnet. Jesus wendet sich den konkret Armen zu (Lk 4,18; 6,20–26), nimmt Frauen in seine Gefolgschaft auf (8,2f), schützt die bußwillige Sünderin vor der Selbstsicherheit des Mannes (7,36ff), warnt immer wieder vor den Gefahren des Reichtums und ruft zur sozialen Hilfe auf (10,25ff; 12,16–21; 16,19ff). Der Nachfolgegedanke ist verschärft. Es gilt, *alles* zu verlassen (5,11; 18,22; anders Mk 1,18.20; 10,21).

4. Jesus als der Geistträger ist jetzt nochmals von einer anderen Warte aus zu betrachten. Wenn das erste Wort des lk Christus, dem programmatische Bedeutung zukommt, lautet: »Geist des Herrn auf

mir« (Lk 4,18), so ist gegenüber Mk, bei dem man an der gleichen Stelle als Summarium der Verkündigung Jesu liest: »Erfüllt hat sich die Zeit. Nahegekommen ist das Reich Gottes« (1,15), eine bemerkenswerte Veränderung eingetreten. Es ist auf diese Weise zu verstehen gegeben, daß nicht mehr die Reich-Gottes-Predigt im Zentrum steht, sondern eine christologisch bestimmte Verkündigung. Das hat mit der Frage nach der Naherwartung und Parusieverzögerung zu tun, mit der sich Lk korrigierend und weichenstellend auseinandersetzt. Die Reich-Gottes-Predigt ist keinesfalls aufgegeben, aber ihre Akzente sind verschoben. Ihre endgültige und volle Offenbarung bleibt das große Ziel (Apg 14,22; Lk 6,20), doch wird vor einer überhitzten Naherwartung gewarnt. Zu diesem Zweck wird etwa das Gleichnis von den anvertrauten Geldern ganz neu arrangiert. Lk 19,11 stellt es unter die zu korrigierende Erwartung der Menschen, daß die Basileia in der nächsten Zeit in Erscheinung treten werde, weil sich Jesus der Stadt Jerusalem nähert. In die Gleichnisgeschichte ist die Episode vom Kronprätendenten eingefügt, der in ein fernes Land reist, um die Königswürde zu empfangen und dann wiederzukehren. In kühner Allegorese wendet Lk die Episode auf Himmelfahrt und Parusie Christi an, um zu lehren, daß die dazwischenliegende Zeit, die Zeit der Kirche, mit ihren Anforderungen ernst zu nehmen ist. Jerusalem, das Geschick der Stadt, ist entschieden kein endzeitlicher Topos mehr. In der Endzeitrede wird die Verwüstung der Stadt getrennt von den »Zeiten der Heidenvölker«, die erfüllt werden müssen und auf die erst das Kommen des Menschensohnes folgt (21,24f). Das Reich Gottes bleibt Predigtthema, doch tritt daneben gewichtig die Verkündigung von Jesus Christus (Apg 8,12; 28,31). Zudem begreift Lk die Basileia als etwas, was mit Jesus und seinem Wirken schon erfahrbar und gegenwärtig wurde. Die siebzig Jünger werden ausgesendet, den Menschen zu künden: »Das Reich Gottes ist über euch gekommen«. Anders wird man die schwierige griechische Version Lk 10,9 kaum sinngemäß übersetzen können (ἤγγικεν ἐφ' ὑμᾶς; vgl. 11,20). Dabei kann man die vorangestellte Bemerkung, Jesus sandte sie aus in alle Städte und Ortschaften, in die er selbst kommen wollte (10,1), so verstehen, daß sein Kommen die Basileia bringt. Auch das Naherwartungslogion 9,27 ist in diesem Sinn abgewandelt worden (vgl. Mk 9,1). Vor allem wird das vieldiskutierte Wort: »Das Reich Gottes kommt nicht so, daß es beobachtet werden könnte... Denn siehe, das Reich Gottes ist unter euch« (17,20f) bei Lk auch auf dessen schon mit Jesu Wirken gegebene Gegenwärtigkeit verweisen wollen. Auch die Zusicherung an den guten Schächer (23,42f) gehört zur Bewältigung der Verzögerungsproblematik.
Die Zeit Jesu ist Heilszeit. Mit ihr ist das Heute der eschatologischen Erfüllung angebrochen (Lk 2,11; 4,21; 5,26; 19,9). Das Besondere

dieser vergangenen Jesuszeit kann vermutlich auch darin gesehen werden, daß sie als satansfreie Zeit konzipiert ist, wenn man bereit ist, die lk Bemerkung am Ende der Versuchungsgeschichte: »Der Teufel ließ von ihm ab für eine Zeit« (4,13) in diesem Sinn zu interpretieren. Das Intervall der satansfreien Epoche geht dann mit der Passion zu Ende, an deren Beginn es heißt: »Satan fuhr in Judas, genannt Iskariot, einen aus der Zahl der Zwölf« (22,3). Die Jesuszeit als vergangene Epoche kommt noch deutlicher zum Vorschein in den Anweisungen an die Jünger. Bei ihrer Aussendung – Lk unterscheidet eine Aussendung der Zwölf von einer weiteren der Siebzig – erhalten sie die Anweisung, auf Versorgung und Ausrüstung radikal zu verzichten: weder Ranzen, Brot, Geld noch zwei Kleider (9,3), weder Beutel, Ranzen noch Sandalen (10,4). In den Abschiedsgesprächen wird diese Anweisung ausdrücklich zurückgenommen und sogar der Kauf eines Schwertes angeraten, doch nicht bevor die Jünger bestätigt hatten, daß ihnen seinerzeit nichts mangelte (22,35f). Der mit den unterschiedlichen Aussendungsregeln markierte Epochenwechsel leitet über vom Wirken Jesu zur Passion, von der Zeit Jesu zur Zeit der Kirche. Das Schwert muß dabei metaphorisch verstanden werden als Hinweis auf die jetzt entstehende Bedrängnis.

Das lk Zeitschema fügt sich in sein Konzept vollständig ein, insofern die Jesuszeit als Vergangenheit bewußt reflektiert und der Gegenwart als Zeit der Kirche gegenübergestellt wird. Damit ist auch das Zueinander von Evangelium und Apg beleuchtet. Die Vergangenheit, in der Jesus wirkte, ist ideale Zeit gewesen, auf die die Kirche zu ihrer Stärkung und Erbauung blicken soll. Freilich darf man daraus nicht den Schluß ziehen, daß die Gegenwart heillos sei. Die Zeit der Kirche ist grundsätzlich ebenfalls als Heilszeit angesehen. Garant des gegenwärtigen Heiles ist der heilige Geist, aus dem die Kirche aus allen Sprachen am Pfingsttag entstand, der sie fortan leitet und führt (vgl. Apg 8,29; 10,19; 11,12; 13,2; 16,6f u.ö.), der zur kraftvollen Verkündigung anleitet (4,8; 5,32; 6,5 u.ö.), der, in der Taufe verliehen, die Vergebung der Sünden gewährt (2,38; 10,43f). Die Periodisierung der Zeit läßt die Epoche Jesu als die »Mitte der Zeit« (Conzelmann) erscheinen, der die alttestamentliche Zeit der Verheißung vorangeht und die Zeit der Kirche nachfolgt. Bedeutsam ist auch, daß Johannes der Täufer – anders als bei Mt – noch nicht der Jesuszeit, sondern der Epoche von Gesetz und Propheten zugeordnet ist (Lk 16,16), wie ihm Lk auch topographisch ein eigenes Wirkungsgebiet einräumt (Conzelmann, Mitte 12–15).

5. Der lk Jesus beginnt seine öffentliche Wirksamkeit in der Synagoge seiner Heimatstadt Nazaret. Für Lk, der diese Perikope in ganz besonderer Weise gestaltet hat (4,16–30), ist Nazaret der Inbegriff der Heimat, also Israels. Lk legt Wert darauf, daß Jesus in sei-

nem Wirken die Grenzen Israels nicht überschreitet. Auch das »Gebiet der Gergesener« (8,26) bleibt an Galiläa gebunden. Was Jesus nach Mt 15,24 ausspricht, ist im dritten Evangelium in Erzählung umgesetzt. Die sogenannte Nordreise, die nach Mk 7,24ff Jesus in die heidnischen Gebiete von Tyros und Sidon führt, hat Lk gestrichen. Auch die Erwähnung von Kaisareia Philippi liest man bei ihm nicht mehr (Lk 9,18; Mk 8,27). In diesem Zusammenhang muß erwähnt werden, daß Lk, der sich in den geographischen Gegebenheiten Palästinas nicht besonders auskennt, Judäa, das in den anderen Evangelien die südliche Provinz bezeichnet, wiederholt im Sinn von Judenland versteht (Lk 1,5; 4,44). Diese Konzentration von Jesu Tätigkeit auf jüdisches Land hat heilsgeschichtliche Relevanz. Für Israel ist dieses Heil gesandt, das Volk aber ist zur Entscheidung gerufen. Symptomatisch ist die Bindung an eine positiv bewertete Abrahamskindschaft in 13,16 und 19,9. Die Aussendung von siebzig Jüngern will den Eindruck erwecken, daß gleichsam jede Stadt und jede Ortschaft die Gelegenheit bekam, das Wort zu hören. Die ablaufende Frist des Heilsangebotes wird veranschaulicht etwa durch das Gleichnis vom Feigenbaum, das nur Lk überliefert. Dem Baum, der schon umgehauen werden sollte, wird noch die Frist eines Jahres gewährt in der Hoffnung: »Vielleicht bringt er doch noch Frucht« (13,6–9). Mit dem Einzug Jesu in die Stadt kommt für diese der Zeitpunkt der gnädigen Heimsuchung (19,44).

Aber dieser Zeitpunkt ging vorüber. In der Apg ist eine heilsgeschichtlich neue Situation gegeben. Für das lk Doppelwerk wird man nicht sagen können, daß an die Stelle Israels die Kirche getreten ist. Der Weg ist komplizierter. In der Diskontinuität soll die Kontinuität gewahrt bleiben. In der Apg lassen sich nochmals drei Stadien unterscheiden. Das erste Stadium betrifft die missionarische Arbeit der Apostel, die ausschließlich Israel gilt. Sie setzen damit das Werk Jesu fort und tun es gemäß dem Missionsbefehl des Erhöhten, nach dem sie zunächst seine Zeugen in Jerusalem und im Judenland (Judäa) sein sollen (Apg 1,8). Doch gibt bereits der Missionsbefehl mit seiner Ausrichtung auf das Ende der Erde zu erkennen, daß die Israeliten nicht mehr die einzigen, sondern die ersten Adressaten der Botschaft sind. Ein neues Volk entsteht, in das aufgenommen zu werden die Israeliten den ersten Anspruch erheben dürfen. Die Aufnahme aber hängt von der Entscheidung des einzelnen ab. Der Übergang geschieht darum so kontinuierlich-diskontinuierlich, weil Lk für das alte wie für das neue Volk den Begriff λαός verwendet. »Jede Seele, die nicht auf jenen Propheten hört, wird aus dem Volk ausgetilgt werden« (3,23; vgl. 15,14: ἐξ ἐθνῶν λαόν). Dieses an Israeliten gerichtete Wort aus einer Petrus-Rede in Jerusalem legt Chance und Gefährdung in gleicher Weise frei, wenngleich die negative Formulierung den negativen Ausgang ahnen läßt.

Die Wende zum zweiten Stadium in der Apg wird durch die Stephanus-Rede angekündigt, die mit dessen Tod und der Verfolgung und Zerstreuung der Muttergemeinde verknüpft ist. Dabei ist in Erinnerung zu rufen, daß die Redekompositionen in der Apg gebündelte Aussagen lk Theologie sind. Die Stephanus-Rede ist ein Abriß der alttestamentlichen Geschichte Gottes mit seinem Volk mit dem Ziel, die fortwährende Halsstarrigkeit des Volkes aufzuweisen: Sie lehnen Mose ab (7, 25–29. 35), sie trieben immer Götzendienst (7, 41–43), sie bauten den Tempel (7, 44–50). Massive Tempelkritik vereinigt sich am Schluß der Rede mit dem Vorwurf, daß sie jetzt den Gerechten verraten haben, eine Tat, die gleichsam in der Konsequenz der Geschichte steht. Das zweite Stadium in der Apg, geprägt durch die Tätigkeit des missionierenden Paulus, beschreibt den Übergang vom Volk zu den Völkern, nachdem die Samaria-Mission (Kap. 8) und die Aufnahme des Kornelius durch Petrus (Kap. 10) schon Zeichen setzten. Die Israeliten bleiben die Erstprivilegierten im Anhören der Botschaft, aber diese löst sich von ihnen ab, was nicht als Schuld den christlichen Missionaren zugeschrieben werden kann. In drei exemplarischen, dramatischen Szenen beschreibt Lk den Wechsel. Es geschieht jeweils dasselbe: Der christliche Missionar, der sich zunächst (in der Synagoge) an die Israeliten wendet, erfährt Ablehnung. Daraufhin wendet dieser sich ab oder setzt ein Zeichen der Trennung und proklamiert, daß er sich nunmehr den Heiden zuwenden wird. Die sorgfältige Verteilung dieser Szenen auf Antiochia in Pisidien, Korinth und Rom, die eine nach dem Westen vorausschreitende Linie beschreibt, läßt die prinzipielle Bedeutung dieser Gestaltung erkennen. Als Schlüsselwort mag 13, 46 dienen: »Euch mußte das Wort Gottes zuerst gesagt werden. Da ihr es wegstoßt und euch des ewigen Lebens unwürdig zeigt, siehe, so wenden wir uns den Heiden zu.« Es ist zu vermerken, daß im Zuge dieser Entwicklung der Begriff »die Juden«, mit dem Lk bis dahin sparsam umging, besetzt wird mit der Bedeutung, daß es sich dabei um eine der christlichen Gemeinde ablehnend gegenüberstehende Gruppe handelt. Erstmalig taucht dieser Akzent in 9, 23 auf: »Die Juden beschlossen, ihn (Saulus) zu töten«, wobei der Übergang in der Wertung im Vergleich mit V 22 Beachtung verdient. Freilich darf nicht unerwähnt bleiben, daß Lk daneben, um der Kontinuität willen, von einer großen Zahl gläubig gewordener Juden spricht (21, 20).

Damit ist das dritte und letzte Stadium erreicht. Die Intention des Lk besteht darin, bis an dieses Stadium heranzuführen, weil es fortdauert und die Gegenwart bestimmt. Es ist die freie und ungehinderte Verkündigung, die sich an die Heidenvölker richtet. Unter diesem Aspekt bezeichnet der letzte Vers der Apg, der von der freizügigen Predigt spricht, auch einen offenen Schluß (28, 31). Die gedankliche Linie beschreibt zwar auch die Verstockung der Juden gegenüber dem Evangelium, die von Paulus mit Hilfe des prophetischen Wortes Jes 6,9f festgestellt wird (28,26f), im Zentrum aber steht die Öffnung zur Völkerwelt, welche die Kontinuität zum alten Israel nicht preisgibt. Deshalb sollte man einem politischen Interesse, daß es Lk darum gegangen sei, die christliche Religion an der jüdischen als religio licita, als einer vom Staat tolerierten Religion partizipieren zu lassen, weniger Beachtung schenken. Vor allem bedeutsam ist das theologische Anliegen. Auf die innigen Zusammenhänge kann auch die den Juden und Christen gemeinsame Verheißung verweisen, die auf die erwartete Auferstehung der Toten gerichtet ist. Lk sieht sie in der Auferstehung Jesu anfanghaft erfüllt. Dabei weiß er darum, daß ein Teil der Juden, die Sadduzäer, den Auferstehungsgedanken ablehnt (23,6). Der lk Paulus kann sagen: »Wegen der Hoffnung auf die Verheißung, die unseren Vätern von Gott zuteil wurde, stehe ich vor Gericht« (26,6). Es ist »Israels eigener Glaube« (A. Loisy), den Paulus verteidigt.

Obwohl Lk die Zeit Jesu von der Zeit der Kirche geflissentlich trennt, kann er die universale Perspektive bereits im Evangelium immer wieder andeuten. Nur zwei Beispiele seien in Erinnerung gerufen: In der programmatischen Eröffnungsperikope von Jesu Auftritt in der Synagoge von Nazaret zeichnet Lk eine dramatische Reaktion der Leute, die schließlich beabsichtigen, ihn den Abhang des Berges hinabzustürzen. Anlaß hierfür ist der die Zukunft vorwegnehmende Verweis auf zwei alttestamentliche Beispiele, nach denen der Gott Israels sich rettend heidnischen Menschen zuwandte (Lk 4,25–27). Insgesamt ist die Perikope in Analogie zu den Synagogenpredigten des Paulus in der Apg gestaltet, was beide Schriften beziehungsreich verbindet. Wenn Lk schließlich auf die Aussendung der Zwölf (9,1ff) eine Aussendung von siebzig Jüngern folgen läßt, dürfte die Zahl 70 an die entsprechende Zahl der Völker in der Völkerliste in Gen 10 erinnern wollen (Lk 10,1ff).

6. Zwischen der auszurichtenden Botschaft und den Aposteln stellt Lk einen vertieften Zusammenhang her. Grundsätzlich ist dieser schon im Prolog aufgewiesen, gemäß dem andere bereits vor ihm, aber letztlich Lk selbst einen Bericht abfaßten über das, was unter uns sich erfüllt hat, »wie es uns jene überliefert haben, die von Anfang an Augenzeugen und Diener des Wortes wurden« (Lk 1,1–4). Die hier noch etwas unscharf Augenzeugen und Diener des Wortes heißen, die als ihre erste Aufgabe die Verkündigung ansahen, sind keine anderen als die Apostel. Indem das Geschriebene ihre Botschaft verläßlich aufgreift, entsteht Zuverlässigkeit, Sicherheit hinsichtlich der Lehre. Lk bindet den Apostelnamen an die Zwölf (6,13; Apg 1,26). Zwar ist dies auch bei Mt 10,2 der Fall, doch wird der Zwölferapostolat durch Lk zu einem theologisch-ekklesiologischen Begriff. Auf-

schlußreich sind die für die Nachwahl des Matthias in Apg 1,21 f angegebenen Kriterien. Es muß einer von den Männern sein, die die ganze Zeit über, von der Taufe des Johannes bis zur Himmelfahrt, mit Jesus waren. Nur so kann er die dem Apostolat zugeschriebene Zeugenschaft erfüllen, die sich nicht auf die Auferstehung beschränkt, sondern das Leben und Wirken des irdischen Jesus miteinschließt. Dabei ist es nicht zufällig, daß die Nachwahl vor dem Pfingstfest erfolgt, weil die zwölf Apostel der Kern der neu entstehenden Gemeinschaft der Kirche sein sollen, die durch den Heiligen Geist ins Leben gerufen wird. Die Ausrüstung durch den Geist befähigt die Apostel erst zum Zeugnis, so daß auch ihre Institution im Vollsinn erst nachösterlich möglich ist. So können sie in 5,32 sprechen: »Und wir sind Zeugen dieser Ereignisse und der Heilige Geist.« Die Lehre der Apostel, die die Jesustradition verbürgt, hat zusammen mit der Gemeinschaft, dem Brotbrechen und dem Gebet für die Kirche einheitsstiftende Wirkung (vgl. 2,42).
Entsprechend ordnet Lk den Paulus ein, den er zwar gelegentlich (mit Barnabas, vgl. Apg 14,4 und 14) Apostel nennt, den er aber nicht in die Zwölfergruppe einordnen kann. Indem er ihm den zweiten Teil der Apg widmet, zeichnet er ihn als qualifizierten Zeugen (22,15; 26,16), der es letztlich ist, der den Zeugenauftrag des erhöhten Herrn (1,8) in seinem letzten Glied erfüllt. Während die zwölf Apostel an Jerusalem gebunden erscheinen (8,1.14; 15,2; 16,4), trägt Paulus das Zeugnis bis an das Ende der Erde. Er wird dabei als ein Christ der zweiten Generation gezeichnet, in Abhängigkeit von den zwölf Aposteln stehend. Obwohl dadurch die Bedeutung des Paulus gemindert erscheint, kommt es Lk gerade nicht darauf an, sondern er will Paulus als jenen darstellen, der die »Lehre der Apostel« auf zuverlässige Weise an die nachfolgende Generation weitergegeben hat, der die Brücke war hin zu der Zeit des Wirkens der zwölf Apostel in Jerusalem. Dieselbe Funktion in die Gegenwart hinein übernehmen die in den Gemeinden bereits vorhandenen Amtsträger, die Presbyter/Episkopen, die der Heilige Geist als Hirten für die Kirche Gottes eingesetzt hat (20,28). Der zentrale Text für dieses Konzept, in dem die Begriffe Presbyter und Episkopos noch austauschbar sind, ist die Abschiedsrede des lk Paulus an die ephesinischen Gemeindevorsteher in Milet (20,18–35). Will man es begrifflich fassen, so kann man zwar noch nicht von einer Sukzession des Amtes sprechen, wohl aber von einer Sukzession der Lehre der Apostel, die durch die Amtsträger hergestellt wird.

7. Die ekklesiologische Sicht des Lk wirkte sich auch auf seine Anthropologie aus. Besonders interessiert ist er an den Reaktionen der Menschen auf die Predigt. Alle sind Sünder. Ihre Lage wird durch das Wort aufgedeckt. Die angemessene Reaktion ist die Bußwillig-

keit. Buße, Umkehr kann dabei als Geschenk aufgefaßt werden (Apg 5,31; 11,18). Die Bußwilligkeit kann sich in der Frage äußern: Was sollen wir tun? Die Bußpredigt Johannes des Täufers hat – im Sinn der Antizipation – paradigmatische Bedeutung, wenn in der »Standespredigt« Volk, Zöllner und Soldaten mit dieser Frage reagieren (Lk 3,10–14). Ähnlich reagieren sie auf die Pfingstpredigt des Petrus (Apg 2,37). Die Umkehr schließt den Willen, die Taufe mit der Sündenvergebung zu empfangen, mit ein, das heißt eben auch die Bereitschaft, in die Gemeinschaft der Kirche aufgenommen zu werden. An letztere ist auch der Empfang des Heiligen Geistes gebunden, wenngleich Lk hier auf verschiedene Weise zuordnen kann, was sich jeweils nach der Intention des einzelnen Textes richtet (vgl. 2,38; 6,12.17; 8,17; 10,47f; 11,15–17; 19,6 und Weiser, Apg 205f). Der Sündenbegriff ist ethisch geprägt. Der einmalige Umkehrakt reicht nicht aus. Im alltäglichen Leben muß sich die Echtheit der Umkehr an deren Früchten erweisen. Dabei werden elementare Dinge herausgestellt (Lk 3,10–14; Apg 26,20). Die Höhepunkte der Ethik bietet die Feldrede (Lk 6,20–49). Auch in der Apg wird die soziale Verantwortung füreinander herausgestellt, wie das in der idealisierenden Schilderung der Gütergemeinschaft der Jerusalemer Muttergemeinde in 2,44f geschieht.

VII. Bekenntnismäßige und hymnische Glaubensaussagen

1. Wir betreten jetzt ein verzweigtes und differenziertes Gebiet neutestamentlicher Theologie. Ausgangspunkt ist die erst in neuerer Zeit (A. Seeberg) gewonnene Erkenntnis, daß die neutestamentlichen Schriften, insbesondere die Briefliteratur, Traditionen bergen, die den Autoren bereits als geprägte Formeln zur Verfügung standen. Diese Traditionen, obwohl in sich selbst betrachtet im Umfang recht unterschiedlich, sind knapp und kompakt strukturiert und aus verschiedenen Anliegen und Bedürfnissen heraus entstanden. Als Entstehungsmilieu oder »Sitz im Leben« kommen die Katechese, die Verkündigung, die Liturgie in Frage. Als wichtigste Formen können der Bekenntnissatz, auch Credo- oder Pistis-Formel genannt, und das Lied oder der Hymnus gelten sowie hymnusartige Texte. Die Erörterung dieser Texte ist mit Schwierigkeiten verbunden, weil ihre Rekonstruktion im Detail an Grenzen stößt, weil manche von ihnen fragmentarisch sind oder fragmentarisch überliefert sein können, weil die wissenschaftliche Diskussion recht kontrovers ist. Dennoch besteht kaum ein Zweifel, daß diese Texte nicht zuletzt wegen ihres in der Regel hohen Alters, aber auch wegen ihres Inhaltes von großer Bedeutung sind. Im Folgenden kann unmöglich eine Darstellung aller in Frage kommenden Texte geboten werden. Wir müssen uns mit einer Auswahl begnügen.

2. Unbestritten liegt ein Satz der Tradition in 1 Kor 15,3b–5 vor. Paulus selbst charakterisiert ihn als solchen: »Denn vor allem habe ich euch überliefert, was auch ich empfangen habe.« Die Bedeutung dieses Satzes für den Apostel und seine Gemeinde ist daran ersichtlich, daß seine Übernahme im Glauben am Beginn der korinthischen Gemeinde stand und diese so konstituiert wurde (vgl. 15,1f). Das in ihm Ausgesagte – Tod und Auferweckung Christi – ist zentraler Glaubensinhalt. Wir haben es mit einem Ursatz christlichen Glaubens zu tun.
Über Tod und Auferweckung hinaus wird erwähnt, daß Christus begraben wurde und erschien. Beides steht jeweils in Bezug zur zentralen Aussage von Tod und Auferweckung, insofern das Begräbnis bestätigt, daß er ein wirklich Toter war, und das Erscheinen in gleicher Weise den Erweis lieferte, daß er lebendiggemacht wurde. Die damit ersichtlich gewordene parallele Struktur der Formel ist für ihr Verständnis nicht unerheblich. Denn zweimal wird auf die Schriften verwiesen, die seinen Weg vorschrieben, und beide Geschehnisse, Tod und Auferweckung, werden durch eine zusätzliche Angabe erläutert:

Er starb für unsere Sünden, er wurde auferweckt am dritten Tag. Der Tod Jesu ist als Sühnetod verstanden. Diese theologische Deutung läßt vermuten, daß auch der parallele Zusatz »am dritten Tag« als theologisches Interpretament und nicht kalendermäßig zu deuten ist. Dies gilt auch deshalb, weil die Auferweckung durch Gott – gekleidet in ein Passivum divinum – mit dem dritten Tag verknüpft ist, und nicht sein Erscheinen. Die Auferweckung durch Gott war ein Vorgang, der keinem menschlichen Auge zugänglich war. Zugänglich wurde der Auferweckte durch sein Erscheinen und indirekt durch das leere Grab, das aber auch ungläubig gedeutet werden konnte. Die perfektische Formulierung – wörtlich: er ist auferweckt worden – setzt voraus, daß er von da an der Auferweckte ist und also fortwirkt. Das theologische Interpretament des dritten Tages, das in der biblischen und jüdischen Literatur beheimatet ist (K. Lehmann), versteht sich als Angabe des Zeitpunktes der Hilfe Gottes. Die Schrifterfüllung, angezeigt mit »gemäß den Schriften«, wird man auf Tod und Auferweckung, also die entscheidenden Heilsdaten, und nicht den Sühnetod oder den dritten Tag zu beziehen haben, so daß auch von dieser Konstellation aus das Gesamtzeugnis der Schriften (Plural), die Totalität der alttestamentlichen Verheißungen angerufen ist. Auf die Suche nach einer konkreten Schriftstelle (etwa Jes 53, 4–12; Jona 2, 1; Hos 6, 1 f) braucht man sich nicht zu machen. Was im Deutschen mit »er erschien« wiedergegeben wird, hat seine Vorgeschichte im griechischen Alten Testament und bezeichnet schon dort das Hervortreten Gottes aus seiner Unsichtbarkeit (Hahn, Hoheitstitel 206 f). Das Sehen sichert die Objektivität des Vorgangs ab. Dabei ist eine Befähigung der Sehenden zu diesem Sehen miteinzuschließen. Die ersten Sehenden in diesem Sinn waren Kephas und die Zwölf. Mit ihrer Erwähnung schließt die Glaubensformel ab. Doch gaben diese beiden Namen den äußeren Anlaß dafür ab, daß Paulus andere Namen von solchen einfügte, denen dieses Sehen gleichfalls zuteil wurde (1 Kor 15, 6–8). Vorangestellt und zur Formel gehörig ist der Christus-Titel (V 3), der, obwohl im griechischen Text ohne Artikel, nicht zum Eigennamen degradiert werden darf.
Obwohl die Entstehung der Glaubensformel in 1 Kor 15, 3 b–5 sehr früh angesetzt wird (5–10 Jahre nach Jesu Tod), kann davon ausgegangen werden, daß diese bereits aus vorausliegenden kürzeren Glaubensformeln zusammengesetzt ist oder aus solchen zu einer neuen Einheit komponiert wurde. Diese Formeln betreffen Tod und Auferweckung Jesu je für sich. Sie können an zahlreichen Stellen des Neuen Testaments nachgewiesen werden. Ihre Häufigkeit spricht eindeutig dafür, daß wir es mit alten, geprägten Glaubenssätzen zu tun haben. Der Grundbestand der einen Formel lautet: »Gott hat ihn auferweckt«, der der anderen: »(Christus) starb für uns.« Beide können kontextmäßig moduliert werden (vgl. Röm 10, 9; 7, 4; 1 Thess

1,10; 1 Kor 6,14; Gal 1,1 und Röm 5,8; 14,15; 1 Kor 8,11; Gal 2,21; 3,13 u.ö.). Zu beachten ist, daß in der Auferweckungsformel Gott als Handelnder genannt wird (meist aktivisch) und in der Sterbeformel die Interpretation breiter angelegt ist, das heißt, es bleibt offen, ob das »für« als Stellvertretung oder Sühne gedacht ist. Während die Auferweckungsformel ursprünglich mit dem Jesus-Namen verbunden ist, setzt sich in der Sterbeformel die Christus-Titulatur durch (Kramer, Christos 36). Letzteres dürfte auch für die frühen kombinierten Formeln gelten, in denen Tod und Auferweckung zusammengestellt sind, etwa: Christus starb und wurde auferweckt (vgl. Röm 8,34; 14,9). Auch hier sind Modulationen möglich. Doch ist ein Weg beschritten, der zu 1 Kor 15,3b–5 weiterführt.

3. Der in 1 Kor 15 enthaltene Glaubenssatz oder das, was wir hier inhaltlich über den Christus erfahren, erhält noch einmal in einem anderen Zusammenhang erhöhte Bedeutung. Über diesen Satz und seinen Inhalt gewinnen wir nochmals einen Zugang zu den synoptischen Evangelien. In der Abschluß-Perikope des Mk-Evangeliums, die von der Entdeckung des geöffneten und leeren Grabes Jesu durch die Frauen berichtet, verkündet ein Angelus interpres die Osterbotschaft und erteilt den Auftrag, den Jüngern eine Botschaft auszurichten (16,6f). Bei näherem Zusehen stellt sich heraus, daß die Verkündigung des Engels mit dem Inhalt des Glaubenssatzes in 1 Kor 15 weitgehend übereinstimmt. Ein kurzer Vergleich kann dieses veranschaulichen:

Christus starb	Jesus wurde gekreuzigt
er ist auferweckt worden	er wurde auferweckt.
er ist erschienen	Sagt seinen Jüngern
dem Kephas	und dem Petrus:
dann den Zwölfen	dort werdet ihr ihn sehen.

Der Tempuswechsel (Vergangenheit/Zukunft) ist unerheblich. Mk weiß um die Erscheinung, obwohl er sie nicht mehr erzählt, sondern nurmehr ankündigt. Zwar hat er den Verkündigungscharakter des Kerygmas bewahrt, doch ist dieses in die weiter ausholende Erzählung eingespannt. So erfahren wir von ihm, daß die Erscheinung in Galiläa stattfand. Zwischen der Erscheinung vor Petrus und der vor den Jüngern hat er nicht explizit unterschieden (vgl. jedoch Lk 24,34), aber die Erwähnung des Petrusnamens dürfte die Differenzierung andeuten. So werden wir davon ausgehen können, daß der älteste Evangelist den Glaubenssatz in 1 Kor 15 – oder vorsichtiger formuliert: dessen Inhalt – gekannt hat. Weil wir bereits wissen, welche Bedeutung Kreuz und Auferstehung für das Konzept und die Struktur dieses Evangeliums haben, läßt sich das Kerygma von Kreuz und Auferstehung, dem der Glaubenssatz in 1 Kor 15 entspricht, nahezu als Ausgangspunkt des Evangeliums verstehen. Die Jesus-Erzählungen wurden ihm vorgeordnet, oder um den pointierten Satz nochmals zu wiederholen: Das Evangelium ist eine Passionsgeschichte mit ausführlicher Einleitung. Das Kerygma bildet auch die Brücke zwischen dem Evangelium (bezogen auf die Synoptiker) und Paulus.

4. Für die früheste Christenheit bedeutete die Parusie Jesu ein prägendes Element ihres Glaubensverständnisses, vielfach verbunden mit der drängenden Hoffnung, daß sie nahe bevorsteht. Es nimmt nicht wunder, wenn auch diese sich in Glaubenssätzen niederschlug. Akklamatorische Rufe wie »Maranatha« (unser Herr, komm!) oder »der Herr ist nahe« mögen in den liturgischen Gemeindefeiern ihre Verwendung gefunden haben (1 Kor 16,22; Phil 4,5). Geprägte Sätze oder vielleicht besser: Sätze, in die Paulus bereits geprägte Formulierungen, die die Parusie Christi betreffen, aufgenommen hat, begegnen uns in 1 Thess 1,10 (hier verbunden mit Bekehrungsterminologie: von den Götzen zu Gott und dem Glaubenssatz von der Auferstehung Jesu) und Phil 3,20. Grundbestand dieser traditionellen Aussage ist, daß wir ihn (den Gottessohn) vom Himmel her als Retter vom kommenden Zorn erwarten. In dieser frühen Phase waren die Formulierungen noch weich und nicht festgelegt. Wir befinden uns im Stadium einer sich bildenden christlichen Tradition (Holtz, 1 Thess 60). Besonders auffällig ist das Sohnesprädikat in 1 Thess 1,10. Wir haben formelhafte Aussagen über den Tod Jesu, die diesen als sein Ausgeliefert-, Dahingegebenwerden interpretieren. Auch hier versteckt sich gleichsam hinter der passivischen Fassung ein Handeln Gottes. Das Ausliefern (παραδιδόναι), zunächst ein Rechtsterminus, der soviel besagt wie: jemanden in das Gefängnis ausliefern, wird in der theologischen Sprache zu einer tiefgreifenden Erklärung des Todes als einer Inszenierung Gottes. Dabei steht Jesus, der Ausgelieferte, auf seiten Gottes, der sein Wesen, seine Liebe zu erkennen gibt. Die Formulierung ist beeinflußt von den Liedern des Deuterojesaja über den Gottesknecht, von dem es heißt: »Sein Leben wurde ausgeliefert in den Tod... um der Sünden willen wurde er ausgeliefert« (LXX Jes 53,12). Im christlichen Bereich wurzelt sie in der Abendmahlsüberlieferung. Paulus gibt sie weiter (1 Kor 11,23; Röm 4,25; 8,32). Spätere Fassungen des Gedankens sprechen davon, daß Jesus sich selbst ausgeliefert habe (Gal 2,20; Eph 5,2.25).
Wir haben in Röm 1,3f einen Credo-Satz, der darum unsere Aufmerksamkeit verdient, weil er auf andere Weise über das irdische Leben Jesu hinausdenkt. Zwar ist auch hier seine Auferstehung von den Toten der Ausgangspunkt, doch wird darüber hinaus nicht seine Parusie ins Auge gefaßt, sondern seine mit der Auferstehung gewonnene himmlische Stellung als »Sohn Gottes in Vollmacht«. Diese Stellung wird seinem irdischen Leben gegenübergestellt, in das er als Mensch

aus dem »Samen Davids« geboren wurde. Auf diese Weise ergibt sich das Bild einer archaisch wirkenden Zweistufen-Christologie. Will man im Rahmen dieses archaischen Typs sprechen, so läßt sich sagen, daß die irdische Stufe von der himmlischen abgehoben erscheint. Auf der einen war er vom »Fleisch« bestimmt, ein sterblicher Mensch, auf der anderen ist er vom »Geist der Heiligkeit« bestimmt und für immer bleibender Gottessohn. Der archaische Charakter des Satzes zeigt sich insbesondere darin, daß über die Kontinuität zwischen diesen beiden Stufen oder Seinsweisen noch nicht reflektiert wird. Nur wird die Zwischenzeit – zwischen Ostern und Parusie – im Sinn der Christologie bedeutsam.

Wir haben schließlich vorgeprägte Aussagen im Neuen Testament, die in eine andere Richtung über das irdische Sein Jesu hinausgreifen, in seine Präexistenz, in sein vorweltliches Sein bei Gott. Ob man hier von einer Glaubensformel oder einem älteren Verkündigungsschema (mit Mußner, Gal 272), sprechen soll, bleibe dahingestellt. Auf jeden Fall haben sie einen anderen Anknüpfungspunkt als das Kreuz und die Auferstehung Jesu, wenngleich die Reflexion über die Postexistenz Jesu, seine Erhöhung zu Gott, die Reflexion über die Präexistenz mitausgelöst haben dürfte. Die Sätze sprechen regelmäßig von der Sendung des Sohnes durch Gott, die allerdings nicht in sich selbst ruht, sondern mit einer auf die Menschen bezogenen Absicht verbunden, das heißt soteriologisch interpetiert wird (Joh 3,17: damit die Welt durch ihn gerettet werde: 1 Joh 4,9: damit wir durch ihn leben; vgl. Röm 8,3f; Gal 4,4f). Das gedankliche Modell für diese Vorstellung ist aller Wahrscheinlichkeit nach der alttestamentlichen Weisheitsspekulation entlehnt. Die Weisheit (Sophia) wird hier als eine nahezu personifizierte, präexistente Größe gesehen, von der es auch heißen kann, daß sie zu den Menschen gesendet wird: »Sende (die Weisheit) vom heiligen Himmel und schicke sie vom Thron deiner Herrlichkeit, damit sie mit mir sei und alle Mühe mit mir teile« (Weish 9,10).

5. Damit haben wir eine letzte noch zu erwähnende Gruppe von Texten erreicht, die sich formal von den bisher erörterten unterscheiden, thematisch aber an die zuletzt genannten anschließen. Es sind hymnische Texte, Lieder, die in der Gemeinde gesungen wurden, umfangreicher als die Credo-Sätze. Ihr sachliches Proprium besteht darin, daß sie vorwiegend von der Prä- und Postexistenz Jesu handeln. Sein irdisches Leben wird fast nur beiläufig, episodenhaft erwähnt. Seltene christologische Titel treffen wir hier an wie Logos (Wort: Joh 1,1), Bild Gottes, Anfang (Kol 1,15.18). Auch ihr Wurzelboden ist nicht unmittelbar im Verkündigungsschema von Kreuz und Auferstehung zu suchen, sondern in anderen biblischen Modellen. Für das Christus-Lied in Phil 2,6–11 ist es das biblische Schema von Erniedrigung

und Erhöhung (»Er erniedrigt sich... Deshalb hat Gott ihn auch so sehr erhöht«), für das Christus-Lied in Kol, 1, 15–20 die für das apokalyptische Judentum nachweisbare Gegenüberstellung von Schöpfung und Erlösung, von Urzeit und Endzeit (»Denn in ihm wurde alles erschaffen... durch ihn und auf ihn hin alles zu versöhnen«). Wo der Gedanke vorkommt, daß der präexistente Christus als Schöpfungsgenosse oder Schöpfungsmittler beteiligt war wie in Joh 1,3; Kol 1,16; Hebr 1,2, ist wieder an die Weisheit als ideelles Vorbild zu denken: »(Die Weisheit) war zugegen, als du die Welt erschufst« (Weish 9,9; vgl. 9,1f; Spr 3,19; 8,22–31). Dasselbe gilt für Formulierungen, wie sie in Hebr 1,3 anzutreffen sind: »(Der Sohn) ist der Abglanz seiner Herrlichkeit und das Abbild seines Wesens. Er trägt das All durch sein machtvolles Wort« (vgl. Weish 7,26f). Das Verweilen bei Prä- und Postexistenz ist so intensiv, daß die Autoren, die diese Hymnen in ihre Briefe übernahmen, sich gelegentlich veranlaßt sahen, ihnen gegenüber das Kreuz zur Geltung zu bringen. So nimmt man an, daß die Erwähnung des Kreuzes in Phil 2,8c und die Wendung »durch sein Kreuzesblut« (Kol 1,20) interpretierende und weiterführende Zufügungen der Briefautoren zum vorgegebenen Lied sind. Es wird diskutiert, ob für manche dieser Hymnen gnostischer Einfluß angenommen werden darf (vgl. Gnilka, Phil 143–147; Schnackenburg, Joh I 297–302). Theologisch bedeutsam aber ist insbesondere, daß wir in manchen dieser Lieder die Menschwerdung (Inkarnation) des präexistenten Christus ausgesprochen finden. Vermutlich haben wir in Phil 2,7 die älteste Inkarnations-Aussage vor uns (vgl. Joh 1,14). Damit ist auf einer sehr frühen zeitlichen Stufe eine christologische Erkenntnislinie zum Ziel geführt.

VIII. Paulus

1. Die erste Aussage, die man über das paulinische Menschenbild machen muß, ist die, daß der Mensch Leib (σῶμα) ist. Leib ist dabei als eine umfassende anthropologische Kategorie aufzufassen und darf nicht im Sinn der griechischen Dichotomie als ein Teil des Menschen aufgefaßt werden, der als minderwertiger der höheren Seele gegenübersteht oder diese in sich wie in einem Grab gefangen hält. Als Leib existiert der Mensch in der Welt, ist er ein Stück Welt, für das und von dem aus er für die Welt Verantwortung trägt. Den Christen kann darum der Auftrag gelten: »Verherrlicht Gott in eurem Leib« (1 Kor 6, 20), oder daß sie ihre Leiber als »lebendige, heilige, wohlgefällige Opfergabe« Gott darbringen sollen (Röm 12, 1). Auch dies ist gemäß dem Gesagten ganzheitlich zu verstehen und gleichbedeutend damit, daß sie sich selbst als ganz für Gott in dieser Welt Lebende begreifen sollen. Als Leib aber ist der Mensch ein sterbliches, hinfälliges, begrenztes Wesen (Röm 6, 12). Doch soll er im Leib auferweckt werden (Röm 8, 11). Darin besteht das Ziel seiner Berufung und seine besondere Würde. Dies aber bedarf eines neuen schöpferischen Eingreifens Gottes. Der zu erhoffende Leib der Auferweckung ist nicht mehr ein sterblicher, sondern ein verherrlichter, vom Doxaglanz der Ewigkeit erfüllter, geistiger Leib (Phil 3, 21; 1 Kor 15, 44). Wie der irdische Leib vom Fleisch (σάρξ) bestimmt ist und somit sterblich, so wird der himmlische vom Geist (πνεῦμα) bestimmt und somit ein unverweslicher, unsterblicher sein (vgl. Röm 1, 3f; 1 Kor 15, 53f). Es ist also darauf zu achten, daß nicht ein sterblicher Leib einer unsterblichen Seele korrespondiert, sondern daß der Mensch nach Paulus in diesem wie im kommenden Leben als Leib existiert, nur wird dieser einmal durch ein nicht bleibendes, das andere Mal durch ein bleibendes Prinzip geprägt.

2. Die Prägung der irdischen Existenz des Menschen geschieht durch das »Fleisch«. Dieser altbiblische Begriff beinhaltet schon im Alten Testament die Todesperspektive: »Alles Fleisch ist Gras und all seine Kraft wie die Blume des Feldes. Das Gras verdorrt, die Blume verwelkt« (Jes 40, 6). Diese Perspektive ist auch bei Paulus gegeben, nur erhält sie angesichts der neu gewonnenen Möglichkeit einer himmlischen Berufung einen veränderten Sinn. »Fleisch und Blut können das Reich Gottes nicht erben« (1 Kor 15, 50).

Es soll uns hier aber darum gehen zu zeigen, daß der Mensch als in der Welt im Fleisch Existierender bedroht, in der Gefahr ist, falsche Entscheidungen zu treffen, falsche Wege zu gehen. Er kann auf das Fleisch vertrauen. Dies bedeutet so viel wie auf Dinge setzen, die die-

ser Welt zugehören, die letztlich nicht zu tragen vermögen. Immer handelt es sich um äußerliche, vermeintliche, eingebildete Vorzüge, mögen sie auch religiöser Natur sein (vgl. Phil 3,3f; 2 Kor 10,2). Paulus hätte wohl die Möglichkeit, solche in der Welt geachteten Vorzüge vorzuweisen, hat es aber gelernt, nicht diesen zu vertrauen. In der scharfen Auseinandersetzung von Phil 3,9f bezeichnet er sie sogar als Verlust und Unrat. Der »fleischlich« orientierte Mensch hingegen ist um diese Dinge besorgt (Röm 8,5). Er wird von ihnen umgetrieben und hat Angst, sie zu verlieren. Auch rühmt er sich ihrer, meint er doch, sich durch sie empfehlen zu können (2 Kor 10,17f). Die zur Ganzheit sich ausbildende Lebensorientierung führt dazu, daß sie zur bestimmenden Lebensregel wird und so das Fleisch zur Norm menschlichen Handelns. An diesem Punkt ist das Verständnis vorbereitet, wonach das Fleisch als Macht erscheint, die über den Menschen zu herrschen beginnt.
Gegensatz zum Fleisch ist nicht das Geistige, nicht der (menschliche) Geist, sondern Gott oder der Herr. So kann Paulus sagen, daß nicht, wer sich selbst empfiehlt, bewährt ist, sondern jener, den der Herr empfiehlt (2 Kor 10,18). Der Ruhm (καύχησις) ist die Bestätigung, die jeder braucht, um das Leben meistern zu können, doch hängt alles davon ab, wer der Bestätigende ist.
Die Problematik für den Menschen erweist sich mithin darin, daß er, solange er in der Welt ist, aber im Fleisch ist, nicht gemäß dem Fleisch leben soll (vgl. 2 Kor 10,3). Die Problematik verschärft sich, wenn wir bei Paulus Texte vorfinden, nach denen im Fleisch Kräfte, Strebungen vorhanden sind – der Apostel spricht in seiner Sprache von Begierden, Leidenschaften –, die den Menschen von Gott abbringen, ihn zur Sünde verleiten, ihn sich der Weisung Gottes entgegenstellen lassen: »Als wir noch im Fleisch waren, wirkten die Leidenschaften der Sünde ... in unseren Gliedern, so daß wir Frucht brachten für den Tod« (Röm 7,5). »Kümmert euch nicht um das Fleisch, daß ihr nicht den Begierden verfallt« (Röm 13,14). »Mißbraucht die Freiheit nicht als Vorwand für das Fleisch« (Gal 5,13). In solchen Zusammenhängen kann das Im-Fleisch-Sein – zu begreifen als ein dem Fleisch Verfallensein – geradezu die völlige Hoffnungslosigkeit der menschlichen Lage umschreiben: »Die im Fleisch sind, können Gott nicht gefallen« (Röm 8,8). In einem umfänglichen Lasterkatalog werden die »Werke des Fleisches« aufgereiht, von Unzucht über Feindschaften und Streit bis zu Saufen und Fressen (Gal 5,19–21, Luther-Übers.); von ihnen wird gesagt, daß wer sie tut, das Reich Gottes nicht erben wird. Zwar stehen sexuelle Verfehlungen am Beginn, doch eigens sei es gesagt, daß die Werke des Fleisches nicht auf diesen Bezirk eingeschränkt werden dürfen, sondern das ganze antisoziale, egoistische Verhalten des Menschen umschreiben. Darum: »Wer auf sein Fleisch sät, wird vom Fleisch Verderben ernten« (Gal 6,8).

Der härteste, aber auch schwierigste Text ist Röm 7,14 ff, wo Paulus nach verbreiteter Auffassung die Lage des unerlösten Menschen, des Menschen in der Zeit vor dem Glauben beschreibt, in möglicher Zuspitzung auf den Pharisäer. Er bezeichnet ihn als fleischlich und sieht ihn einem verzweifelten Dilemma ausgeliefert, in dem sein Tun beständig seinem Wollen widerstreitet: »Was ich nämlich tue, weiß ich nicht. Denn nicht das, was ich will, sondern das, was ich hasse, tue ich.« Wiederum beruht diese Diskrepanz nicht auf einer anthropologischen Diastase, daß das Wollen zum Guten, zum Leben einem besseren Teil im Menschen zugeordnet würde. Sowohl das Wollen als auch das Tun entspringen ein und demselben Subjekt. »Ich« zeichne für beides verantwortlich. Der Verstand (νοῦς) herrscht nicht, sondern ist Betrachter der traurigen Situation. Zurückgeführt wird das beständige Versagen des Wollens gegenüber dem Tun auf die »in mir einwohnende Sünde« (V 20). Auch hier kommt das Fleisch zum Zuge: »Ich weiß nämlich: Es wohnt in mir – das heißt in meinem Fleisch – nicht Gutes« (V 18). Die klagende Frage: »Wer wird mich erretten aus diesem Todesleib?« (V 24) qualifiziert sogar den Leib-Begriff überaus negativ, insofern der Tod über das physische Sterben hinausragt. Es stellt sich die Frage, ob Fleisch hier als Macht konzipiert ist, die über den Menschen Gewalt hat, und nicht mehr nur als Macht, der der Mensch verfallen ist. Daß im Text hellenistisch eingefärbte dualistische Anthropologie durchschimmert, ist kaum zu bestreiten. Dennoch wird nicht dem Fleisch, sondern der Sünde Herrschaft zugesprochen (V 14) und sind es die eigenen Taten, in denen dieses Beherrschtsein zur Geltung kommt (vgl. V. 23).

3. Für das Sprechen des Apostels über die Sünde fällt zunächst auf – abgesehen davon, daß die überwiegende Mehrheit der einschlägigen Stellen im Römerbrief zu finden ist –, daß die Sünde meist im Singular vorkommt, also nicht das Sündigen des Menschen als sein Tun, sondern auch hier sein Verfallensein oder besser: sein Ausgeliefertsein an die Sünde im Mittelpunkt steht. In dieser personifizierenden Rede erscheint die Sünde als eine Unheilsmacht, der wie einer Person aktives Handeln nachgesagt werden kann: Sie kam in die Welt (Röm 5,12), herrscht, macht sich den Menschen zum Sklaven (5,21; 6,6.12.17.20), lebt auf, täuscht, tötet den Menschen (7,9.11), zahlt den Tod als Sold aus (6,23), haust im Menschen (7,17.20). Das vorletzte Ziel dieser Aussagen besteht darin, die Allgemeinheit und Universalität der Herrschaft der Sünde zum Ausdruck zu bringen. Es ist das vorletzte Ziel, weil das letzte Ziel die Überwindung der Sünde und der Gewinn des Lebens für alle ist.
Diese Zusammenhänge werden in der Darlegung, die die Adam-Christus-Parallele betrifft, entfaltet (5,12 ff). Hier wird zunächst dargetan, daß das mythisch wirkende Kommen der Sünde in die Welt

mit der Ungehorsamstat Adams verknüpft ist. Das heißt, das Ausgeliefertsein des Menschen an die Sünde ist nicht – wie in der Gnosis – an die Materie oder die Natur, sondern an die Tat des Menschen gebunden. Adam hat gewissermaßen durch sein Sündigen der Macht der Sünde die Tür geöffnet. Der Zusammenschluß aller Menschen mit dem Schicksal Adams ist über die semitische Idee vom Stammvater ermöglicht, dessen Schicksal in seinen Nachkommen weiterwirkt. Freilich denkt Paulus nicht an eine genealogische Übertragung der Sünde vom Vater auf die Nachkommen, sondern daran, daß alle Nachkommen Adams so sündigen wie ihr Stammvater gesündigt hat. Auf diese Weise entsteht ein Netz von Verhängnis und Schuld, das von Generation zu Generation weitergewirkt wird und alle verstrickt. Jeder Neugeborene gerät in dieses Netz der Verstrickung und bestätigt später durch sein eigenes Sündigen seine Abkunft von Adam. Das Tat-Folge-Schema schafft eine fatale Textur, die das Handeln aller negativ beeinflußt.

Aus bestimmten Gründen, die das Gesetz betreffen, räumt Paulus der Zeit zwischen Adam und Mose (als das Gesetz kam) einen Ausnahmezustand ein (5,13f). Zwar war damals die Sünde schon in der Welt – Adam hatte sie ja hereingelassen –, aber sie sei nicht angerechnet worden (weil das Gesetz noch nicht da war). Damals hätten die Menschen auf ihre besondere Weise und nicht wie Adam gesündigt, der ein förmliches Gebot übertrat. Daß die Sünde nicht angerechnet worden sei, erscheint nicht konsequent, da die Menschen von Anfang an dem Sterben anheimgegeben waren. Doch tritt so die Mächtigkeit der Sünde in das Bewußtsein. Die Sünde wartete gleichsam mit ihren schädigenden Energien bis zu dem Zeitpunkt, wo sie ihre volle Kraft entbinden konnte. Die Tat-Folge-Verstrickung vermag die Eskalation der Sünde eindrucksvoll zu demonstrieren. Aus ihr gibt es kein Entrinnen, es sei denn, daß ein völlig neuer Anfang gesetzt wird. Es bedarf einer neuen Menschheit. Paulus sieht sie durch Christus, den neuen Stammvater, den zweiten Adam, eröffnet.

Mehr unter dem Aspekt von Geschichte und Schuld wird die Verstrickung der Menschheit in die Sünde in Röm 1,18–3,20 beschrieben. Indem sich Paulus erst den Heiden, dann den Juden zuwendet, erscheint die heilsgeschichtliche oder unheilsgeschichtliche Perspektive in der Allgemeinheit der Sünde. Die Fähigkeit des heidnischen Menschen, Gottes ewige Kraft und Gottheit aus seinen Schöpfungswerken mit dem Verstand wahrzunehmen, die ihn zur Anerkennung und Anbetung dieses Gottes führen sollte, hat er nicht genutzt, sondern beiseite geschoben. Diese Fähigkeit wurde dem Menschen bereits in der alttestamentlichen Weisheitsliteratur zugesprochen, die ihrerseits in diesem Punkt von der zeitgenössischen Philosophie abhängig ist (Weish 13–15). Die Folge der Vernachlässigung Gottes führte zu religiösem und sittlichem Verfall, wie er sich für Paulus in Götzendienst und sexueller Perversion äußert. Geschichtlich gewirkte Schuld und Verhängnis vermag der Apostel dadurch eindrucksvoll zu vereinen, daß er das Unheil als ein vom Menschen selbst geschaffenes analysiert. Verhängnisvoll ist, daß der Mensch sich aus seiner ausweglosen Lage selbst nicht zu befreien vermag. Im Tat-Folge-Schema wird das Selbstgericht zum Gottesgericht: »Denn Gottes Zorn wird vom Himmel her offenbar über alles gottlose Wesen.« Gott lieferte ihn dem aus, dem er sich selbst preisgegeben hatte, der Lüge, der Unreinheit, der Entstellung menschlichen Wesens (1, 18.24.26).

Aber auch den Juden sieht Paulus als einen Verlorenen an, wider dessen besseres Wissen. Er zeiht ihn eines verstockten und unbußfertigen Herzens (2, 5), des Ehebruchs, des Tempelraubs (2, 22; letzteres ist dubios). Dem Sünder nutzt das Gesetz nichts, denn »die ohne das Gesetz sündigten, werden auch ohne das Gute verlorengehen, und alle, die unter dem Gesetz sündigten, werden durch das Gesetz verurteilt werden« (2, 12). In diesem Kontext erwähnt der Apostel Heiden, die das Gesetz beobachten (vermöge der Kraft ihres Gewissens), ohne es zu kennen, und gelangt dann zur denkwürdigen Definition des »Juden im Verborgenen« (2, 26–29). Richtpunkt der Argumentation aber ist nicht dies, sondern die Feststellung, daß »alle, Juden wie Griechen, unter der Sünde sind« (3, 9), ein Satz, den eine liedartige Katene von Schriftstellen nachhaltig unterstreicht, beginnend mit Koh 7, 20: »Es gibt keinen, der gerecht ist, auch nicht einen« (Röm 3, 10). In 11, 31 wird die allgemeine Feststellung mit einem bemerkenswerten Zusatz wiederholt: »Gott hat alle in den Ungehorsam eingeschlossen, damit er sich aller erbarme.« Diese Wiederholung steht am Schluß des großen Abschnitts über das Problem des Unglaubens Israels (Röm 9–11).

4. Unübersehbare Folge der Sünde und des Sündigens ist der Tod. Paulus betrachtet ihn nicht unter biologisch-naturwissenschaftlichem Aspekt, wie wir ihn zu betrachten gewohnt sind, sondern unter theologischem. In Anlehnung an Gen 3 kann er sagen, daß durch einen einzigen Menschen (Adam) nicht bloß die Sünde, sondern auch der Tod in die Welt eintrat und so zu allen Menschen durchdrang (Röm 5, 12). Diese theologische Perspektive ist unter zwei Voraussetzungen möglich: Einmal war (und ist) der Mensch nicht für den Tod, sondern für das Leben bestimmt. Zum anderen meint die Rede vom Tod mehr als das physische Sterben. Sie schließt das gegenwärtige und das über das physische Sterben hinausreichende Verderben des Menschen mit ein. So ist der Tod schon im gegenwärtigen Leben präsent: »Als das Gebot kam, wurde die Sünde lebendig, ich aber starb« (7, 9 f). Der Tod ist Schicksal und Strafe für aufgehäufte Schuld zugleich, Schicksal, weil er mit dem ersten Menschen in der Welt ist, Strafe, weil alle sündigten. Der Konnex von Sünde und Tod ist also

grundlegend: »Die solches tun, sind des Todes würdig« (Röm 1,32), »der Sold der Sünde ist der Tod« (6,23), durch die Leidenschaften der Sünde »brachten wir Frucht für den Tod« (7,5). Der Tod übt seine Herrschaft aus (5,17), die Sünde übt durch den Tod ihre Herrschaft aus (5,21). Der Tod geht wie eine organische Frucht aus dem Sündenleben hervor. Eine tiefe Einsicht in diese Zusammenhänge gewinnen wir dann, wenn wir uns daran erinnern, daß der Mensch »im Fleisch« aus ist auf das, was vergeht. Weil er sich an das Vergängliche klammert, ist sein eigenes Vergehen nur konsequent. Das Trachten des Fleisches ist der Tod (8,6). Die ganze Kraft dieser Aussagen kommt zum Tragen, wenn wir nicht vergessen, daß Sinn und Ziel des Menschen auf dem Prüfstand stehen. So kann der Apostel seine Missionsreisen mit einem Prozessionszug vergleichen (bei dem Weihrauchduft verbreitet wird) und sagen: Denen, die verlorengehen, sind wir »ein Todesgeruch zum Tode« (2 Kor 2,15f).

Es mag auffallen, daß Paulus, wenn er vom Tod spricht, immer nur den Tod des Menschen meint. Hat er den Tod in der Natur übersehen? Dies kann man nicht sagen, nur steht für ihn der Tod des Menschen in seiner theologischen Dimension im Zentrum, so sehr, daß er das Sterben in der Natur an das Geschick des Menschen bindet. Er weiß um die der Vergänglichkeit unterworfenen Schöpfung und hört ihr Seufzen, von dieser Knechtschaft befreit zu werden. Garant für deren Befreiung wird die Erlösung des Leibes des Menschen sein, das heißt, die endgültige Überwindung des Todes in der Auferstehung der Toten (vgl. Röm 8,18–23). Als letzter Feind soll der Tod vernichtet werden (1 Kor 15,26).

5. Als letztes, die Heilsbedürftigkeit des Menschen ausmachendes Element muß das Gesetz genannt werden. Wenn man sich freilich die paulinischen Aussagen über das Gesetz, die im Römer- und Galaterbrief konzentriert sind, anschaut, so erscheint dieses zunächst als eine ambivalente Größe. Negatives und Positives wird über es gesagt. Einerseits haben wir Sätze wie: »Das Gesetz wirkt Zorn« (Röm 4,15), »Die Macht der Sünde ist das Gesetz« (1 Kor 15,56), »Denn die aus dem Gesetz sind, sind unter einem Fluch« (Gal 3,10). Dem stehen Äußerungen entgegen wie: »Das Gesetz ist heilig« (Röm 7,12), »geisterfüllt« ($\pi\nu\varepsilon\upsilon\mu\alpha\tau\iota\kappa\acute{o}\varsigma$, 7,14), »gut« (7,16), oder daß in ihm »die Gestalt der Erkenntnis und der Wahrheit« enthalten sei (2,20). Wie lassen sich diese Divergenzen ausgleichen? Ist das überhaupt möglich? Es wundert nicht, wenn gerade die paulinische Beurteilung des Gesetzes in der exegetischen Forschung recht unterschiedlich gedeutet wird bis hin zur Meinung, daß der Apostel seiner eigenen Auffassung nicht treu geblieben sei oder daß er im Galaterbrief schärfer, negativer über das Gesetz urteile als im Römerbrief (H. Hübner). Auszugehen ist von der Einsicht, daß das Gesetz den Willen Gottes

vermittelt. Dieser Wille soll erfüllt werden. Im Tun des Gesetzes entfaltet der jüdische Mensch seine religiöse Existenz, wie Paulus es aus eigener Erfahrung weiß, wird er gerecht. Denn Mose schreibt: »Der Mensch, der die Gerechtigkeit aus dem Gesetz tut, wird durch sie leben« (Röm 10,5; vgl. Lev 18,5). Aber unter der Forderung Gottes, die im Gesetz geschrieben steht, befindet sich auch der Heide, wenngleich er das schriftliche Gesetz nicht kennt. Die Forderung ist ihm aber in das Herz geschrieben, und sie wird ihm durch das Gewissen bezeugt. Heiden, die das Gesetz nicht haben, tun von sich aus, was das Gesetz will, und sind sich somit selbst Gesetz (Röm 2,14). Paulus mag dabei an Gebote des Dekalogs oder an die allgemeine Sitte (vgl. Phil 4,8) gedacht haben.

Doch das Gesetz hat die Menschen nicht zum Heil geführt. Ja, es vermag dies auch gar nicht. Diese Auffassung, durch die der Apostel für die Juden zum Apostaten wurde, ergab sich für ihn vom Christusereignis her. Wer nicht wahrnimmt, daß Paulus vom Kreuz Christi aus argumentiert, vermag ihn überhaupt nicht zu verstehen. Vom Kreuz her erweist es sich, daß alle Menschen Sünder sind, Heiden wie Juden (Röm 3,9 und 20). Das Gesetz bestätigt es. »Gesetz« muß hier im Sinn von Schrift aufgefaßt werden (V 19). Doch besteht darüber hinaus ein Zusammenspiel von Gesetz und Sünde, in dem die Sünde als die übergeordnete Macht erscheint, als jene Macht, die sich des Gesetzes zur Durchsetzung ihrer unheilvollen Wirkungen bedient. Zwar weist Paulus den Gedanken zurück, daß das Gesetz Sünde sei, doch gelangt der Mensch durch das Gesetz zur Erkenntnis der Sünde. »Ich hätte die Sünde nicht kennengelernt, wenn nicht durch das Gesetz« (Röm 7,7). Als im Ich-Stil formulierter Erfahrungssatz bedeutet diese Aussage nicht einen Einblick in die Biographie oder eine persönliche Entwicklung des Apostels, sondern sie beschreibt die faktische Wirkung des Gesetzes auf den unerlösten Menschen. Von manchen Äußerungen her möchte man den Eindruck gewinnen, daß das Gesetz positive, nahezu positivistische Setzung Gottes sei, etwa: »Wo es kein Gesetz gibt, gibt es auch keine Übertretung« (4,15). Oder das schon erwähnte schwierige Urteil, daß in der Zeit zwischen Adam und Mose die (durchaus vorhandene) Sünde nicht angerechnet worden sei, weil es noch kein Gesetz gab und der Mensch infolgedessen nicht in gleicher Art wie Adam hatte sündigen können, der das förmliche Gebot Gottes durchbrach (5,13f). Doch ist das Zusammenspiel von Sünde und Gesetz tiefer angelegt.

Die Erkenntnis der Sünde, die das Gesetz bewirkt (vgl. 3,20), läßt sich nicht in eine theoretische Einsicht auflösen. Daß das im Gesetz Gebotene im Menschen veranlagt ist, sich mit seinem guten Wollen in Übereinstimmung befindet, haben wir schon erwähnt. Es tritt also durch das Gesetz keine wesentlich neue Erkenntnis hinzu. Doch erregt das Gebot im Menschen »alles Begehren«. Wiederum: »Ich hätte die Begierde nicht erfahren, wenn das Gesetz nicht gesagt hätte: Du sollst nicht begehren« (7,7f). Die Erregung alles sündigen Begehrens, die also mehr ist als Erkenntnis, ist der Ungehorsam des Menschen, den die Sünde im Verein mit dem Gesetz auslöst. So ist die Erkenntnis letztlich im genuin biblischen Sinn zu begreifen als umgreifende persönliche Erfahrung der Sünde. Wie sich Menschen im biblischen Sinn gegenseitig erkennen, so erkannte der Mensch die Sünde durch das Gesetz. Die Sünde sollte im Übermaß sündig werden durch das Gebot (7,13).

In diesem Sinn ist das Gesetz unser Zuchtmeister, Pädagoge bis zur Ankunft des Christus (vgl. Gal 3,24), daß es uns unter der Sünde verwahrte. Die Aufgabe des »Pädagogen« im Erziehungssystem der Antike war keine bildende, weiterführende, sondern eine beaufsichtigende, bewahrende. Ebenso vermochte das Gesetz nicht zu Christus zu führen, so daß das Evangelium gleichsam aus dem Gesetz hervorgetreten wäre. Vielmehr tat es uns, indem es uns die Sünde erfahren ließ, die Einsicht kund, daß wir auf Hilfe angewiesen sind.

Die auf Christus hinweisende Orientierung des Gesetzes kommt auf eine höchst dialektische Weise zur Sprache. Greifen wir zwei Stellen heraus, um dies zu veranschaulichen. In Röm 3,21 wägt Paulus die Bedeutung des Gesetzes sorgfältig ab, wobei das christliche Heilsgeschehen deutlich der Standpunkt des Urteilens ist. Denn dieses Heilsgeschehen (Gottes Gerechtigkeit) ist zustande gekommen ohne das Gesetz – das Gesetz scheidet als Heilsweg aus –, wurde aber bezeugt vom Gesetz und von den Propheten. Gesetz und Propheten als übergreifende Bezeichnung für die Schrift sind der Ort, wo das zukünftige Heilsgeschehen als Verheißung vorangezeigt war, ohne daß jedoch das Gesetz in der Lage gewesen wäre, dieses herbeizuführen. Nach Gal 3,13 spricht das Gesetz über Christus den Fluch, insofern dieser ein Gekreuzigter ist. Heißt es doch in Dtn 21,23: »Verflucht ist jeder, der am Holz aufgehängt ist«, und dort wird verfügt, daß ein solcher bestattet werde noch am gleichen Tag, damit das Land durch ihn nicht verunreinigt werde. Für Paulus hat Christus diesen Fluch eingelöst, indem er für uns zum Fluch geworden ist. Der Gedanke der Stellvertretung, die er für uns, die Sünder, leistete, ist gleichfalls vom Gesetz her gedacht. Denn dieses hat alle der Sünde überführt und als Sünder erwiesen und somit unter den Fluch der Sünde gebracht (vgl. Gal 3,10). Die Solidarität des Christus, des um unsertwillen Verfluchten, mit uns, den Sündern, den durch das Gesetz Verfluchten, brachte uns die Befreiung. Doch damit ist schon die Perspektive der Erlösung erreicht. Bemerkenswert ist, daß Paulus an den genannten Stellen des Galaterbriefes eine universale Sprache spricht, alle Menschen miteinbezieht, obwohl er vom Gesetz spricht. Das hat nicht bloß mit der konkreten Auseinandersetzung zu tun, die er mit den heidenchristlichen Galatern führt, sondern muß vor allem auch von der Erlösungskonzeption her bedacht werden, die in ihrer Universalität auch in dieser Argumentation durchschlägt. Mit Christus ist die Epoche des Gesetzes abgeschlossen worden, denn er ist das Ende des Gesetzes (Röm 10,4). Nach dem Gesagten ist es unwahrscheinlich, den gewiß doppeldeutigen Begriff τέλος (zusätzlich) als Ziel zu begreifen. Von Gal 3,24 her ist diese Möglichkeit nicht erschlossen. Die Vorstellung des Apostels, daß kein Mensch das Gesetz beobachtet, ist mit der für uns schwer zugänglichen Forderung verknüpft, daß der Gesetzesmensch verpflichtet sei, alle Forderungen des Gesetzes zu erfüllen, und daß er mit der Übertretung einer Forderung des Gesetzes das ganze Gesetz nicht erfüllt habe: »Verflucht ist jeder, der nicht verharrt bei allem, was geschrieben steht im Buch des Gesetzes.« Auch dieser Satz wird als Zitat aus dem Gesetz angeführt (Gal 3,10; vgl. Dtn 27,26). Entgegen der Auffassung, daß das Tun der Gesetzeswerke an sich als fluchbeladen gelte, wird man die erwähnte Interpretation zu bevorzugen haben, daß das Teil für das Ganze steht, die Verletzung eines Teils das ganze Gesetz in Frage stellt. Dann gewinnt man von hier aus eine vermittelbare Einsicht in den komplizierten Gedankengang. Die Werke des Gesetzes erscheinen dann in ihrer Vielheit und Vielfalt als Ausdruck einer bedrückenden religiösen Einstellung, als Versuch, das Leben aus eigener Kraft zu bewältigen, als (falsches) Vertrauen in die eigene Leistung, oder um es noch paulinischer zu formulieren: als Bemühen, die eigene Gerechtigkeit (die aus Werken des Gesetzes stammt) aufzurichten (vgl. Röm 10,3). Ein solches Bemühen muß letztlich scheitern angesichts des Angebotes Gottes, das Leben zu schenken.

6. In Christus Jesus hat Gott gehandelt zur Rettung aller Menschen. Dieses Handeln setzt eine Zäsur. Im Römerbrief stellt sich dies so dar, daß nach der dramatischen Schilderung des Heilsverlustes aller Menschen, Heiden wie Juden (1,18–3,20), von der jetzt erfolgten Offenbarung die Rede ist. Das scharf herausgestellte »jetzt aber« (3,21) ist im Sinn der Äonenwende zu verstehen. Jetzt ist »Fülle der Zeit« (Gal 4,4), die »Enden der Äonen« sind auf uns gekommen (1 Kor 10,11), »das Alte ist vergangen, Neues ist geworden« (2 Kor 5,17). Doch begreift Paulus die Äonenwende nicht als radikale Ablösung des alten Äons der Sünde durch den neuen Äon Gottes. Alter und neuer Äon stehen nicht in hermetischer und zeitlicher Abgrenzung zueinander. Vielmehr dringt der neue Äon in die gegenwärtige Weltzeit ein.

Die äonenwendende Offenbarung ist die der Gerechtigkeit Gottes (Röm 3,21). Es besteht kein Zweifel, daß diese sich auf Kreuz und Auferweckung Jesu Christi bezieht. Mit der Gerechtigkeit Gottes ist der zentrale Begriff der paulinischen Rechtfertigungslehre genannt. Obwohl jene wie eine personifizierte Größe erscheint, bleibt sie an

Gott gebunden. Hinsichtlich der über die Maßen strapazierten Frage, wie der Genitiv »Gerechtigkeit Gottes« zu interpretieren ist, ist in diesem Fall zu antworten, daß es sich – grammatisch formuliert – um einen Genitivus subiectivus handelt, also von der Gerechtigkeit geredet wird, die Gottes ist, weil es sein Handeln ist, auf das die Offenbarung Bezug nimmt.

In Röm 3, 25–26a wird das Handeln Gottes, in dem er seine Gerechtigkeit erwies, so erläutert: »Ihn (Christus) hat Gott hingestellt als Sühne – durch Glauben – in seinem Blut, um seine Gerechtigkeit zu zeigen, da er die Sünden vergab, die zuvor, in (der Zeit) seiner Geduld, geschahen.« Manche Kommentatoren wollen in dem gedanklich außerordentlich dichten Satz die Geduld Gottes als Movens auffassen, daß er vergibt (Wilckens, Röm I 197). Wie dem auch sei, für uns kommt es vorab darauf an zu sehen, daß Paulus nicht nur explizit die Offenbarung der Gerechtigkeit Gottes mit dem Kreuz verbindet, sondern diese dahingehend interpretiert, daß in ihr die Vergebung der Sünden aller gewirkt wurde. In der universalen Vergebung erweist sich Gottes Gerechtigkeit. Diese für menschliche Vorstellungen paradoxe Konzeption von Gerechtigkeit läßt Gottes Sein hervortreten und ist darum in der Tat Offenbarungsgeschehen. Es sind allesamt Frevler, Sünder, Gottlose, denen Gott vergibt. Im Zusammenhang wird an diese in 1, 18–3, 20 sichergestellte Ausgangslage nochmals erinnert: »Denn es gibt keinen Unterschied. Alle haben nämlich gesündigt und ermangeln der Herrlichkeit Gottes« (3, 22 f).

Die an das Kreuz gebundene universale Vergebung ist möglicherweise mithilfe des Versöhnungsritus, der am jüdischen Versöhnungstag vom Hohenpriester zu vollziehen war, erläutert. Das oben mit Sühne übersetzte Wort (ἱλαστήριον) könnte den Aufsatz auf der Bundeslade im Allerheiligsten des Tempels bezeichnen (vgl. Ex 25, 17–22), vor die der Hohepriester das Blut zur Sühnung des Heiligtums sprengte. Weil dies als der entscheidende Sühneakt galt, wäre das Kreuz als unser ἱλαστήριον gesehen. Das Beieinander von Gottes Gerechtigkeit und Sühne aber darf nicht dazu führen, Gerechtigkeit als strafende zu verstehen, daß ein grausamer Gott nur durch Blut zu versöhnen gewesen wäre. Gott ist es, der sich mit dem Gekreuzigten identifiziert, da im Kreuz seine Gerechtigkeit offenbart wird. Gerechtigkeit wird letztlich als seine Liebe, sein Erbarmen verstehbar.

Freilich behält Paulus den Begriff Gerechtigkeit Gottes bei und wählt nicht die Begriffe Liebe oder Erbarmen, die sich angeboten hätten. Das Handeln Gottes in Christus ist ein forensisches (gerichtsmäßiges) Geschehen. Im Kreuz Christi nimmt er das endzeitlich-eschatologische Gericht vorweg, indem er für alle Vergebung schafft. Der Tod ist die Folge der Sünde. Indem der Sündlose stirbt, schafft er für alle das Leben.

Die theologischen Intentionen des Apostels treten noch schärfer hervor, wenn die Vermutung zahlreicher Forscher zutrifft, daß in dem oben zitierten Text Röm 3, 25–26 a, der von Christus als Sühneort handelt, ein vorpaulinischer Traditionssatz vorliegt. Interpretiert man diesen für sich, so wird in ihm ein Verständnis von Gerechtigkeit Gottes wahrnehmbar, das sich vom paulinischen unterscheidet. Dann bezieht sich diese dort auf die Wiederherstellung des durch Sünden gebrochenen Bundes (Käsemann, Röm 93), ist die Zeit der Geduld Gottes die jetzt durch seine Vergebung eingeholte Zeit, die sich auf Israel beschränkt. Paulus hätte dann eine judenchristliche Glaubensformel in einem entscheidenden Punkt revidiert, indem er sie nämlich universalisierte und auf alle ausdehnte. Gottes Gerechtigkeitshandeln gilt allen Menschen, Juden und Heiden. Darum klappen die Fragen nach: »Ist Gott allein der Gott der Juden? Ist er nicht auch der Gott der Heiden? Ja, gewiß, auch der Heiden. Denn es ist der eine Gott, der gerecht macht die Juden aus dem Glauben und die Heiden durch den Glauben« (3, 29 f).

Mit dem Glauben ist die Ermöglichung des Zuganges für den Menschen zum Gerechtigkeitshandeln Gottes angeführt, daß der Mensch von Gott gerechtgesprochen werde. Der Glaube ist die entscheidende, die einzige Bedingung. In der Akzentuierung des Glaubens wird ein Zweifaches deutlich: daß die Rechtfertigungslehre des Apostels Kampfeslehre ist, entstanden in der Auseinandersetzung mit dem Judentum, das meinte, der Mensch werde durch die Werke des Gesetzes gerechtgesprochen, und daß – eng damit zusammenhängend – so der Weg zur Gerechtsprechung für alle Menschen eröffnet ist, da Glaube jedem möglich und nicht auf die Zugehörigkeit zu einem Volk eingeschränkt ist. Die Gerechtigkeit Gottes wird in Röm 3, 22 näher gekennzeichnet als »Gerechtigkeit Gottes durch Glauben an Jesus Christus für alle, die glauben.« Polemische Äußerungen haben wir aus gegebenem Anlaß im Galaterbrief: »Wir wissen, daß der Mensch nicht durch Werke des Gesetzes gerecht wird, sondern durch den Glauben an Christus« (2, 16), oder sogar: »Käme die Gerechtigkeit durch das Gesetz, wäre Christus vergeblich gestorben« (2, 21), »Ihr habt Christus verloren, die ihr durch das Gesetz gerecht werden wollt, und seid aus der Gnade gefallen« (5, 4).

Sahen wir oben, daß im Zusammenhang mit dem Handeln Gottes in Christus die Gerechtigkeit als Gottes Gerechtigkeit in Erscheinung tritt, so stellt sie sich im Vorgang der Gerechtsprechung des Menschen mehr auf dessen Seite. Gelegentlich erscheint sie sogar als Gabe, etwa in Phil 3, 9: »Ich möchte nicht meine Gerechtigkeit haben, die aus dem Gesetz kommt, sondern die durch den Glauben Christi kommt, die von Gott dem Glauben zugerechnet wird« (vgl. 2 Kor 5, 21; 1 Kor 1, 30). Freilich hört die dem Menschen zugesprochene Gerechtigkeit nicht auf, Gottes Gerechtigkeit zu sein. Rein formal wird dies schon dadurch kenntlich, daß in solchen Aussagen das Verb (gerechtsprechen) gegenüber dem Substantiv (Gerechtigkeit) überwiegt. Gottes Gerechtigkeitshandeln hat den Menschen zum Ziel, seine Gerechtsprechung ist das intendierte Ergebnis des Handelns Gottes.

Was ist mit dem Menschen geschehen, den Gott aufgrund des Glaubens gerechtspricht? Man kann den Vorgang ganz von einem forensischen Standpunkt aus betrachten und Gerechtsprechung als Relationsbegriff verstehen. Die Gerechtigkeit ist dann die Geltung, die eine Person vor anderen hat, vor dem Forum, vor dem sie verantwortlich ist. Das Forum spricht ihr das Urteil gerecht zu, nicht sofern sie unschuldig ist, sondern sofern sie als solche anerkannt wird (Bultmann, Theologie 273). Doch reicht diese Bestimmung nicht aus. Die Offenbarung der Gerechtigkeit als ein Handeln Gottes läßt diese als heilvolle Macht in Erscheinung treten, die den Menschen, der sich ihr im Glauben zuwendet, in Anspruch nimmt (Käsemann, Röm 87). Ausdrücklich ist vom königlichen Herrschen der Gnade durch die Gerechtigkeit zum ewigen Leben in Röm 5,21 die Rede. Paulus fordert die Getauften auf, daß sie, die bisher sich in den Dienst der Gesetzlosigkeit gestellt hatten, in den Dienst der Gerechtigkeit stellen sollen, daß sie heilig würden (6,19). Was am Gerechtgesprochenen geschah, läßt sich darum auch gut als befreiender Herrschaftswechsel beschreiben. Dabei ist sowohl die Befreiung von den versklavenden Unheilsmächten Sünde, Gesetz, Tod ins Auge zu fassen als auch die gewonnene Freiheit, nunmehr dem Dienst der Gerechtigkeit in ihrem spezifisch theologischen Sinn zur Verfügung zu stehen. Denn der Geber ist in seiner Gabe präsent und will in ihr weiterwirken.

Damit ist der mit Gerechtigkeit Gottes umschriebene Vorgang der Gerechtsprechung des Sünders nicht bloß etwas, was die Anfangsphase, die Christwerdung, den Überschritt zum Glauben betrifft, sondern ein Prozeß, der fortwirkt und bestimmend bleibt. Die befreiende Macht der Gerechtigkeit Gottes, unter die der Gerechtsgesprochene gestellt ist, erhält ihren Anspruch aufrecht. Die Gerechtigkeit muß sich im Tun, im Leben, im Fruchtbringen auswirken (Phil 1,11; 2 Kor 9,9f). Da der Gerechtgesprochene in die Bewährung gestellt ist, bedeutet es keinen Widerspruch, wenn Paulus die Gerechtigkeit auch als etwas Zukünftiges ankündigen kann: »Wir erwarten im Geist durch den Glauben die Gerechtigkeit, auf die man hoffen muß« (Gal 5,5). Vom Standpunkt des Glaubenden, des Gerechtgesprochenen, des Hoffenden aus möchte die Gerechtigkeit Gottes aus einem individuellen Blickwinkel erscheinen. Als auf die Menschen gerichtetes Heilshandeln Gottes ist sie die Heimholung der ungehorsamen Menschheit in das Reich Gottes (Röm 5,19).

7. Noch klarer tritt die Heilsinitiative Gottes hervor, wenn wir das Wort Gnade betrachten. Im Römerbrief begegnet es vorzugsweise im Kontext der Rechtfertigungslehre. Für das erlösende Handeln Gottes gibt es letztlich nur diese Begründung, daß er aus Gnade gehandelt hat: »geschenkweise gerechtgesprochen durch seine Gnade kraft der Erlösung, die in Christus Jesus geschehen ist« (3, 24). Wer meint, aus Werken des Gesetzes gerechtgesprochen werden zu können, mißachtet die Gnade Gottes (Gal 2, 21), fällt aus der Gnade heraus (Gal 5, 4). Solche Aussagen klären vor allem eines ab: Mit der Gnade soll nicht das Sein Gottes umschrieben werden. Nicht ruht das Interesse darauf, zu erläutern, wie Gott an sich ist. Vielmehr zielt das Wort Gnade auf jenes Geschehnis ab, das uns rettete, zu dem wir jetzt Zugang gefunden haben. Durch Christus haben wir den Zutritt zu der Gnade erhalten, in der wir jetzt stehen (Röm 5, 2). Gott hat in völliger Freiheit gewirkt. Auch das macht ein wesentliches Moment der Gnade aus. Sein Eingreifen war unvorhersehbar. Weil Gott in Christus handelte, rückt die Gnade auch in die Nähe Jesu Christi und kann als seine Gnade erscheinen. Die Priorität und Gestalt der Gnade aber wird dann richtig eingestuft, wenn man bedenkt, daß es der Richter der Menschen ist, der sich gnädig erwiesen hat.

Das Ziel seines Handelns ist der endgültige Sieg der Gnade. In der Adam-Christus-Parallele kommt diese Perspektive ebenso zum Vorschein wie die Bindung der Gnade an Christus: »Aber anders verhält es sich mit der Übertretung als mit der Gnadengabe. Denn wenn durch die Übertretung des einen (Adam) die vielen starben, um wieviel mehr ist Gottes Gnade und Gabe den vielen überreich zuteil geworden durch die Gnade des einen Menschen Jesus Christus ... Wie die Sünde geherrscht hat zum Tode, so soll auch die Gnade herrschen durch die Gerechtigkeit zum ewigen Leben durch Jesus Christus, unseren Herrn« (Röm 5, 15 und 21). Paulus mag hier eine überschwengliche Sprache sprechen. Doch sie könnte zu der Auffassung verleiten, daß am Ende alle Menschen in den Sog der Gnade einbezogen sind und von ihr beherrscht sein werden. Die Macht der Gnade wurde von Gott in Jesus Christus aufgerichtet und ist fortan der Faktor der Hoffnung in der Geschichte der Menschen.

Der geschichtliche Charakter der Gnade verstärkt sich in der Zuwendung zum einzelnen Menschen. Paulus wird nicht müde, die von ihm in seiner Berufung zum Apostel erfahrene Gnade zu erwähnen und zu rühmen: »Durch ihn (Jesus Christus) haben wir Gnade und Apostelamt empfangen« (Röm 1, 5), »durch seine Gnade hat (Gott) mich berufen« (Gal 1, 15); Jakobus, Kephas und Johannes »erkannten die Gnade, die mir verliehen war« (Gal 2, 9). Am Beispiel des Apostels wird auch der Anspruch der Gnade als Macht bestürzend klar: »Durch Gottes Gnade bin ich, was ich bin. Und seine Gnade an mir ist nicht vergeblich gewesen. Mehr als sie alle habe ich mich abgemüht« (1 Kor 15,10; vgl. 2 Kor 12,9; Phil 1,7). Konkrete, geschichtliche Gestalt gewinnt die Gnade (Charis) im einzelnen in der jeweiligen Gnadengabe (Charisma), die er zur Auferbauung der Gemeinde zur Wirkung bringen soll. Die Gnadengaben sind vielfältig (vgl. Röm 12,3 ff; 1 Kor 12). Bei der Erörterung des paulinischen Gemeindemodells ist darauf zurückzukommen.

8. Paulus bestand darauf, daß der Mensch allein durch Glaube gerechtgesprochen wird, nicht durch Werke des Gesetzes. Das macht es erforderlich, den paulinischen Glaubensbegriff näher zu umreißen. Glaube ist zunächst und vor allem die Bedingung, unter der man das Heil erlangt. Das Evangelium ist »eine Kraft Gottes zur Rettung für jeden, der glaubt« (Röm 1,16); »Gott spricht gerecht die Juden aus dem Glauben und die Heiden durch den Glauben« (3,30); »Jeder der an (Christus) glaubt, gelangt zur Gerechtigkeit« (10,4; vgl. 9,30–32; Gal 2,16; Phil 3,9). Als Bedingung für den Gewinn des Heiles wird der Glaube nicht zur Leistung. Er ist dem Menschen von Gott her ermöglicht. In Verbindung mit der Glaubenserkenntnis deutet der Apostel dieses schöpferische Wirken Gottes an: »Aus Finsternis soll Licht aufleuchten. Der hat einen hellen Schein in unsere Herzen gegeben, damit wir erleuchtet werden, um den göttlichen Glanz auf dem Antlitz Christi zu erkennen« (2 Kor 4,6). Der Glaubende ist neue Schöpfung (5,17). Dies bedeutet allerdings nicht, daß die Übernahme des Glaubens nicht vom Menschen abhinge. Der einzelne ist zur Entscheidung gerufen, den Glauben anzunehmen oder zu verweigern. Die von jedem, der mit der Botschaft konfrontiert wird, zu fällende Entscheidung, hat weitreichende Konsequenzen, die seine Existenz tiefgreifend verändern und bestimmen. Der Apostel kann, indem er mit einem zeitgenössischen Bild seine missionarischen Reisen mit einem Triumphzug vergleicht, bei dem viel Weihrauch dargebracht wurde, auf diese Konsequenzen eindringlich verweisen: »Denn wir sind für Gott ein Wohlgeruch Christi unter denen, die gerettet werden, und unter denen, die verloren werden: diesen ein Geruch des Todes zum Tode, jenen aber ein Geruch des Lebens zum Leben. Wer aber ist dazu tüchtig?« (2 Kor 2,15 f). Die Annahme des Glaubens ist eine Forderung, der im Gehorsam zu entsprechen ist. Darum kann auch vom Gehorsam des Glaubens die Rede sein. Der Apostel ist bestellt, »unter allen Völkern den Gehorsam des Glaubens aufzurichten« (Röm 1,5). Darum redet er nur von dem, was Christus durch ihn gewirkt hat, »um die Völker zum Gehorsam zu bringen durch Wort und Werk« (15,18), und rühmt den Gehorsam der römischen Gemeinde, der allen bekannt geworden ist (16,19). Vom Gehorsamscharakter des Glaubens kann vermutlich auch deshalb gesprochen werden, weil es gilt, Jesus im Glauben als den Herrn des eigenen Lebens anzunehmen und anzuerkennen.

Konkret ist der Glaube die Annahme des Evangeliums. Auf das Evangelium ausgerichtet, hat der Glaube eine inhaltliche Bestimmung. Diese kann in Kurzformeln ausgedrückt werden: Es ist der Glaube an Jesus Christus (Röm 2, 16; 3, 22). Von seiner Tätigkeit kann Paulus in diesem Sinn sagen: »Wir verkündigen Christus, den Gekreuzigten« (1 Kor 1, 23). Die Heiden waren gleichsam in einem vorausgreifenden Akt mit der Hinwendung zu Jesus Christus von den Götzen zum »lebendigen und wahren Gott« zu bekehren (1 Thess 1, 9). Letztendlich aber ist der Inhalt des Evangeliums jene Botschaft, die Paulus in seiner Berufung empfangen, die er als verkündete Botschaft in den Gemeinden schon vorgefunden und in die er sich darum mit seinem apostolischen Auftrag eingefügt hatte, daß nämlich Christus gestorben und von Gott auferweckt worden ist, wie es die wichtige, von ihm zitierte Glaubensformel in 1 Kor 15, 3–5 ausformulierte. Es ist das von Gott zur Rettung der Menschen veranstaltete Heilsgeschehen, die Offenbarung seiner Gerechtigkeit. Hinsichtlich der Inhaltlichkeit von Kreuz und Auferstehung Jesu als dem Zentrum des Evangeliums legt Paulus großen Wert auf die Übereinstimmung der Verkündigung aller: »Ob nun ich verkündige oder die anderen: das ist unsere Botschaft und das ist der Glaube, den ihr angenommen habt« (15, 11). In der theologischen Entfaltung des Evangeliums, etwa die Gerechtigkeit Gottes betreffend, schlägt der Apostel freilich eigene und durchaus selbständige Wege ein.

Für die Erweckung des Glaubensgehorsams ist es darum unabdingbare Voraussetzung, daß das Evangelium verkündet wird, daß es solche gibt, die bereit sind, sich in den Dienst der Evangeliumsverkündigung zu stellen. In Röm 10, 14–17 finden wir so etwas wie eine »Genealogie des Glaubens«: »Wie sollen sie also den anrufen, an den sie nicht glauben? Wie aber an den glauben, von dem sie nichts gehört haben? Wie aber hören, wenn niemand verkündigt? Wie aber sollen sie verkündigen, wenn sie nicht gesendet werden? ... So gründet also der Glaube in der Verkündigung, die Verkündigung aber im Wort Christi.« Freilich muß Paulus hinzufügen: »Doch nicht alle sind dem Evangelium gehorsam geworden.« Weil der Glaube inhaltlich bestimmt ist, ist es möglich, ja erforderlich, ihn zu bekennen. Das Bekenntnis macht ein unverzichtbares Element des Glaubens aus: »Wenn du mit deinem Mund bekennst: Jesus ist der Herr, und in deinem Herzen glaubst, daß Gott ihn von den Toten auferweckt hat, wirst du gerettet werden« (10, 9).

Der Glaube hat zwei Aspekte. Einmal ist es der inhaltlich geprägte, von dem wir eben gesprochen haben. Er verbindet sich mit einem aus dem Glauben stammenden Wissen, einer Gewißheit, für die der Apostel voraussetzen kann, daß er sich mit seinen Adressaten in Übereinstimmung befindet. Er kann wiederholt diese Gewißheit ansprechen und sie auch benennen. Er schließt sich dann jeweils mit seinen Lesern zusammen: »Wir wissen, daß das Gericht Gottes in Wahrheit ergeht ...« (Röm 2, 2), daß der auferweckte Christus nicht mehr stirbt (6, 9), daß die ganze Schöpfung seufzt (8, 22; vgl. 7, 14; 8, 28; 1 Kor 3, 16; 6, 2 f u. ö.). Zum anderen enthält der Glaube das Element des Vertrauens, gleicht er strukturell also der alttestamentlichen Emunah, dem Sich-Gründen in Gott, wenngleich das Vertrauen nunmehr beruht auf der Offenbarung Gottes in Jesus Christus. Eindrücklich wird die christliche Glaubensstruktur erläutert am Beispiel des Glaubens Abrahams. Das mag erstaunlich sein, aber für Paulus kommt es darauf an, daß Abraham, der Stammvater der Juden »dem Fleisch nach« ist, diesen gleichsam den Juden zu entwinden und als Stammvater der Glaubenden, Juden wie Heiden, darzustellen (Röm 4). Abraham bewährte seinen Glauben in einer herausfordernden Situation. Die Verheißung von Gott, daß er zum Vater vieler Völker werden würde, empfing er im Alter, als »sein Leib und auch Saras Mutterschoß schon erstorben waren.« Aber »er glaubte auf Hoffnung, wo nichts zu hoffen war«, wurde nicht im Glauben schwach, »zweifelte nicht an der Verheißung Gottes im Unglauben, sondern wurde stark im Glauben und gab Gott die Ehre, auf das allergewisseste wissend, was Gott verheißen hat, das kann er auch tun.« An Abrahams Beispiel wird klar, daß Glaube ein uneingeschränktes Sich-Einlassen auf das von Gott ergangene Wort bedeutet, daß das vertrauende Moment der starken Hoffnung gleicht und daß Glaube sich der Erfahrung widersetzt, die wir immer machen und die uns täglich umgibt. Im Wagnis, in dem sich der Mensch selbst aufs Spiel setzt, kommt der vertrauende Charakter dieses Glaubens voll zum Zuge. Die Übereinstimmung des paulinischen mit dem Glauben Abrahams besteht aber auch darin, daß er sich auf einen Gott richtet, der als Schöpfer mächtig ist über den Tod, »der unseren Herrn Jesus von den Toten auferweckt hat«, »der die Toten lebendig macht und das Nicht-Seiende ins Dasein ruft.« Der Glaube ist etwas Lebendiges, er bleibt in Bewegung. Er kann schwach und ergänzungsbedürftig sein (Röm 14, 1; 1 Thess 3, 10), es gibt ein Wachsen und Voranschreiten (2 Kor 10, 15; Phil 1, 25). Man soll darum beten, daß Gott ihn stärken, festigen, bewahren möge (2 Kor 13, 9; Röm 15, 13; 1 Thess 3, 13; 5, 23). Nach Gal 3, 14 haben wir durch den Glauben den verheißenen Heiligen Geist empfangen (vgl. 3, 2 und 5). Der Glaube äußert sich nicht nur im Bekenntnis, sondern er soll auch in der Lebensführung erkenntlich werden, ein Glaube sein, »der durch die Liebe tätig ist« (Gal 5, 6). Sogar noch darüber hinaus ist er die das ganze Leben in allen seinen Bereichen bestimmende Kraft. Paulus bekennt, daß er sein Leben lebt im Glauben an den Sohn Gottes, »der mich geliebt und sich für mich dahingegeben hat« (2, 20). Die tätige Liebe ist die Bewährungsprobe des Glaubens, denn nach 1 Kor 13, 2 würde eine Glaubenskraft, die Berge versetzen könnte, ohne die Liebe wertlos sein. So gibt es Vorbilder des Glaubens. Die Gemeinde von Thessalonich wurde für alle Gläubigen in Makedonien zum Vorbild (1 Thess 1,7). Der Apostel selbst stellt sich den Gemeinden als Vorbild dar (1 Kor 11,1; Phil 3,17). Schließlich ist der Glaube nicht das Letzte. Er soll übergehen in Schauen. Nur die Liebe bleibt (1 Kor 13,8 und 13).

9. Eine besondere Weise der soteriologischen Darstellung des Paulus besteht darin, das Wirken des Christus und die Verbindung der Glaubenden mit ihm in das Bewußtsein zu rücken. Für die Verbindung der Glaubenden mit Christus, ihre Christusgemeinschaft, verwendet man gelegentlich den nicht glücklichen Begriff »Christusmystik.« Wir ziehen das Wort »Christusgemeinschaft« vor und gehen davon aus, daß wir es dabei mit einer die paulinische Literatur auszeichnenden Sicht zu tun haben. Das Bestechende in der Darstellung besteht darin, daß das tiefgreifende Anliegen mit Hilfe einfacher Präpositionen vorgetragen wird. »Durch Christus«, »in Christus«, »mit Christus«, sind die hier zu erwähnenden Wendungen, die wiederholt begegnen, am häufigsten die mittlere. Sie erscheinen formelhaft, doch könnte es mißverständlich sein, von Formeln zu reden. Dazu ist ihre Anwendung zu komplex und der Umgang mit ihnen in den meisten Fällen zu reflektiert.
»Durch Christus« wurde das Heilsgeschehen gewirkt. Wenn Paulus dies immer wieder in Erinnerung bringt, blickt er zurück auf das geschichtliche Ereignis, besonders das Kreuz: »Gott hat uns durch Christus mit sich versöhnt« (2 Kor 5,18); »Wir wurden mit Gott versöhnt durch den Tod seines Sohnes« (Röm 5,10): »Durch unseren Herrn Jesus Christus haben wir Frieden mit Gott« (5,1). In diesen Zusammenhängen ist die Mittlerstellung Christi zwischen Gott und den Menschen ganz deutlich. Der initiativ Wirkende ist Gott, der durch Christus rettend eingreift, sein Handeln in ihm in Erscheinung treten läßt, sich in ihm offenbart. Diese Mittlerstellung ist auch dann gewahrt, wenn der Blick sich weitet, zurückgelenkt wird auf die Schöpfung, bei der – in Übernahme einer weisheitlichen Vorstellung – Christus als Schöpfungsgenosse Gottes, Schöpfungsmittler gesehen wird: »durch ihn ist alles« (1 Kor 8,6; eine Zeile vorher heißt es von Gott: »aus ihm ist alles«). Die Mittlerschaft Christi kann auch auf das Ende der Geschichte und das dann ergehende Gericht übertragen werden: »Durch ihn sollen wir gerettet werden vor dem Zorn« (Röm 5,9; »Zorn« steht für das Gericht Gottes).
»Durch Christus« kann Paulus aber auch dann sagen, auf seine heilsmittlerische Tätigkeit kann er vor allem auch dann verweisen, wenn er auf den Christus schaut, der jetzt bei Gott lebt, der weiterwirkt und mit dem Verbindung zu erlangen im Glauben ermöglicht ist. So kann der Apostel ganz persönlich formulieren, daß ihm in seinen Anfechtungen »durch Christus überreicher Trost« zuteil geworden ist

(2 Kor 1,5). Er gibt den Thessalonichern Weisungen »durch den Herrn Jesus« (1 Thess 4,2), mahnt die Römer »durch unseren Herrn Jesus Christus und die Liebe des Geistes« (Röm 15,30), die Glaubenden rühmen sich Gottes »durch unseren Herrn Jesus Christus« (5,11). In diesen dem pneumatisch gegenwärtigen Herrn geltenden Formulierungen tritt die Unmittelbarkeit seines Beistandes stärker in den Vordergrund und sein Wirken als Mittler Gottes mehr zurück.
Daß wir »in Christus« sind, daß »in Christus« dieses oder jenes geschieht oder geschehen ist und geschehen soll, sagt Paulus in der Regel mehrere Male auf jeder Seite seiner Briefe. Alle Vollzüge des christlichen Lebens sind »in Christus« einbezogen. Um einzelne Beispiele, die für viele stehen, aus dem Philipperbrief zu wählen, so ist der Brief »an alle Heiligen in Christus Jesus, die in Philippi sind«, gerichtet (1,1). Die Fesseln des Apostels wurden »in Christus offenbar im ganzen Prätorium und bei allen übrigen« (1,13); die Mehrzahl der Brüder »gewann im Herrn Zuversicht durch meine Fesseln« (1,14); der Ruhm der Philipper soll durch Paulus »überreich werden in Christus Jesus« (1,26); »im Herrn« sollen sie sich allezeit freuen (4,4) usw. Zunächst ist es nicht erlaubt, zwischen den Wendungen »in Christus« und »im Herrn« einen sachlichen Unterschied aufzurichten. Sicherlich trifft es zu, zu sagen, daß diese Formulierungen ein sprachlich noch nicht entwickeltes »christlich«, »als Christ«, »in christlicher Weise« ersetzen. Doch würde eine solche Umschreibung noch nicht ausreichen.
Angesichts der mannigfaltigen Interpretationsvorschläge – im Bereich der Christusherrschaft (E. Käsemann), in der Kirche (P. Bonnard), im Glauben an ihn (E. Schweizer) – wird man davon auszugehen haben, daß wiederum das Heilsgeschehen, das Gott durch Jesus Christus gewirkt hat, also das »Christus für uns« das Bestimmende ist. Die Glaubenden sind durch dieses Heilsgeschehen bestimmt, mit all ihren Verhaltungen. Weil das In-Christus-Sein ein gegenwärtiges und fortdauerndes ist, ist dieses auf den erhöhten, bei Gott existierenden Christus bezogen. Ein Doppeltes bleibt zu bedenken: Zunächst gilt diese Beziehung sowohl für den einzelnen Glaubenden als auch für die Gemeinschaft der zu Christus Gehörenden. Sie hat eine individuelle und eine soziale Ausrichtung. Dann aber ist auch ein ekklesiales Element in dieser Formulierung enthalten. Das In-Christus-Sein ist in der Gemeinschaft, das heißt letztlich in der Kirche gegeben. Sie ist der Ort, wo Christus seine Herrschaft aufrichtet.
Unser besonderes Interesse verdient die »Mit-Christus-Aussage.« Sie ist eine reich gegliederte, so daß wir unterscheiden müssen. Das Mit-Christus-Sein ist eine eschatologische Verheißung. Sie gilt sowohl für den Jüngsten Tag (1 Thess 4,17; 5,10), als auch für den Sterbetag (Phil 1,23). Aber schon das gegenwärtige Leben des Christen ist durch dieses Zusammen-mit-Christus ausgezeichnet, wenngleich es

insbesondere die Leidensgemeinschaft ist, die in den Vordergrund tritt (Röm 8, 17; Phil 3, 10). In Verbindung mit entsprechenden Verben stellt sich die Christusgemeinschaft dar als eine Gleichgestaltung mit Christus, ein Ihm-ähnlich-Werden, als ein Prozeß, der in der eschatologischen Endzeit seine Vollendung finden wird: Wir sollen dem Bild des Sohnes gleichgestaltet (Röm 8, 29), unser Niedrigkeitsleib soll seinem Herrlichkeitsleib gleichgestaltet werden (Phil 3, 21; jeweils σύμμορφος).

Röm 6, 1–11 belehrt uns darüber, daß die Christusgemeinschaft des Gläubigen durch die Taufe sakramental begründet worden ist. Das Taufgeschehen wird gedeutet als Anteilhabe des Täuflings an Christi Tod, Begräbnis und Auferstehung: Wir wurden durch die Taufe auf den Tod mit ihm begraben; wir wuchsen zusammen mit dem Abbild seines Todes und sollen es auch mit dem Abbild seiner Auferstehung; unser alter Mensch wurde mitgekreuzigt; wir sind mit Christus gestorben; wir glauben, daß wir mit ihm leben werden. Im Zusammenhang dieses klassischen Tauftextes ist darum ein Wort zu sagen zum Verständnis der Taufe nach Paulus. Der Text ist eingebettet in die Argumentation des Römerbriefes, der an dieser Stelle verlangte, daß das paränetische Anliegen zum Zuge kommt (vgl. 6, 1). Das paränetische Anliegen, möglicherweise auf ein dem Apostel schon vorgegebenes Taufverständnis aufgetragen, könnte dafür sprechen, daß wir es – zumindest vorstellungsmäßig – mit alter Tradition zu tun haben. Für den Text, mag er traditionell vorgeprägt oder paulinisch sein, ist auf jeden Fall zu sagen, daß er sich an die christologische Credoformel von Christi Tod und Auferweckung (1 Kor 15, 3–5) anlehnt. Dem Christen widerfährt in der Taufe das gleiche Geschick.

Die paränetische Umprägung erkennt man daran, daß zwar das Mitgestorben-, Mitgekreuzigt-, Mitbegrabensein stark hervortritt, vom Mitauferwecktsein (vgl. Kol 2, 12; Eph 2, 6) aber unmittelbar nicht gesprochen wird. Stattdessen heißt es in V 8: »Wir glauben, daß wir mit ihm leben werden.« Wenngleich der Gedanke mitschwingt, daß dem Täufling das Auferstehungsleben Christi zuteil wird, ist darauf abgehoben, daß er in dieser Welt ein neues, christliches Leben führen soll, nachdem der alte Mensch mitgekreuzigt wurde, der Sünde abgestorben ist. Das primäre Anliegen des Textes ist, daß dem Getauften die ganze Frucht des von Christus gewirkten Heiles geschenkt wird. Aber dies wird eben so gesagt, daß er mit dem Schicksal Christi wesenhaft und bleibend verbunden wurde. Die Verbindung mit Christi Tod und Auferweckung will nicht symbolisch, sondern real verstanden sein. Freilich bleiben viele Fragen, die hier nur angezeigt sein können. Wenn der Getaufte in das Christus-Schicksal gleichsam hineingezogen wird oder wenn Tod und Auferstehung Jesu im Taufgeschehen wirksam und auf irgendeine Weise gegenwärtig werden, wie ist diese Unio zu begreifen? Kann man – mit der sogenannten Mysterien-Theologie – daran denken, daß der Text unmittelbar an den Ritus der Taufe, die mit großer Wahrscheinlichkeit durch Untertauchen in fließendem Wasser (nach dem Vorbild der Johannestaufe) gespendet wurde, anschließt? Wäre dann das Untertauchen das Abbild des Todes Christi (V 5: ὁμοίωμα), das Aufsteigen aus dem Wasser das Abbild der Auferstehung? Vermutlich wird man diesen späteren Gedanken noch nicht mit Paulus verbinden dürfen. Als gedankliches Modell aber ist auf das biblische Konzept von der »korporativen Persönlichkeit« zu verweisen. Danach trägt der Anführer einer Generationsreihe, der Stammvater eines Geschlechts alle, die von ihm abstammen, gleichsam in seinem Schoß, partizipieren die Nachfahren an seinem Geschick, ist dieses für jene verbindlich. In Röm 5 hatte Paulus Christus als den Anführer der neuen Menschheit Adam gegenübergestellt (vgl. 2 Kor 5,14).

Eine besondere Problematik stellt das Verhältnis von Glaube und Taufe im Zusammenhang der Rechtfertigungslehre dar. Was wirkt die Taufe über die durch den Glauben zugesprochene Rechtfertigung noch hinaus? Ist die Taufe ein notwendiges Element im Prozeß der Rechtfertigung? Auf jeden Fall kann man für Paulus nicht von zwei Heilsweisen sprechen, einer aus Glauben, die zur Gerechtsprechung führt, und einer sakramentalen. Es bleibt darauf hinzuweisen, daß die Taufe von Anfang an als Initiationsritus in den christlichen Gemeinden gespendet wurde und daß für ihren Empfang der Glaube notwendige Voraussetzung ist. Die Taufe vergegenwärtigt das objektive Heilsgeschehen, in das eingeholt zu werden den Täufling bleibend mit Christus und mit der Kirche verbindet. Überschauen wir die paulinischen Aussagen der Christusgemeinschaft, so ergibt sich jetzt ein detailliertes Bild. Begründet in der Taufe, ist die Verbindung mit Christus Lebensprogramm für den Christen, der zu realisieren hat, was er durch Glaube und Taufe empfing, der in seinem Leben Christus mehr und mehr sich gleichgestalten soll. Dabei darf er darauf hoffen, daß das Hineinwachsen in sein Bild im jenseitigen Leben vollendet werden wird.

10. Die Getauften haben die Gabe des Geistes empfangen. Der Empfang ist nach Gal 3,2.5.14 an das Gläubigwerden gebunden. Die Parallelisierung von Taufe und Tränkung mit dem Geist in 1 Kor 12,13 könnte darauf hinweisen, daß der Geistempfang auf die Taufe zurückgeht, eine Vorstellung, die Paulus mit dem Urchristentum geteilt haben dürfte. Daß sich 1 Kor 12,13 auf die Eucharistie bezieht (Klauck, Herrenmahl 334f), ist weniger wahrscheinlich. Auszugehen ist von der Gewißheit, daß der Geist allen zuteil wurde. Es ist der Geist, der nach Gott und nach Christus benannt werden kann, etwa: »Ich bin mir aber bewußt, Gottes Geist zu haben« (1 Kor 7,40) oder: »Wer den Geist Christi nicht hat, der gehört nicht zu ihm« (Röm 8,9).

Eine Zusammenschau beider Benennungen bietet Gal 4,6: »Gott hat den Geist seines Sohnes in unsere Herzen gesandt.« Von besonderem Interesse ist die Bestimmung des Verhältnisses des Geistes zu Christus. Wenn es an der vieldiskutierten Stelle 2 Kor 3,17 heißt: »Der Herr aber ist der Geist«, wird man den Herrn (Christus) nicht so ohne weiteres mit dem Geist identifizieren können. Vielmehr ist der Geist die Kraft, durch die der erhöhte Herr jetzt wirkt, so daß sich die Gleichsetzung eher als eine dynamische versteht. Um es in einem Bild näherzubringen: Wenn ich die Strahlen der Sonne spüre, weiß ich, es ist die Sonne. Wenn ich das Wirken des Geistes erfahre, weiß ich, es ist der Herr (I. Hermann, Kyrios und Pneuma 50).

Die Gabe des Geistes ist die Ermöglichung der christlichen Existenz. Sie befähigt zu einem Leben aus dem Glauben, in dem der Wille Gottes erfüllt wird. So spricht der Apostel von einem »Nomos (Gesetz, Ordnung) des Geistes des Lebens« (Röm 8,2); der Geist wohnt in den Gläubigen (8,9); er ruft das Bekenntnis »Herr ist Jesus« in den Gläubigen hervor (1 Kor 12,3). Wesentlich ist die christliche Freiheit an den Geist geknüpft: »Wo der Geist des Herrn ist, da ist Freiheit« (2 Kor 3,17). Es ist die Freiheit, die Befreiung von den bislang den Menschen versklavenden Unheilsmächten Sünde, Tod, Gesetz: »Wenn ihr durch den Geist getrieben werdet, seid ihr nicht unter dem Gesetz« (Gal 5,18). Die erste Frucht des Geistes ist die Liebe (Röm 5,5). Das gilt auch für den »Tugendkatalog« Gal 5,22f, in dem die Liebe, noch vor der Freude und dem Frieden, als »Frucht des Geistes« erwähnt wird. Die Ausstattung mit dem Geist kann überschwenglich als ein Sein der Glaubenden im Geist (1 Thess 1,5; Gal 6,1 u.ö.) – die Wendung steht dem In-Christus-Sein ganz nahe –, aber auch als Sein des Geistes in den Glaubenden beschrieben werden (Röm 8,9.11). Ihr Leib ist ein Tempel des ihnen einwohnenden Geistes (1 Kor 6,19). Als Erfüllung der eschatologischen Verheißung (vgl. Gal 3,14) ist der Geist das »Angeld« der Vollendung (2 Kor 5,5), der als in uns Wohnender dereinst unsere sterblichen Leiber lebendig machen wird, wie er Jesus von den Toten auferweckt hat (Röm 8,11). Diese Aussage darf aber nicht in dem Sinn mißverstanden werden, als sei der Geist gleichsam eine Substanz, die in uns unser Fortleben garantiert. Auch hier hat der Apostel nicht substanzhaft, sondern dynamisch gedacht. Es ist sein verläßliches, machtvolles Wirken, das sich an uns bewähren wird, wie es sich an Christus bewährt hat.

Die Ausstattung der Getauften mit dem Geist, die sie zu einem christlichen Leben befähigt, nimmt ihnen aber nicht das eigene Tun ab. So wird der Geist zur Norm, der die Geistbegabten in Pflicht nimmt. Wenn von einem Sich-führen-Lassen, einem Getriebenwerden durch den Geist die Rede ist (Gal 5,18), bedeutet das nicht, daß alles von selbst läuft. Der Christ lebt »zwischen den Zeiten«, er lebt noch in

diesem »Äon«, in dem er sich zu bewähren hat. Das Wort: »Das Fleisch begehrt auf gegen den Geist und der Geist gegen das Fleisch« (Gal 5,17) richtet sich an ihn. Darum gilt die Mahnung: »Wenn wir durch den Geist leben, dann laßt uns auch ein dem Geist entsprechendes Leben führen« (5,25); »Wandelt im Geist, dann werdet ihr die Begierden des Fleisches nicht vollbringen« (5,16).
Die Tätigkeit des Geistes wurde im Urchristentum, besonders in paulinischen Gemeinden, auch erfahren durch außerordentliche Gnadengaben, ekstatische Vorkommnisse, die man als Zeichen, als begeisternde und mitreißende Ausbrüche des Pneumas empfand und die hochgeschätzt waren, besonders in der Gemeinde von Korinth. Dazu gehören an erster Stelle das Zungenreden, aber auch die Weisheitsrede, die Heilungsgabe, die Gabe der Unterscheidung der Geister u.ä. (vgl. 1 Kor 12,4–11). Für Paulus ist bei der Erörterung dieser Vorkommnisse vor allem wichtig, daß der Geist, der dies alles bewirkt, durch die verschiedenen Gaben die Einheit in der Gemeinde stiften will. Der Geist wirkt in der Kirche und wird vom einzelnen in der Gemeinschaft der Kirche empfangen und erfahren. Daneben aber lenkt der Apostel das Interesse der Enthusiasten behutsam in eine andere Richtung. Es sind nicht bloß die außerordentlichen Fähigkeiten, die der Geist hervorruft, sondern gerade auch die einfachen und selbstverständlichen, aber notwendigen Dienste wie das Trösten, Ermahnen, Vorstehen, die Gastfreundschaft usw. Schön zeigt dies die Charismentafel in Röm 12,6 ff.

11. Innerhalb seiner Ausführungen über die Charismen entfaltet der Apostel sein Gemeindemodell, das man das charismatische genannt hat. Bemerkenswert ist, daß dies in paränetischen Zusammenhängen geschieht (Röm 12; 1 Kor 12). Grundlegend ist der Vergleich der Gemeinde mit einem Leib oder genauer, daß die Gemeinde Leib Christi ist, diesen in der Welt darstellt. Die Formulierungen sind nicht einheitlich: »Wir, die Vielen, sind ein Leib in Christus« (Röm 12,5); »Ihr aber seid der Leib Christi« (1 Kor 12,27). In 1 Kor 12,12 wird der Vergleich der Gemeinde mit einem Leib hingeführt zu dem Satz: »So ist es auch mit Christus«. Die Gemeinde wird also mit dem erhöhten Christus identifiziert. Sie ist somit etwas Vorgegebenes. Sie kommt nicht dadurch zustande, daß Menschen sich zusammenschließen. Vielmehr werden diese in den Christus-Leib aufgenommen, in den Raum, der von Christi Heilshandeln bestimmt ist und in dem man sich davon bestimmen lassen soll.
Die Realität der Bild-Aussage zeigt sich auch darin, daß die zur Gemeinde Gehörigen zu Gliedern an diesem Leib werden, eine bestimmte und notwendige Funktion zu erfüllen haben, jene Funktion, die ihrem Charisma entspricht. Die Ordnung in diesem Gemeindemodell ist eine durch den Geist geregelte, der die Vielfalt der Gaben mit-

teilt und zur Einheit verbindet. Dabei sollen Mißverständnisse, zu denen es in Korinth wegen des Hochmutes einzelner Gemeindemitglieder gekommen ist, dadurch abgestellt werden, daß die geringen Dienste geachtet werden. In der Gemeinde nimmt der Apostel eine herausragende, konstitutive Stellung ein als Vermittler des Evangeliums und Gemeindegründer. Doch ordnet Paulus die Apostel als erste vor die Propheten und Lehrer in die Charismentafel in 12, 28 ff ein.

Die Realität der Gemeinde als Leib wird gewährleistet und vertieft durch die eucharistische Mahlfeier, in der sich die Feiernden mit Christus und untereinander verbinden. In der Feier werden den Mahlteilnehmern nicht nur die Heilsfrüchte des Todes Christi zugesprochen, wird nicht nur der Christus passus in seiner Hingabe präsent, sondern ihre Versammlung stellt auch Christus dar: »Ist das Brot, das wir brechen, nicht die Teilhabe am Leib Christi? Ein Brot ist es. Darum sind wir, die Vielen, ein Leib. Denn wir alle haben teil an dem einen Brot« (1 Kor 12, 17). Welches religionsgeschichtliche Konzept (korporative Persönlichkeit, Anthropos-Spekulationen) auch für die Vorstellung von der Gemeinde als Christus-Leib Pate gestanden hat, in ihrer Ausrichtung auf das Heilsgeschehen, in den eucharistischen Versammlungen, die ihrerseits auch auf das Heilsgeschehen zurück- und die Parusie und Vollendung vorausblicken (1 Kor 11, 23–26), erhält sie ihre spezifisch christliche Füllung.

Die bei der Leib-Vorstellung bereits zum Vorschein kommende Problematik des Verhältnisses der Ortsgemeinde zur Gesamtkirche verdichtet sich im Kontext der Ekklesia-Stellen, einem Wort, das Paulus in der Sprache des frühen Christentums als ein theologisch geprägtes vorfindet, das er über vierzigmal verwendet und das sowohl Gemeinde als auch Kirche bedeutet. Dabei soll Gemeinde als Bezeichnung der Ortsgemeinde und Kirche als Bezeichnung der Gesamtheit verwendet sein. In der Regel bezieht der Apostel das Wort auf die Ortsgemeinde, wobei er die Gemeinde mit dem Ortsnamen benennen (Kenchreä, Korinth, Thessalonich) oder auch als Hausgemeinde bezeichnen kann (Phlm 1, 2; Röm 16, 5). An manchen Stellen tritt der ursprüngliche Wortsinn Ekklesia = Versammlung in den Vordergrund (etwa 1 Kor 11, 18). Öfter ist pluralisch von den Gemeinden die Rede (Röm 16, 4.16; 1 Kor 7, 17 u. ö.). Sowohl die einzelne Gemeinde als auch die vielen einzelnen Gemeinden können in ihrer Zugehörigkeit zu Gott charakterisiert werden (etwa 1 Kor 1, 2; 11, 16). Besonders gefüllt ist 1 Thess 2, 14: »die Gemeinden Gottes von Judäa in Christus Jesus.«

Versucht man eine Wertung, so wird man nicht sagen können, daß Paulus die Vorstellung einer Gesamtkirche nicht gekannt habe, daß es ihm gewissermaßen nur darum gegangen sei, autarke Ortsgemeinden zu gründen. Allerdings ist die Gesamtkirche nicht als die Addition der einzelnen Ortsgemeinden zu verstehen. Vielmehr vermag die

Einzelgemeinde die Gesamtheit zu repräsentieren. Dabei bemüht sich der Apostel um die Einheit unter dem einen Evangelium, wie sein Verhalten auf dem Jerusalemer Apostelkonvent zu zeigen in der Lage ist (vgl. Gal 2,2). Gesamtkirchliche Aspekte kommen zum Tragen in seinem Apostelverständnis (vgl. Gal 2,8), in seiner positiven Stellung zu Jerusalem als Vorort, im Gedanken vom Volk Gottes (vgl. Hainz, Ekklesia 255).

Der Gedanke vom Volk Gottes, die Problematik der Verstockung Israels gegenüber dem Evangelium, die Ablösung des alten Gottesvolkes durch ein neues, aus den Heidenvölkern gerufenes werden auf eindrückliche Weise in Röm 9–11 entfaltet. Dabei werden die Souveränität Gottes im Heilswalten, aber auch seine Barmherzigkeit, die Treue Gottes zu Israel und die der Universalität der Völkerwelt zugewandte Gnade eindrücklich herausgearbeitet. Ein Spitzensatz ist die Verheißung, daß ganz Israel gerettet werden soll (11,26). Diese in Aussicht gestellte Rettung, die Paulus allerdings unter dem Aspekt einer bald zu Ende gehenden Zeit sah, kann nur begriffen werden in Übereinstimmung mit dem Heilshandeln Gottes insgesamt, als Gerechtsprechung des Sünders. »Denn Gott hat alle in den Ungehorsam eingeschlossen, um sich aller zu erbarmen« (11,32). Da Paulus die Verheißung als Geheimnis verkündet (11,25), ist es uns verwehrt, die Weise des zukünftigen Handelns Gottes anzugeben.

12. Paulus erwartet mit seinen Gemeinden die Parusie Christi für die absehbare Zukunft. Man mag zwischen 1 Thess 4,17 (»wir, die Lebenden, die übrig geblieben sind«) und 1 Kor 15,51 (»wir werden nicht alle entschlafen«) eine gewisse Reduktion der Intensität der Naherwartung erblicken, ihr Modus ist unerheblich. In apokalyptischen Bildern wird an den genannten Stellen die Dramaturgie des Jüngsten Tages geschildert mit Auferweckung der Toten, Verwandlung der Lebenden, gemeinsamer Entrückung dem Herrn entgegen. Was diese Texte auszeichnet, mögen ihre Bilder auch vorgegeben sein, ist ihre Auslegung und Zentrierung auf Christus hin: »Dank aber sei Gott, der uns den Sieg geschenkt hat durch Jesus Christus, unseren Herrn« (1 Kor 15,57). »Immer mit dem Herrn zu sein«, ist das Ziel (1 Thess 4,17). Wichtig ist, daß die Erwartung der Auferstehung der Toten verbunden wird mit der Auferstehung Jesu. Den Glaubenden ist letztere die Bürgschaft für diese allgemeine Erwartung. In ihr erweist sich Christus als das Haupt einer neuen, für das Leben bestimmten Menschheit: »Wie in Adam alle sterben, so werden in Christus alle lebendig gemacht werden« (1 Kor 15,22). »Der erste Mensch, Adam, wurde zu einem lebendigen Wesen, der letzte Adam zu einem Geist, der lebendig macht« (15,45). Die Verknüpfung der Totenauferstehung mit der Auferstehung Jesu ist so eng, daß ihre Infragestellung – was die korinthischen Auferstehungsleugner taten –

die Auferstehung Jesu sinnlos und den Glauben insgesamt vergeblich werden läßt (15, 12–19).

Die den ganzen Menschen einbeziehende Enderlösung, die sich griechischer und gnostischer Leibfeindlichkeit widersetzt, greift aus auf die gesamte Schöpfung. Auch die Schöpfung soll befreit werden »von der Sklaverei der Vergänglichkeit zur herrlichen Freiheit der Kinder Gottes« (Röm 8, 21). Zielpunkt der Enderlösung ist Gott, der am Ende alles erfüllen wird und dem sich auch Christus, der Sohn, unterwerfen wird (1 Kor 15, 28).

Die Erwartung des kosmischen Enddramas aber schloß nicht aus, daß Paulus sich auch zur individuellen Eschatologie, zum Zwischenzustand, zum Ergehen des Menschen nach dem Tod äußerte. Er tut das aus gegebenem Anlaß in dem in einer harten Gefangenschaft abgefaßten Philipperbrief, der auch von Naherwartung bestimmt ist (4, 5). Bezeichnend ist, daß er sich über das Schicksal der Gläubigen nur vom Standpunkt seiner eigenen gläubigen Erwartung aus äußert (Phil 1, 23). Er sieht das Schicksal des Sterbenden in der Christusgemeinschaft geborgen, die durch den Tod nicht abgerissen werden kann, sondern vertieft wird. Nicht anthropologische Voraussetzungen, sondern der Glaube gibt die Gewähr für das Bestehen an der Grenze des irdischen Lebens. Damit ist eine theologische Einsicht eröffnet, die fähig war, die Naherwartung hinter sich zu lassen.

IX. Der zweite Thessalonicherbrief

Mit diesem Brief betreten wir das weite Feld des Deuteropaulinismus. Es handelt sich um Briefe, die im Namen des Paulus nach dessen Tod abgefaßt worden sind. Vielfach wird die Auffassung vertreten, daß diese Literatur in einer Paulus-Schule entstand, die sich vorwiegend aus ehemaligen Schülern und Mitarbeitern des Apostels zusammensetzte, die es sich zur Aufgabe gemacht hatten, die Theologie des Meisters weiterzudenken und weiterzutreiben. Möglicherweise befand sich diese Schule in Ephesos, jener Metropole der Antike, an der Paulus die längste Zeit seines Wirkens verbracht hatte. Daß die deuteropaulinischen literarischen Produkte sich bei aller Abhängigkeit auch gelegentlich von den Ideen des Apostels absetzen konnten, dafür ist 2 Thess ein gutes Beispiel.
Der Brief, der hinsichtlich seines Aufbaus und seiner Struktur sich 1 Thess zum Vorbild nahm und gelegentlich bis in das Detail hinein das Vorbild imitierte, verfolgt im wesentlichen ein einziges Anliegen. Es betrifft die Eschatologie, näherhin die Naherwartung der Parusie. Er setzt sich in diesem Punkt von Paulus ab, von dessen Hoffnungen auf ein baldiges Kommen des Herrn. »Wir bitten euch, Brüder, was die Parusie unseres Herrn Jesus Christus und unsere Vereinigung mit ihm betrifft, daß ihr euch in eurem Verstand nicht so schnell wankend machen noch erschrecken laßt ..., als sei der Tag des Herrn schon da« (2,1f). Dieser Satz bezeichnet den Angelpunkt des gesamten Schreibens.
In theologischer Hinsicht wird diese von einigen in den Gemeinden offenbar im Anschluß an Paulus verfochtene Position durch die Argumente widerlegt, die aus dem Repertoire der zeitgenössischen jüdischen Apokalyptik genommen sind und die in gewisser Weise an die »synoptische Apokalypse« (Mk 13; Mt 24) erinnern: 1. Zunächst muß der Abfall kommen (2,3). Es entspricht einer breiten apokalyptischen Erwartung, daß vor dem Ende eine Zeit überhandnehmender Bosheit sein wird (Mt 24,12: »Die Liebe vieler wird erkalten«). 2. »Der Mensch der Bosheit, der Sohn des Verderbens, der Widersacher, der sich über alles erhebt, was Gott oder Heiligtum heißt«, muß zuvor erscheinen (2,3f). Sein Auftreten, das »in der Kraft Satans« erfolgen wird, äfft das Wirken Christi nach. Man hat darum für diese Endzeitfigur der Bosheit den Namen Antichrist gefunden, obwohl dieses Wort selbst in 2 Thess nicht vorkommt und im Neuen Testament nur in 1 Joh 2,18.22; 4,3; 2 Joh 7 belegt ist (in 1 Joh 2,18 auch im Plural). Auf jeden Fall ist die Erwartung einer Aufgipfelung der Bosheit, kulminierend in einer personalen, oft politisch wirkenden Macht, verbreitet. In 4 Esr 5,6 heißt dieser Böse: »auf den die Erdbewohner

nimmer hoffen«. Kennzeichnend für 2 Thess ist, daß der »Sohn des Verderbens« ganz unpolitisch wirkt, daß sein Wirken ganz gegen die Religion gerichtet ist. Er wird sich sogar selbst als Gott ausgeben (2, 3–12). Wenn über ihn gesagt wird, daß er sich in den Tempel Gottes setzt, erinnert das wieder an Mk 13, 14, wo eine Reminiszenz auf den in der Makkabäerzeit im Jerusalemer Tempelbezirk aufgerichteten Greuel der Verwüstung, einen Götzenaltar, enthalten ist. 3. Das Auftreten des »Sohnes des Verderbens« wird gegenwärtig noch verhindert, durch eine hemmende Gegenmacht, die mysteriös bald persönlich »der Hemmende«, bald unpersönlich »das Hemmende« heißt (2, 6 f). Die verbreitetste Auffassung war die, die hemmende Macht mit dem römischen Staat zu identifizieren, der mit seiner ordnenden Gewalt das Chaos der Endzeit noch zurückhalten würde. Doch rückt man heute mit Recht von dieser Meinung ab. Vermutlich ist mit diesem rätselvollen Wort nichts anderes gemeint als der Plan Gottes, der alles festgelegt hat (Trilling, 2 Thess 92).

Dem Wirken des »Antichrist« ist ein Ende gesetzt. Der Herr Jesus wird ihn bei seiner Parusie mit dem Hauch seines Mundes vernichten (2, 8). Doch ist das Böse schon jetzt leidvoll spürbar. Zwischen dem kommenden »Mensch der Bosheit« und dem schon jetzt erfahrbaren »Geheimnis der Bosheit« (2, 7) besteht ein Zusammenhang. Die apokalyptische Tugend ist die Geduld (3, 5).

Am Beispiel des 2 Thess können wir besonders schön das Eindringen apokalyptischen Gedankengutes in die christliche Überlieferung beobachten und damit einen Prozeß, der auf breiter Front erfolgte und die Ausprägung christlicher Theologie in herausragender Weise befördert hat. Eine gewisse Selbständigkeit in der Aufarbeitung apokalyptischer Topoi gewinnt 2 Thess durch die Einführung der hemmenden Macht, die kaum eine Analogie in der vergleichbaren Literatur besitzt.

Seltsam erscheint im Brief der Tadel jener Gemeindemitglieder, die nicht arbeiten wollen (3, 6–13). Man würde erwarten, daß ein Zusammenhang mit der Naherwartung der Parusie besteht. Doch dieser wird nicht hergestellt. In diesem Kontext fällt der bedenkliche Satz: »Wer nicht arbeiten will, der soll auch nicht essen« (3, 10). Es bleibt offen, ob wir es mit konkreten Mißständen zu tun haben.

Kennzeichnend für eine spätere Situation ist die Betonung der Überlieferung (παράδοσις), ein Anliegen, dem wir noch in anderen neutestamentlichen Spätschriften begegnen werden: »Haltet fest an den Überlieferungen, in denen ihr unterrichtet worden seid« (3, 15). Die apostolische Tradition rückt immer stärker in das christliche Bewußtsein, mag der Umgang mit ihr auch kein unkritischer gewesen sein.

X. Der Kolosser- und Epheserbrief

1. Diese beiden Briefe gehören eng zusammen. Nicht nur daß sie als deuteropaulinische Gefangenschaftsbriefe abgefaßt wurden, sondern auch daß der Epheser- den Kolosserbrief als literarische Vorlage benutzte, wobei immer wieder wörtliche Übernahmen festgestellt werden können, bindet sie aneinander. Freilich ist die Abhängigkeit keinesfalls eine sklavische. Jeder Brief hat sein eigenes bewundernswertes theologisches Konzept. Oder genauer: Der Epheserbrief entwickelt das theologische Konzept weiter, baut auf jenem des Kolosserbriefes auf, so daß eine Zusammenschau beider Briefe gerechtfertigt und ein Vergleich auf jeden Fall lohnend ist. Hinsichtlich der Abhängigkeit vergleiche man – um nur ein Beispiel zu nennen – die praktische Anweisung Kol 4,7f; Eph 6,21f. Hinsichtlich der Differenz ist einführend auf das je eigene Grundthema zu verweisen. Im Zentrum des Kolosserbriefes steht die Christologie, im Zentrum des Epheserbriefes die Ekklesiologie.

2. Als Ausgangspunkt der Christologie ist am besten der Christus-Hymnus zu wählen, den wir am Beginn des Kolosserbriefes lesen (1,15–20) und der an dieser Stelle dem Leser als das zentrale Bekenntnis der Gemeinde vorgestellt wird. Christus erhält hier zahlreiche Namen, wie nach hellenistischem Verständnis die Vielnamigkeit eines Wesens dessen Größe anzeigt: Bild des unsichtbaren Gottes, Erstgeborener aller Schöpfung, Haupt, Anfang, Erstgeborener aus den Toten. Diese Namen oder Titel sind sorgfältig verteilt auf die Schöpfung und Erlösung, von denen der Hymnus handelt. An beiden ist Christus beteiligt, hat er entscheidenden Anteil: Durch ihn und auf ihn hin wurde alles erschaffen und versöhnt. Bild des unsichtbaren Gottes zu sein, zeigt seine alles überragende Stellung und sein Sein an. Denn das Bild ist hier nicht das zweitrangige Abbild des Urbildes, sondern es steht an Stelle Gottes und vertritt ihn, der im zugrunde liegenden Welt- und Lebensgefühl in weite Ferne gerückt, zum Unsichtbaren geworden ist. Auch als Erstgeborener aller Schöpfung steht Christus nicht auf seiten der Schöpfung, sondern überragt sie, sie verdankt ihm ihr Dasein. (Der Genitiv ist komparativisch zu begreifen: Erstgeborener vor aller Schöpfung.) Die Idee der Schöpfungsmittlerschaft hat in der alttestamentlichen Weisheit ihr nächstes Vorbild (Spr 8,22–36; Ijob 28,20–28).
Wichtig ist, daß im Hymnus auch Christi – dank seiner überragenden Schöpfungsmittlerschaft – einzigartige Stellung über die Throne, Herrschaften, Mächte und Gewalten stark herausgestellt wird. Dies basiert auf dem damaligen Weltbild, hat aber vor allem mit der kon-

kreten Situation in Kolossä zu tun. Die Throne, Herrschaften usw. sind als überirdische dämonische oder Geistwesen zu denken, die den Raum zwischen der Welt Gottes und der Welt der Menschen, also zwischen Himmel und Erde (Eph 1,3: epourania) bevölkern und die mit den Gestirnen gleichgesetzt werden konnten. In den kolossischen Gemeinden waren einige dazu übergegangen, diese Mächte göttlich zu verehren und neben Christus zu stellen. Sie meinten, daß diese Mächte ihr zeitliches und ewiges Geschick bestimmten, daß ihr persönliches Glück oder Unglück von ihnen abhinge und daß der Weg zur Fülle des Lebens nur in der Bindung an sie und an ihre Verehrung zu gewinnen sei. Ziemlich deutliche Hinweise auf die Praktiken dieser Sektierer haben wir in Kol 2,16–19. Der Hintergrund dieser afterreligiösen Mentalität waren heidnisch-religiöse Vorstellungen, die in den Mysterienreligionen und Astralmythologien ihren Ausdruck fanden (vgl. Gnilka, Kol 163–170). Entfernt läßt sich diese Einstellung mit Astrologie-Glaube, Horoskope-Zauber, Schicksalsbefragung vergleichen, die in einer neopaganisierten Welt auch heute wieder an Bedeutung gewinnen. Christus als ihr Herr hat diese Mächte abgetan, er ist das Haupt jeder Macht und Gewalt (Kol 2,10; vgl. Eph 1,20f), er hat sie »öffentlich an den Pranger gestellt und (als Beute) im Triumphzug herumgeführt« (Kol 2,15). In ihm allein wohnt die ganze Fülle des Gottseins (Kol 2,9). Das heißt, es ist nicht notwendig, einen Nebenweg zum Leben zu suchen. Nur in Christus ist der sichere Weg vorgegeben.

Als »Anfang« ist Christus der Vermittler der neuen Schöpfung. Dies wurde an seinem eigenen Schicksal erkennbar, insofern er der »Erstgeborene aus den Toten« ist. Der Begriff Anfang impliziert aber nicht nur das zeitliche Vorausein, sondern ist – im griechischen Sinn – auch als Prinzip, Ursprung zu verstehen. Andere sollen an seinem Auferstehungsgeschick teilhaben, letztlich ist die gesamte Kreatur durch ihn versöhnt. Dieser außerordentlich kühne, ja optimistische, fast triumphalistische Zug, der auch sonst in diesen beiden Briefen festgestellt werden kann, wird aber immer wieder geschichtlich aufgebrochen. So heißt es im Hymnus, daß die Versöhnung geschah »durch sein Kreuzesblut« (Kol 1,20). In Eph 1,10 lesen wir etwas Vergleichbares, daß Gott beschlossen habe, in Christus als dem Haupt das All zusammenzufassen. Auch hier ist der Riß, der durch die Schöpfung geht, ihre Erlösungsbedürftigkeit, ihre Verlorenheit vorausgesetzt, nicht reflektiert. Auch hier könnte man den Eindruck gewinnen, als sei alles schon geschehen oder auf einen ganz sicheren, wie auf eine natürliche Weise ablaufenden Weg gebracht. Doch wird im Folgenden der Satz auf die Gemeinde hin ausgelegt (Eph 1,11–14). Ganz ähnlich ist es in Eph 2,14–18, wo auch unbezweifelbar kosmische Maße aufgerichtet werden: »Er machte die beiden Teile (das sind Himmel und Erde) zu einem und zerbrach die

trennende Scheidewand«, die dann aber eine geschichtliche Interpretation erfahren, indem sie auf Juden und Heiden bezogen werden. Auch die Länge, Breite, Höhe und Tiefe (Eph 3,18) muß man als kosmische Bemessungen erkennen.
Als charakteristisch für die hier vorfindliche Christologie kann also gelten, daß uns ein kosmischer Christus begegnet, der über der Welt steht, der alten und neuen Schöpfung, und alles umfaßt. Damit hängt die häufige, auf Christus gerichtete Kyrios-Prädikation zusammen (Eph 1,3.15.17; 2,21; Kol 1,10; 2,6 usw.), aber auch, daß er das Haupt genannt wird: Haupt über alles (Eph 1,22), Haupt der Kirche (Kol 1,18; vgl. Eph 4,15; Kol 2,19), daß in ihm als dem Haupt das All zusammengefaßt werden soll (Eph 1,10). Doch ist zwischen der Hauptstellung, die das All betrifft, und jener, die die Kirche betrifft, zu unterscheiden. Die erste ist im Sinn der Herrschaft zu verstehen, die zweite im Sinn der Versorgung. Nach der Vorstellung einer bestimmten Richtung der antiken Medizin war das Haupt das den gesamten Körper versorgende Organ. Beide Bezeichnungen sind in dem schwer übersetzbaren Satz Eph 1,22 nebeneinandergerückt: »(Gott) gab ihn, der das Haupt über alles ist, der Kirche.«

3. Die Stellung Christi als des Stellvertreters Gottes, seines Mittlers, wie sie uns in seiner Bezeichnung als Bild des unsichtbaren Gottes entgegentrat, besitzt im Epheserbrief eine bemerkenswerte Analogie. Gleichzeitig treten dabei Abhängigkeit und Abweichung von den Protopaulinen in Erscheinung. Gemeint ist die In-Christus-Aussage, die wir dort bereits als eine wichtige Kennzeichnung des Christen kennengelernt haben. Als solche ist sie in unseren Briefen noch vorhanden. In den paränetischen Teilen fällt der Gebrauch der Wendung »im Herrn« auf. Mancherorts aber ist die Wendung schon fast floskelhaft geworden (etwa Eph 2,21). Hingegen aber haben wir im großen Eröffnungstext Eph 1,3–14 einen Gebrauch des »in Christus«, den wir bei Paulus nicht antreffen und der gekennzeichnet ist durch das Dreiecksverhältnis Gott – Christus – Wir oder anders formuliert: Gott handelte in Christus an uns; er hat uns in Christus gesegnet, auserwählt, begnadet usw. Man fragt sich, warum nicht die Wendung »durch Christus« gewählt wurde, die uns auch von Paulus her bekannt ist und an deren Sinn das »in-Christus« von Eph 1 nahe herankommt. Möglicherweise sollte damit angedeutet sein, daß Gott durch sein Heilshandeln in Christus alles in den von Christi Heilstat bestimmten Bezirk, in den Christus-Leib einbeziehen will. Auch die Zusammenfassung des Alls geschieht in Christus (1,10).

4. Damit ist das Thema Kirche angerührt. In Übereinstimmung mit den Protopaulinen verwenden die beiden Briefe das Bild vom Leib. Unmißverständlich wird ausgesprochen, daß die Kirche der Leib

Christi ist (Kol 1, 24; Eph 1, 23; 4, 12; 5, 23.30). Die schon erwähnten kosmischen Dimensionen lassen es nicht anders erwarten, als daß Kirche als Leib Christi die universale Kirche meint. Das macht den ersten bemerkenswerten Unterschied zu Paulus aus. Das universale Ausmaß ist schon in der ersten Erwähnung des Bildes in Kol 1, 18 klar gegeben, denn dort wird der Weltleib der umfassenden Schöpfung auf die Kirche hin interpretiert. Wahrscheinlich geschieht das durch den Verfasser des Briefes, der die kosmologische Strophe des Christus-Hymnus durch den Zusatz »Kirche« im besagten Sinn deutet. Der zweite Unterschied zu Paulus besteht darin, daß Christus als Haupt seinem Leib gegenübertritt. Wie schon oben ausgeführt, ist Christus Haupt in einem doppelten Sinn, Haupt des Alls und der Kirche. Sein Leib aber ist nur die Kirche.

Der weltweite ekklesiale Horizont wird auch in anderen Zusammenhängen mitgeteilt. So rühmt Kol 1, 4 die Liebe der Gemeinde zu allen Heiligen (Eph 1, 15). Das Evangelium trägt in der ganzen Welt Frucht (Kol 1, 6). Das Evangelium als von Gott vor den Äonen und Geschlechtern verborgenes, aber jetzt sich offenbarendes Geheimnis besagt, daß Christus unter den Völkern bekannt geworden ist (Kol 1, 26 f). Die Adressaten werden aufgefordert, für alle Heiligen zu beten (Eph 6, 18). Dem Apostel soll eine Tür für das Wort geöffnet werden, damit er das Geheimnis weitersagen kann (Kol 4, 3).

Über die Kirche als weltweiter Christus-Leib wird im Epheserbrief eindringlich reflektiert. Das Geheimnis, nach dem das All in Christus als Haupt zusammengefaßt werden soll (1, 10), besagt in concreto die Anteilhabe der Heidenvölker an den Verheißungen und ihre Eingliederung in die Kirche. Sie sollten mit zum Leib gehören, Mit-Leib (3, 6) sein. In einer geschichtstheologischen Reflexion 2, 11–22 wird die Vereinigung von Juden und Heiden gleichsam zu einem dritten Geschlecht in dem einen Leib entfaltet. Wurzelboden und Herkommen der Kirche ist für den Epheserbrief ganz in Einklang mit Paulus das alte Gottesvolk Israel. Die Heiden waren einst, als sie noch nicht den Anschluß gewonnen hatten, »ausgeschlossen vom Bürgerrecht Israels« (2, 12), fremd den Bundesschlüssen, ohne Hoffnung, ohne Gott in der Welt. Jetzt aber sind sie, die Fernen, zu Nahen geworden, sind nicht mehr Fremde und Beisassen, sondern zu Mitbürgern der Heiligen und zu Hausgenossen Gottes geworden. Christus hat die trennende Wand des Gesetzes mit seinen Verordnungen und Geboten niedergerissen und die beiden mit Gott durch das Kreuz versöhnt. Durch ihn ist beiden in einem Geist der freie Zugang zum Vater geschenkt worden.

Ein besonderer Aspekt des Kirchenbildes der beiden Briefe tritt hervor in Verbindung mit dem Wort Pleroma, Fülle, das im ekklesialen Sinn in den Protopaulinen nicht vorkommt. Zu seinem Verständnis ist zu berücksichtigen, daß es auf Christus und die Kirche angewendet werden kann. In Christus wohnt die ganze Fülle des Gottseins (Kol 2,9; vgl. 1,19), und die Kirche ist seine Fülle (vgl. Eph 1,23). In Eph 3,19 ist von der Fülle Gottes die Rede. Wenn man es auf eine knappe Formel bringen will, so umschließt Pleroma die Fülle des göttlichen Lebens, die Gesamtheit der Heilsgaben. Zu beachten ist insbesondere der »Instanzenweg«. Gott hat die ganze Fülle Christus geschenkt. Christus gibt sie weiter an die Kirche, an seine Gläubigen. Diese aber sollen sie nicht für sich festhalten, sondern ihrerseits an die Welt, an die Menschen verströmen lassen. Nichts anderes wird der umstrittene Satz Eph 1,23 besagen wollen. Man kann dieses wechselseitige Sich-Erfüllen mit einem römischen Brunnen vergleichen, in dem in übereinanderliegenden Schalen das Wasser von einer Schale zur anderen sich verströmt. Die Heilsgaben sind neben Versöhnung (Kol 1,20.22; Eph 2,16), Sündenvergebung (Kol 2,19; Eph 4,16) vor allem der Friede (Kol 3,15; Eph 2,14–17; 4,3; 6,15.23). Der Friede muß dabei in seinem umfassenden biblischen Sinn genommen werden. Frieden und Versöhnung zu wirken, mit Gott und unter den Menschen, ist die Aufgabe, die Kirche als Mittlerin der »Fülle Christi« in der Welt zu übernehmen hat.

Der Friede ist auch die Kraft, die die Kirche zusammenhält und ihre Einheit wahrt: »Eifert danach, die Einheit des Geistes zu wahren durch das Band des Friedens« (Eph 4,3). Die universale Kirche soll sich als Eine darstellen in der Welt. Die Einheit der Kirche spricht sich in neutestamentlichen Spätschriften aus (vgl. Joh 17). In Eph 4,4–6 begegnet uns eine der eindringendsten Mahnungen zur ekklesialen Einheit. Sieben einheitsstiftende Faktoren werden aneinandergereiht: ein Leib, ein Geist, eine Hoffnung, ein Herr, ein Glaube, eine Taufe, ein Gott. Der am Anfang stehende Verweis auf den Leib, den Christus-Leib, der von einem Geist beseelt ist, macht deutlich, daß die Einheit etwas Vorgegebenes ist, von Menschen nicht gemacht, sondern immer wieder nur neu gefunden werden kann. Die Hoffnung ist der elementare Faktor.

Der Herr und der Glaube haben mit dem Bekenntnis zu tun. Dabei ist anzumerken, daß der eine Glaube sich auf den inhaltlich geprägten Glauben (fides quae) beziehen muß. Im Bekenntnis zum Glauben tritt ekklesiale Einheit in Erscheinung. Die Taufe ist die sakramentale Grundlegung der Einheit, als Eingliederung in den Christus-Leib. Der eine Gott verpflichtet die Glaubenden auf ihre Aufgaben in der Welt. Es ist für das Entwicklungsstadium des Epheserbriefes kennzeichnend, daß die ekklesiale Einheit noch nicht durch das Amt begründet wird. Auch die Formel »eine Kirche« findet sich noch nicht. Doch erscheinen die vorgelegten Begründungen wesentlich, geeignet für eine radikale Besinnung.

Die Bedeutung der Apostel für die Kirche ist erkannt. In der Reflexion auf den apostolischen Charakter der Kirche zeigt sich der deuteropaulinische Charakter des Epheserbriefes an. Kirche ist auferbaut auf dem Fundament der Apostel und Propheten (2,20). Sie sind Fundament, weil sie mit ihrem Wirken und Verkündigen dem Bau der Kirche die Richtung gegeben haben. Nach 1 Kor 3,10 ist Christus das Fundament. Selbstverständlich ist Christus in der Metaphorik des Epheserbriefes nicht vergessen. Er wird als Schlußstein bezeichnet, auf den hin der Bau sich ausrichtet. »Die heiligen Apostel und Propheten« waren es auch, denen Gott das Geheimnis anvertraut hatte (3,5). Es sollte nicht übersehen werden, daß neben den Aposteln auch die Propheten, die als christliche Propheten anzusehen sind und nicht mit den Propheten des Alten Bundes verwechselt werden dürfen, fundamentale Bedeutung für die Kirche haben. Das prophetische Element ist ihr bleibend eingestiftet.

Die Struktur der Kirche ist wie in den Protopaulinen noch eine charismatische: »Jedem einzelnen von uns wurde die Gabe zuteil nach dem Maß der Gabe Christi« (4,7–16). Doch ist eine deutliche Veränderung eingetreten. Bestimmte (charismatische) Ämter haben einen festen Platz in der Kirche gewonnen: Apostel und Propheten, wohl mehr verstanden als Ämter der zu Ende gehenden Epoche, Evangelisten, Hirten, Lehrer als Ämter, die in der Gegenwart ihre Dienste tun. Vom erhöhten Christus in die Kirche hineingestiftet, nehmen sie gegenüber den übrigen Heiligen die Aufgabe wahr, sie zuzurüsten für die Betätigung eines Dienstes. Denn allen zusammen kommt es zu, den »Leib Christi« aufzubauen, damit alle die ganze Fülle Christi erreichen. In diesem Kontext kommt das paränetische Anliegen des Bildes vom Leib zur Geltung. Jeder ist ein Teil des Leibes. Die Amtsträger werden mit Bändern verglichen, die den Leib versorgen.

Dem Apostel Paulus wird ein besonderer Abschnitt jeweils gewidmet (Kol 1,24–26; Eph 3,1–19). Paulus hat an der Realisierung des göttlichen Planes, die Heidenvölker in den Christus-Leib einzugliedern, den bedeutendsten Anteil. Obwohl im Blick auf seine Vergangenheit schwarz-weiß gemalt wird (Eph 3,8: »der Allergeringste unter allen Heiligen«), ist seine Stellung völlig unangefochten. In seinen Leiden ergänzte er, »was an den Drangsalen Christi noch mangelt« (Kol 1,24), das heißt, durch sein notwendig leidvolles apostolisches Wirken ermöglichte er die Ankunft des Evangeliums bei den Heidenvölkern. Mit dem Evangelium hat er den Heiden »den unergründlichen Reichtum des Christus verkündet« und so ans Licht gebracht, wie das Geheimnis sich vor aller Welt darstellen sollte (Eph 3,8–11).

5. Die sakramental durch die Taufe begründete Christusgemeinschaft, die uns aus den Protopaulinen bekannt ist, lebt in beiden Briefen fort. Mit Christus wurden wir in der Taufe begraben und auferweckt, mit ihm lebendig gemacht (Kol 2,12f). Unmißverständlich wird von der Teilhabe an der Auferstehung gesprochen. In Eph 2,5f

wird diese Aussage sogar noch enthusiastisch gesteigert: mit ihm lebendig gemacht, auferweckt, in den himmlischen Bereichen auf den Thron gesetzt. Dafür fehlt das Mitgestorben- und Mitgekreuzigtsein. Vom Tod ist als Tod der Sünde die Rede. Die Verleihung des Lebens wird auf die Vergebung der Sünden hin ausgelegt (Kol 2,14).
Die realistischen Heilsaussagen verbinden sich mit einem geänderten eschatologischen Konzept. Von der Parusie Christi ist nur in Kol 3,3f die Rede, aber mit anderen Worten. Die Gläubigen sind gleichsam in die Parusie miteingeschlossen: »Euer Leben ist mit Christus in Gott verborgen. Wenn Christus, unser Leben, offenbar werden wird, dann werdet auch ihr mit ihm offenbar werden in Herrlichkeit.« Die Gläubigen, die bereits das (göttliche) Leben empfangen haben, sind so eng mit Christus verbunden, daß sie sich gleichsam in seiner Nähe befinden. Nach dem Epheserbrief sind sie in die himmlischen Bereiche versetzt worden. Aber das ist ein verborgener Vorgang. Ihr verborgenes Leben soll ja am Tag der Offenbarung Christi erst offenbar werden. Im Epheserbrief wird von Christi Parusie überhaupt nicht gesprochen. Das muß angesichts der in den Protopaulinen bekundeten Naherwartung sehr auffallen. In Eph 2,5 und 8 heißt es: »Ihr seid gerettet«, eine Zusage, die in den Protopaulinen erst für den Jüngsten Tag gemacht wird (etwa Röm 5,9). Paulus verkündete die Rechtfertigung des Sünders. Dieses Thema fehlt in den beiden Briefen. Die Gerechtigkeit wird als Tugend erwähnt (Eph 4,24; 5,9; 6,14).
Dennoch sind die Christen auch nach dem Kolosser- und Epheserbrief noch nicht am Ziel. Der »Tag der Erlösung«, der mit dem Tag des Endgerichts identifiziert werden muß, steht nach Eph 4,30 noch aus. Die Glaubenden sind durch den heiligen Geist Gottes versiegelt für diesen Tag. Die Hoffnung bleibt ein wichtiges Wort (Kol 1,5.23.27; Eph 1,18; 2,12; 4,4). Allerdings kann die Hoffnung als ein Gut aufgefaßt werden, das für sie aufbewahrt ist in den Himmeln (Kol 1,5). Das eschatologische Konzept löst sich von einer zeitlichen Kategorialität und wird in eine räumliche überführt. Die Kategorien von oben und unten sind wichtig. Oben (in den himmlischen Bereichen) ist die Welt Gottes und Christi, unten die Welt der Menschen (Eph 4,8–10). Es kommt darauf an, in diese obere Welt aufgenommen zu werden. Es ist eine Welt des Lichtes: »(Der Vater) hat euch befähigt, am Los der Heiligen im Licht teilzunehmen, uns aus der Macht der Finsternis errettet und hineinversetzt in das Reich seines geliebten Sohnes« (Kol 1,12f). Der Dualismus hat räumliche Dimensionen. »Einst wart ihr Finsternis, jetzt aber seid ihr Licht im Herrn« (Eph 5,8). Vor allem aber ist das noch Ausstehende an der konsequenten, teils massiven Paränese erkennbar. Diese ist weitgehend Taufparänese und als solche durch den Imperativ, den alten Menschen abzulegen und den neuen anzuziehen, geprägt (Kol 3,9f;

Eph 4, 22–24). Ein schönes Beispiel hierfür ist das kleine Lied: »Steh auf, Schläfer, und erhebe dich von den Toten, und aufstrahlen wird dir Christus« (Eph 5, 14).

Für die Veränderung des eschatologischen Gefüges sind sicher zahlreiche Faktoren verantwortlich, nicht bloß das Nachlassen der Parusieerwartung. Von Bedeutung waren ein geändertes Welt- und Lebensgefühl in der Welt des Hellenismus gegenüber der Welt des Judentums; die Notwendigkeit, sich theologisch auf das zu besinnen, was an Heil schon gegenwärtig ist; die Auseinandersetzung mit der Irrlehre, was für Kolossä gilt. Die Grenze des erlaubten Enthusiasmus wäre dort überschritten, wo die Verantwortung für die anderen und für die Welt nicht mehr wahrgenommen würde. Das aber ist in diesen beiden Briefen sicher nicht der Fall.

XI. Die Pastoralbriefe

1. Die theologischen Aussagen der Pastoralbriefe bekommt man dann richtig in den Griff, wenn man bedenkt, daß die Gemeinden, die hinter den Briefen stehen, in hohem Grad gefährdet waren durch den Einbruch der Irrlehre. Die Auseinandersetzung mit der Irrlehre beherrscht alle drei Briefe. Sie tritt schon am Beginn von 1 Tim in den Blick, wo »Timotheus« aufgefordert wird, diesen Leuten zu gebieten, nichts Falsches zu lehren (1,3: μὴ ἑτεροδιδασκαλεῖν). Die Beschreibung der Irrlehre bleibt auf weiten Strecken allgemein. Der Autor begnügt sich mit polemischen Etikettierungen: Mythen (1,4), eitles Geschwätz (1,6), gottlose Altweiberfabeln (4,7), sie sind Freche, Schwätzer, Schwindler (Tit 1,10) usw. An einzelnen Stellen wird er konkreter: Die Abweichler verbieten die Ehe und enthalten sich bestimmter Speisen (1 Tim 4,3); sie sagen, die Auferstehung sei schon geschehen (2 Tim 2,18); sie kommen aus dem Judentum und streiten über das Gesetz (Tit 1,10; 3,9), nehmen Genealogien wichtig (1 Tim 1,4; Tit 3,9). Wenn in 1 Tim 6,20 gewarnt wird, sich vor der fälschlich sogenannten Erkenntnis (Gnosis) in acht zu nehmen, dürfte die Richtung des Weges, den die Irrlehre nahm, gekennzeichnet sein. Wir haben es mit einer gnostisch geprägten Gruppe zu tun, die aus der christlichen Gemeinde ausgebrochen ist, in dieser – offenbar mit Erfolg – um Anhänger wirbt, die enthusiastisch die Vollendung vorwegnimmt, dabei asketische Praktiken übt und in ihrer Christologie und Soteriologie das für das christliche Verständnis unverzichtbare Moment der geschichtlichen Vermittlung leugnete.

2. Als erste, sich in diese Situation einfügende Beobachtung stellt sich das weiterentwickelte Gemeinde- oder Kirchenkonzept ein. Der apostolische Charakter der Kirche, den wir schon im Epheserbrief in einem fortgeschrittenen Stadium antrafen, tritt noch schärfer hervor. Das Interesse bleibt allein auf den Apostel Paulus gerichtet, der der mit dem Evangelium beauftragte Herold, Apostel und Lehrer ist (2 Tim 1,11), der Lehrer der Völker (1 Tim 2,7), der sich (fiktiv) an seine beiden Schüler Timotheus und Titus wendet, nur an sie, als Hirten und Pastores, die als ideale Vertreter ihres Amtes vorgestellt werden. Doch nicht nur das: Die Schüler des Apostels werden gleichzeitig als solche vorgestellt, die durch diesen in ihr Amt offiziell eingeführt wurden: »Darum erinnere ich dich daran, daß du die Gnadengabe (Charisma) Gottes wieder entfachst, die in dir ist durch die Auflegung meiner Hände. Denn Gott hat uns nicht den Geist der Furcht gegeben, sondern der Kraft, der Liebe und der Besonnenheit« (2 Tim 1,6f). Nach 1 Tim 4,14 erfolgte die ein Charisma verleihende

Handauflegung gemeinsam durch die Ältesten (Presbyter). Wichtiger aber ist zunächst die Amtsabhängigkeit vom Apostel, mit deren Hilfe die Idee der apostolischen Sukzession in den Raum gestellt ist. Besonders in 2 Tim wird diese Idee aufgefüllt und verdichtet. Es ist die gesunde Lehre, die Timotheus vom Apostel gehört hat (1, 13); Timotheus ist dem Apostel nachgefolgt in der Lehre, in der Lebensführung, im Streben, im Glauben (3, 10); er soll bei dem bleiben, was er gelernt hat und was ihm anvertraut worden ist, weil er weiß, von wem er es gelernt hat (3, 14).

Vergleicht man die Texte mit dem charismatischen Gemeindemodell der Protopaulinen, so kommt zwar das Wort Charisma noch vor. Es ist aber auf den rechtlichen Akt der Amtsübertragung bezogen. Nicht mehr wird es in freier Form vom Geist gewährt, sondern erscheint an die rituelle Handlung der Handauflegung gebunden. Die Idee der apostolischen Sukzession wäre nicht vollständig, wenn sie nicht weitere Nachfolger miteinbezöge. So wird Titus konsequenterweise aufgefordert, auf der Insel Kreta überall in den Städten Presbyter einzusetzen (Tit 1, 5). Und Timotheus erhält den Auftrag: »Was du von mir gehört hast vor vielen Zeugen, das vertraue zuverlässigen Menschen an, die fähig sind, auch andere zu lehren« (2 Tim 2, 2).

Auch hier geschieht die Amtsübertragung durch Handauflegung, die nach sorgfältiger Prüfung und nicht übereilt erfolgen soll (1 Tim 5, 22). Zu diesem Zweck bieten 1 Tim 3, 1–13; Tit 1, 6–9 Ämterspiegel, in denen die Fähigkeiten und Qualitäten genannt werden, über die ein auszuwählender Amtsträger verfügen soll und die offenkundig als Kriterienkatalog bei der Auswahl in Anspruch genommen werden sollen. In diesem Zusammenhang blieb der Rest eines prophetischen Elements in der Gemeindeverfassung erhalten, insofern man bei der Auswahl auf eine prophetische Weisung zu warten schien (vgl. 1 Tim 4, 14). Wie das im einzelnen geschah, bleibt unklar.

Die Kirche der Pastoralbriefe erscheint als eine wohl verfaßte mit rechtlichen Strukturen. Zu ihren Ämtern gehören Bischöfe (Episkopen), Presbyter, Diakone, Frauen und Witwen. Wiederum besteht ein Anknüpfungspunkt in den Protopaulinen (vgl. Phil 1, 1). Doch sind zu den Episkopen und Diakonen die Presbyter hinzugetreten, deren Vorbild im Presbyter-Kollegium der jüdischen Synagogalgemeinde zu suchen ist, und vor allem sind aus den charismatischen verfaßte Ämterstrukturen geworden. Die im Ämterspiegel 1 Tim 3, 11 erwähnten Frauen wird man – auch wenn der Name nicht fällt – als weibliche Diakone und nicht als die Frauen der Diakone anzusprechen haben, weil sonst ihre Erwähnung an dieser Stelle gänzlich unklar bliebe. Auffällig ist der Wechsel im Wortgebrauch vom Presbyter zum Bischof in Tit 1, 6 f, der ohne jeden Grund erfolgt, aber Hinweis darauf sein dürfte, daß ein »Bischofsspiegel« bereits zitiert wird. Die Grenze zwischen Episkopen und Presbytern ist noch fließend. Letztere erscheinen in 1 Tim 5,17 als Gemeindevorsteher. Ob es etwas bedeutet, daß der Episkopus jeweils im Singular (1 Tim 3,2; Tit 1,7), die Presbyter hingegen in 1 Tim 5,17; Tit 1,5 im Plural genannt werden, bleibe dahingestellt. Timotheus hat diesen gegenüber eine Art Aufsichtsfunktion (1 Tim 5,19). Die Durchsicht der ziemlich allgemein gehaltenen Anforderungen an die Presbyter/Episkopen ergibt, daß auf die Fähigkeit, den Dienst der Belehrung und Unterweisung ausüben zu können, besonderer Wert gelegt wird. Die Diakone waren vor allem im sozialen Dienst tätig. Ähnliches gilt für die Witwen (1 Tim 5,9f). Immerhin bleibt es beachtlich, daß auch Frauen Gemeindeämter wahrnehmen.

In Übereinstimmung mit der angezeigten Entwicklung, die sich in der Ausbildung der Ämter darstellt, befindet sich das für die Kirche verwendete Bild. Wir erinnern uns, daß Paulus das charismatische Gemeindemodell mit Hilfe des Bildes vom Leib, der viele Glieder besitzt, verdeutlichte. Dieses ist in den Pastoralbriefen aufgegeben. An seine Stelle ist das die Ordnung vermittelnde Bild von einem Haus getreten. Schon in den Ämterspiegeln deutet es sich an: »Wenn jemand seinem eigenen Haus nicht vorzustehen weiß, wie soll er für die Gemeinde Gottes sorgen?« (1 Tim 3,5). Die Kirche ist das Haus Gottes, aber auch Säule und Fundament der Wahrheit (3,15). In diesem großen Haus gibt es verschiedene Gefäße – angesprochen sind die Gläubigen – goldene, silberne, hölzerne, tönerne (2 Tim 2,20). Diese Vergleiche legen es nahe, Kirche als etwas Festgefügtes, kaum noch zu Veränderndes anzusehen, in der es das Überkommen zu bewahren und gegen feindliche Angriffe zu schützen gilt. Die einzelnen Gemeindemitglieder treten nur als Hörende, sich in die Ordnung Fügende, nicht mehr als aktiv das Leben der Gemeinschaft Mitgestaltende in den Blick. In Erinnerung an unsere Ausgangsüberlegung von der konkreten Bedrohung der Gemeinden durch Irrlehre und Häresie versteht es sich fast von selbst, daß diese Gemeindeordnung gleichsam als eine Notverordnung aufzufassen ist.

3. Das zu Bewahrende und in eine bessere Zeit Hinüberzurettende ist das apostolische Erbe, das denen in besonderer Weise anvertraut ist, die ein Amt in der Kirche übernommen haben. Die Pastoralbriefe nehmen als Bezeichnung für dieses Erbe einen besonderen Begriff in Anspruch, der aus dem Geldwesen und Rechtsleben genommen ist: παραθήκη, das Depositum, das anvertraute Gut. Bezeichnend ist, daß das Wort jeweils in Verbindung mit dem Verb »bewahren« (φυλάσκω) in Erscheinung tritt. 1 Tim gipfelt in den Satz: »O Timotheus, bewahre das Depositum.« (6,20; vgl. 2 Tim 1,12.14). Damit ist im letzten die Sinnspitze dieser drei Briefe zum Ausdruck gebracht. Daneben tritt das Wort »Lehre« mit einer spezifischen Sinngebung in den Vordergrund. Die Lehre wird als die gesunde bezeichnet (1 Tim

1,10; 2 Tim 4,3; Tit 1,9; 2,1), die gute (1 Tim 4,6). Auf sie muß man achthaben (1 Tim 4,16). Sie steht stets in Antithese zur Irrlehre, deren polemische Bekämpfung wir schon kennengelernt haben. Die gesunde, gute Lehre verbürgt die Wahrheit. Wie diese Begrifflichkeit an die Stelle des paulinischen Evangeliums getreten ist, vermag ein Vergleich der Briefpräskripte schön zu veranschaulichen. Stellt sich Paulus im Präskript des Römerbriefes vor als »berufener Apostel, ausgesondert für das Evangelium Gottes«, so heißt es in Tit 1,1: »Apostel Jesu Christi gemäß dem Glauben der Auserwählten Gottes und der Erkenntnis der Wahrheit, die der Frömmigkeit gemäß ist.« Allerdings ist die Kennzeichnung der christlichen Botschaft als Evangelium nicht in Vergessenheit geraten. Sie kommt aber mehr in Zusammenhängen vor, die von traditioneller Sprache geprägt sind, etwa: »Er hat den Tod vernichtet und Leben und Unvergänglichkeit ans Licht gebracht durch das Evangelium« (2 Tim 1,10; noch 1,8; 2,8; 1 Tim 1,11).

Das Glaubensverständnis stimmt mit dem bisher Gesagten überein. Es ist nicht der existenziell geprägte Glaube, die Glaubensbewährung, die fides qua, die im Mittelpunkt steht, sondern der inhaltlich bestimmte, der durch die Wahrheit gekennzeichnete, der sich vom Irrglauben abhebt. In 1 Tim 4,12 ist der Begriff »die Gläubigen« nahezu schon zur technischen Bezeichnung der Christen geworden. »Paulus« spricht von der Zeit, in der er noch im Unglauben war und Christus Jesus lästerte, verfolgte und verhöhnte (1 Tim 1,13), oder davon, daß er mit Titus den gemeinsamen Glauben hat (Tit 1,4). Man kann im Glauben Schiffbruch erleiden (1 Tim 1,19), vom Glauben abfallen (4,1; vgl. 6,10). Der rechte Glaube erweist sich freilich auch darin, daß er gepaart ist mit guten Werken (Tit 3,8), wozu etwa auch dies gehört, daß einer Sorge trägt für die Menschen, die ihm nahestehen, die Hausgenossen (1 Tim 5,8). Das »Geheimnis des Glaubens«, das die Diakone mit gutem Gewissen bewahren sollen (3,9), läßt sich inhaltlich näher bestimmen. In 3,16 wird es mit Hilfe eines christologischen Credo-Satzes erläutert. Es bezieht sich auf den Weg Christi von seiner Prä- zu seiner Postexistenz, von seiner Offenbarung im Fleisch bis zu seiner Aufnahme in Herrlichkeit. Beachtung verdient die Wendung »im Glauben.« Timotheus ist des Apostels rechter Sohn im Glauben (1,1), es gibt einen Heilsplan Gottes im Glauben (1,4). Die Wendung ist nicht besonders häufig. Doch sollte an dieser Stelle vermerkt werden, daß die für Paulus charakteristische In-Christus-Aussage in den Pastoralbriefen nicht beggenet.

Die zur Institution gewordene Kirche bemüht sich in einem gewissen Sinn um ein Arrangement mit der Welt. So heißt ein Erfordernis für den auszuwählenden Bischof, daß er einen guten Ruf bei denen, »die draußen sind«, haben soll, damit man ihm nicht Übles nachredet (1 Tim 3,7). Ein positives Weltverhältnis äußert sich auch darin, daß restriktive Speisegebote, wie sie von der Irrlehre propagiert werden, zurückgewiesen werden: »Denn alles, was Gott geschaffen hat, ist gut. Und nichts ist verwerflich, was mit Danksagung genossen wird. Denn es wird geheiligt durch das Wort Gottes und durch das Gebet« (4, 4f). Die die Gemeinde vor der Welt auszeichnende Tugend ist die εὐσέβεια, die Frömmigkeit, ein Wort, das damals auch in der hellenistischen Umwelt einen guten Klang besaß und dort das respektvolle Verhalten gegenüber den Eltern, dem Vaterland, den Ordnungen des Staates bezeichnete. Von dieser Eusebeia heißt es, daß sie zwar kein Mittel sei, um irdischen Gewinn zu erzielen, daß sie aber, verknüpft mit Genügsamkeit, geeignet sei, reichen Gewinn herbeizuführen (6, 5f). Sie ist nützlich, weil ihr das gegenwärtige wie das zukünftige Leben verheißen ist (4, 8). Trotz des Bemühens, mit der Welt auszukommen, weiß die Gemeinde, daß ihr das Zeugnis des Leidens auferlegt ist. Das Schicksal ihres Apostels, das ihr in 2 Tim eindrücklich in Erinnerung gerufen wird, verhilft ihr dazu, diese Notwendigkeit nicht zu vergessen (vgl. 1, 12; 3, 11 f; 4, 16–18).

4. Das christologische Bekenntnis der Pastoralbriefe ist dadurch ausgezeichnet, daß ihr Autor auf altes traditionelles Glaubensgut zurückgreift, das er in bestimmten Credo-Sätzen und Glaubens-Formeln vorfindet und das altersmäßig teilweise vor den Protopaulinen liegt und darum von besonderem Interesse ist. Als Einführungsformel treffen wir wiederholt die Wendung »getreu ist das Wort« an, die in der Konfrontation mit der Irrlehre die Zuverlässigkeit der überlieferten Lehre anzeigen will (1 Tim 1, 15; 3, 1; 4, 9; 2 Tim 2, 11; Tit 3, 8). Die Palette der christologischen Aussagen ist reichhaltig. Auf einige Besonderheiten soll hier verwiesen werden. In 2 Tim 2, 8 begegnen wir einem geprägten Glaubenssatz, der nicht nur als Aussage des paulinischen Evangeliums gekennzeichnet wird, sondern darüber hinaus auch inhaltlich seine Parallele bei Paulus besitzt: »Halte im Gedächtnis Jesus Christus, der von den Toten auferstanden ist, aus dem Geschlecht Davids, nach meinem Evangelium.« Man vergleiche hierzu das Präskript des Römerbriefes, wo Paulus eine weitgehend übereinstimmende christologische Aussage, Christi Abkunft aus Davids Samen und seine Einsetzung zum Gottessohn durch die Auferstehung von den Toten betreffend, macht (1, 3f). Man ist für diese Glaubensaussage im Römerbrief, die dort an bevorzugter Stelle das paulinische Evangelium umreißt, der Auffassung, daß sie alte, vorpaulinische Überlieferung wiedergibt.
Die alten christologischen Aussagen sind weitgehend soteriologisch bestimmt. Damit mag es zusammenhängen, daß Christus vorwiegend Retter, Soter genannt wird, ein Titel, der freilich auch Gott zugeschrieben wird (1 Tim 1, 1; 2, 3; 4, 10; 2 Tim 1, 10; Tit 1, 3f; 2, 10.13; 3, 4.6). Der Gottessohn- oder Sohnestitel fehlt. Dafür wird Christus

in Tit 2,13 als Gott bezeichnet: »Wir warten auf die selige Hoffnung und Erscheinung der Herrlichkeit unseres großen Gottes und Retters Jesus Christus.« Diese Annahme ist wahrscheinlicher als die Interpretation, die zwischen »unserem großen Gott« und dem »Retter Jesus Christus« trennen möchte und damit eine Erscheinung sowohl Gottes als auch Jesu Christi in Aussicht stellt. Wir haben aber verschiedene traditionelle Formulierungen, nach denen die Heilsinitiative Gottes herausgestellt und das sich vollendende oder realisierende Heil so dargestellt wird, daß Gott sich Christus als seines Mittlers bedient. Dies ist der Fall in 1 Tim 6,15f: Die Erscheinung unseres Herrn Jesus Christus »wird zur vorherbestimmten Zeit herbeiführen der selige und große Herrscher, der allein die Unsterblichkeit besitzt, der in unzugänglichem Licht wohnt, den kein Mensch gesehen hat noch sehen kann«; oder in 2 Tim 1,9f: Gott »hat uns gerettet und gerufen mit einem heiligen Ruf, nicht nach unseren Werken, sondern nach seinem Ratschluß und der Gnade, die er uns vor ewigen Zeiten in Christus Jesus geschenkt hat, jetzt aber offenbar ist durch die Erscheinung unseres Retters Christus Jesus usw.« (vgl. Tit 3, 4–7).
Die soteriologischen Preisungen sind insbesondere auf die Vermittlung des bleibenden, gültigen Lebens bezogen (2 Tim 1,10; 2,11), durch das »Bad der Wiedergeburt und Erneuerung im Heiligen Geist« ist es geschehen (Tit 3,5). Die Mittlerstellung Christi wird explizit festgestellt in dem Glaubenssatz: »Einer ist Gott, Einer auch Mittler zwischen Gott und den Menschen, der Mensch Christus Jesus« (1 Tim 2,5). Diese Feststellung des Glaubens mußte in besonderer Weise geeignet sein, die die geschichtliche Erlösungskonzeption in Frage stellende gnostisch infizierte Irrlehre zu korrigieren. Seine Mittlertätigkeit übte Jesus aus vor allem in seinem Sühnetod für die Vielen. Die Formulierung »der sich als Lösepreis für die Vielen dahingab« (1 Tim 2,6) dürfte im traditionsgeschichtlichen Zusammenhang mit Mk 10,45 par stehen (vgl. Tit 2,14). In seinem Sterben hat Christus Jesus vor Pontius Pilatus das gute Bekenntnis abgelegt (1 Tim 6,13). Für eine nicht allzu ferne Zukunft wird er erwartet als der Richter der Lebenden und Toten (2 Tim 4,1), der die Erwählten in sein himmlisches Reich führen wird (4,18 und 2). Sowohl für die schon erfolgte als auch die noch ausstehende Erscheinung Christi verwenden die Pastoralbriefe das sinnträchtige Wort Epiphanie, das bereits in der hellenistischen Literatur und in der Sprache der griechischen Bibel die zur Rettung und Hilfe der Menschen erfolgende Erscheinung Gottes oder der Götter bezeichnet (1 Tim 6,14; 2 Tim 1,10; 4,1.8; Tit 2,13). Als der im Fleisch offenbar Gewordene trat Christus aus seiner Präexistenz heraus, wird er jetzt unter den Völkern und in der Welt geglaubt (vgl. 1 Tim 3,16).

5. Es bedeutet eine wesentliche Übereinstimmung mit Paulus, wenn die Pastoralbriefe den Primat der Gnade betonen. Wie bei Paulus kann die Gnade als eine geradezu personifizierte Größe hervortreten: »Erschienen ist die Gnade Gottes, um alle Menschen zu retten« (Tit 2, 11; vgl. 2 Tim 1, 9; Tit 3, 4). Auch in Verbindung mit der Berufung des Paulus zum Apostel wird das Gnadenwirken Gottes betont, sogar in einem gegenüber den Protopaulinen noch gesteigerten Maß: »Mir ist Barmherzigkeit widerfahren ... Übergroß war die Gnade unseres Herrn samt dem Glauben und der Liebe ... (Unter den Sündern) bin ich der Erste« (1 Tim 1, 13–15). Der historische Paulus hat sich zwar als der Geringste unter den Aposteln bezeichnet, als Mißgeburt (1 Kor 15, 8 f). Er hat aber seine jüdische Vergangenheit und die Zeit, in der er die Kirche verfolgte, nicht mit dem Maßstab der Sünde gemessen. In den Pastoralbriefen kann so die Bekehrung Pauli des Sünders zum Vorbild für andere und zur Ermutigung werden, daß auch sie auf die Barmherzigkeit Gottes vertrauen: »Aber darum ist mir Barmherzigkeit widerfahren, daß Christus Jesus an mir als erstem alle Geduld aufzeige zum Vorbild für jene, die an ihn glauben und das ewige Leben erlangen sollen« (1 Tim 1, 16). Die Rechtfertigungslehre des Apostels hat in den Pastoralbriefen kaum eine Spur hinterlassen. Das Wort Gerechtigkeit wird sogar in ganz jüdischem Sinn in der Bedeutung der Tugend der Gerechtigkeit verwendet (1 Tim 6, 11; 2 Tim 2, 22; 4, 8). Der Gegensatz von Gnade und Werken kommt in Tit 3, 4 f.7 zum Vorschein. Hier wird sogar in durchaus paulinischem Sinn von der Gerechtsprechung durch Gnade gesprochen, doch wird diese Sicht nicht tragend.
Gottes Heilswille ist auf alle Menschen gerichtet. Gott will, »daß alle Menschen gerettet werden und zur Erkenntnis der Wahrheit kommen« (1 Tim 2, 4). Gott ist der Retter aller Menschen, besonders der Gläubigen (4, 10). Diese Dialektik wirkt im Paulusbild weiter. Paulus, der Lehrer der Völker (2, 7), erduldet die Strapazen seiner Gefangenschaft um der Auserwählten willen (2 Tim 2, 10). Die Christen sollen gütig und sanftmütig zu allen Menschen sein (Tit 3, 2). Abschließend sei die besondere Aufforderung zur Beschäftigung mit der Schrift erwähnt, die sich erstmalig in 2 Tim 3, 16 f findet. Der vielfältige Nutzen dieser Beschäftigung wird damit begründet, daß die Schrift eine von Gott eingegebene sei.

XII. Der Hebräerbrief

1. Die Mahnrede (λόγος τῆς παρακλήσεως), als welche sich der Hebräerbrief im Nachhinein vorstellt (13,22), hat eine Gemeinde zum Adressaten, die in eine kritische Situation der Gleichgültigkeit geraten ist. Ihr droht der Glaubensabfall. Die theologischen Ausführungen des Briefes haben darum weitgehend eine paränetische Struktur. Doch sollte man die Paränese nicht zum ausschließlichen hermeneutischen Schlüssel erklären. Die Theologie hat in ihrer Originalität ohne Zweifel Bedeutung auch in sich selbst. Freilich ist es hilfreich und gut, sich zunächst diese Situation der Gemeinde vor Augen zu rücken, um die Gründe ihres Nachlassens, ihre Einwände und Schwierigkeiten, soweit dies überhaupt möglich ist, zu erfassen.
Schon in 2,1 lesen wir die beherzigenswerte Mahnung: »Darum sollen wir um so mehr achten auf das, was wir gehört haben, damit wir nicht vom Wege abkommen.« Der Imperativ, an der ruhmvollen Hoffnung (3,6), an dem uns von Anfang an gewährten festen Stand bis zum Ende (3,14), unwandelbar am Bekenntnis der Hoffnung (10,23), am Bekenntnis (4,14), an der uns angebotenen Hoffnung festzuhalten (6,18), durchzieht wie ein Cantus firmus den Brief. Die Wüstengeneration des Mose und deren Schicksal sollen sie sich zu Herzen nehmen und nicht wie jene ihr Herz verhärten. Denn jene sind von Gott aus Ägypten befreit und durch vierzig Jahre in der Wüste geleitet worden. Wegen ihres Unglaubens und ihres Ungehorsams aber verfehlten sie das Ziel und gingen nicht ein in die Ruhe Gottes (3,7–19). Ein in gleicher Weise abschreckendes Beispiel bietet Esau, der um einer einzigen Mahlzeit willen sein Erstgeburtsrecht verkaufte und später keinen Raum zur Buße fand, obwohl er sie mit Tränen suchte. So sollen auch sie die Gnade Gottes nicht versäumen, damit keiner ein Abtrünniger oder Gottloser werde (12,14–17). Die Gleichgültigkeit zumindest mancher Gemeindemitglieder ist so groß, daß sie auch die Grundelemente des christlichen Glaubens vergaßen und nötig hätten, neu darin unterrichtet zu werden (5,12; vgl. 6,1–3). Darum sollen sie die müde gewordenen Hände und die wankenden Knie stärken, damit sie wieder gesund werden (12,12f).
Die Krise der Gemeinde ist weniger eine solche rein theoretischer Art, daß sie nicht begriffen hätten, warum Jesus, wenn er schon Gottes Sohn war, zur Erlösung der Menschen den überaus ungöttlichen Weg über die Schande des Kreuzes gehen mußte. Die Krise ist eine solche existenzieller Art. Ihr Anstoß erfolgte sehr wahrscheinlich an einer scheinbar heillos gebliebenen Gegenwart. Geschah mit Jesus die Äonenwende, vermittelte er das endgültige Heil, warum blockieren Sünde und Tod den Weg zu diesem Heil immer noch so merklich?

Sollte Jesu Ankunft in einer definitiven Unsichtbarkeit enden? (vgl. Grässer, Glaube 200–203). Ähnliche Fragen mögen ihre Zweifel bestimmt haben. Sie wogen um so schwerer, als die Gemeinde Anfechtungen und Züchtigungen überstanden hatte (12, 4–11).

2. Das christologische Bekenntnis ist der Ausgangs- und Orientierungspunkt des Briefes. Es steht am Anfang (1, 1–4). Es ist das Bekenntnis, an dem sie festhalten sollen. Letztlich wird dieses Bekenntnis durch den gesamten Brief ausgelegt. Die im Zweifel erhobene Frage mancher Gemeindemitglieder, ob es sich lohne, Christ zu sein, wird an ihre Christuskenntnis verwiesen. Wissen sie überhaupt noch, wer dieser Jesus ist? Will man dieses grundlegende christologische Bekenntnis in Kürze auf seine Inhalte abhören, so wird ein Dreifaches gesagt: a) In Jesus, dem Sohn, hat Gott auf endgültige, unüberbietbare Weise zu den Menschen gesprochen. Die vorausgehende Rede Gottes zu den Propheten erfolgte oftmals und auf vielerlei Weise, wodurch ihr vorbereitender Charakter gekennzeichnet ist. b) In Jesus ist Gott den Menschen auf einzigartige Weise nahegekommen, ist Gott unter ihnen erschienen. Die seltenen Formulierungen »Abglanz seiner Herrlichkeit«, »Ebenbild seines Wesens«, die der Beginn eines in 1, 3 f vorhandenen alten christologischen Bekenntnissatzes sein dürften, handeln von der Wirklichkeit Gottes in Jesus Christus, wonach in diesem Gott offenbar und verborgen ist, so daß er gleichsam das vom Original gewonnene Bild ($\chi\alpha\rho\alpha\kappa\tau\acute{\eta}\rho$) Gottes darstellt. c) Der Sohn ist der Mittler Gottes für die Menschen. Dies gilt bereits für die Schöpfung, aber a fortiori für die Erlösung. Als Sohn war er an der Weltschöpfung beteiligt und ist er es bei der Welterhaltung: »Er trägt das All durch sein machtvolles Wort.« In seinem Kreuz und in seiner Erhöhung wirkte er die Erlösung. Er hat die Reinigung von den Sünden geschaffen und, zum Thron Gottes erhoben, wurde er zum Erben des Alls eingesetzt.

Man sollte vor allem nicht übersehen, daß bereits am Anfang das für den Hebräerbrief zentrale Thema von der Befreiung von der Sünde intoniert wird, aber auch auf die herrscherliche, königliche Würde Christi der Finger gelegt ist (»er setzte sich zur Rechten der Majestät in den Höhen«), eine Vorstellung, die sich später mit seinem Hohepriestertum verbinden wird. Auch der Gedanke des Erbes ist für die spätere Argumentation von Bedeutung, vor allem, daß wir einmal das Land erben sollen (vgl. 11, 8; 1, 14; 6, 12; 9, 15). Christus, der Erbe schlechthin, wird so als untrüglicher Garant des Erbes ansichtig. Das Bekenntnis ist auf den erhöhten, jetzt weiterlebenden Christus gerichtet. An ihn ist die Gemeinde verwiesen, um sich in ihrem Glauben bestärken zu lassen. Vielleicht darf man einen Zusammenhang herstellen zwischen dem traditionellen Text 1, 3 f, der als hymnisches Christusbekenntnis seinen »Sitz im Leben« im Gottesdienst der Gemeinde hat, und dieser selbst, so daß die Versammlung der Gemeinde der Ort ist, wo nicht nur der Brief verlesen wird, sondern wo diese sich auch ihres Glaubens vergewissern soll.

Die Sohneswürde Jesu, die für den Hebräerbrief von eminenter Bedeutung ist (vgl. 3,6; 4,14; 5,5.8; 6,6; 7,3,28; 10,29), wird in 1,5–15 anhand einer Gegenüberstellung des Sohnes mit den Engeln mithilfe von Schriftzitaten auf originelle Weise beleuchtet. In allen Stücken überragt der Sohn die Engel bis hin zu der Aussage, daß alle Engel Gottes sich vor ihm niederwerfen (1,6), oder der Übertragung des Psalmwortes »Dein Thron, o Gott, steht für immer und ewig« auf ihn (1,8; vgl. Ps 45,7). Der Brief betont die Selbigkeit, Unveränderlichkeit Christi: »Jesus Christus gestern und heute und derselbe in Ewigkeit« (13,8; vgl. 1,12), was seine Treue und Verläßlichkeit miteinschließt (10,23).

Als prägendes Merkmal für die Christologie des Hebräerbriefes gilt das Bekenntnis zu Jesus Christus, dem Hohenpriester. Dabei darf nicht außer acht gelassen werden, daß in dieser Konzeption der Hohepriester in einem engen Verhältnis zum Sohnestitel steht. Wenn in 2,17 zum erstenmal von Jesu Aufgabe, barmherziger und treuer Hoherpriester vor Gott zu sein, gesprochen wird, ist darauf zu achten, daß kurz zuvor seine Menschwerdung erwähnt ist (2,14), die ihn fähig machte, den Menschen ein Bruder zu werden. Weil er der Sohn ist, kann er ein ganz neues Hohepriestertum erfüllen, das in Melchisedek, dem Priesterkönig von Salem, seine Vorausabbildung hat, jener rätselvollen Figur, die im Alten Testament nur in Gen 14 und Ps 110 vorkommt. Die Rätselhaftigkeit gab auch in der jüdischen Umwelt zu Spekulationen über Melchisedek Anlaß. Unabhängig von der strittigen Frage, ob und auf welche Weise an solche Spekulationen angeschlossen ist, gilt er als genealogielos, »ohne Vater, ohne Mutter, ohne Stammbaum«. Er hat weder Anfang der Tage noch Ende des Lebens, darum ein bleibendes Priestertum, worin er dem Sohn Gottes ähnlich ist (7,3). Die königliche Würde des Hohenpriesters Jesus, die gleichfalls in Melchisedek ihre Vorausabbildung besitzt, verwirklichte sich in seiner Erhöhung. Nun ist der klassische alttestamentliche Beleg für die Erhöhung Christi Ps 110,1: »So spricht der Herr zu meinem: Setze dich zu meiner Rechten, und ich lege dir deine Feinde als Schemel unter die Füße.« Es ist jener Psalm, der dem Christentum nicht nur als messianologisch galt, sondern in dessen V 4 auch der Priesterkönig von Salem begegnet, schon hier als Typos des erwähnten Messias: »Der Herr hat geschworen, und nie wird es ihn reuen: Du bist Priester auf ewig nach der Ordnung des Melchisedek.« Hohespriestertum und Erhöhung Jesu sind verknüpft in 8,1: »Wir haben einen solchen Hohenpriester, der da sitzt zur Rechten der Majestät in den Himmeln.« Aber auch der Gedanke, daß das Priestertum Jesu bleibt, ein ewiges ist, ist dem Hebräerbrief von Be-

lang (6,20; 7,17.24.28), wie der, daß sein Thron ewig besteht (1,8). Wenn Jesus durch einen göttlichen Schwur in sein Priestertum eingesetzt wurde, ist auch hier die auf Ps 110 zurückreichende Reflexion erkennbar (7,20f.28).
Mit Hilfe der Melchisedek-Spekulation ist es auch möglich, die Schwierigkeit aus dem Weg zu räumen, daß der irdische Jesus nicht aus dem Stamm Levi geboren war und infolgedessen nicht zur Teilnahme am alttestamentlichen Priestertum berufen gewesen wäre: »Denn es ist offenbar, daß unser Herr aus Juda hervorgegangen ist. Zu diesem Stamm hat Mose nichts gesagt vom Priestertum« (7,14). Wichtiger aber als die Überwindung dieser Schwierigkeit ist der Aufweis, daß Jesu Priestertum das alte bei weitem überragt. Er ist der Mittler eines besseren Bundes, der auf besseren Verheißungen gegründet ist (8,6), Mittler des neuen Bundes (9,15), Anführer und Vollender des Glaubens (12,2; vgl. 2,10), der große Hirt der Schafe (13,20).
Steht der Sohn Gottes, Hohepriester und König Jesus auch im Blickpunkt der Betrachtung, so ist sein irdisches Leben nicht vergessen. Dieser Rückblick auf den irdischen Jesus macht geradezu ein Spezifikum des Hebräerbriefes aus. Der irdische Lebensweg Jesu wird eingeholt im Blick auf den Erhöhten, Vollendeten. Der Weg hat die besondere Qualität der Erinnerung und gewinnt damit die Funktion, die Gemeinde, die Brüder, die sich noch in der Anfechtung, in der Bedrohung, im Zweifel befinden, zu stärken. So treten ausschließlich die Erniedrigung, das Leiden, die Schmach in den Vordergrund. Bemerkenswert ist, daß im Kontext dieser Überlegungen, freilich als Zitat von Ps 8,5, der Menschensohn-Titel begegnet. Als Mensch/Menschensohn sehen wir Jesus für kurze Zeit erniedrigt (2,6–9). Als menschgewordener Hoherpriester, selbst versucht, unser Bruder, ist er fähig, denen zu helfen, die versucht werden (2,17f). Von starker Einprägsamkeit ist der Text 5,7–10, wo der Todeskampf Jesu auf eine Weise beschrieben wird, die an die Getsemani-Perikope der synoptischen Evangelien erinnert. Doch dürfte der Verfasser die Farben nicht aus der synoptischen Passionstradition, sondern aus den Psalmen (vorab Ps 22) gewonnen haben. Die Akzentuierung des Gehorsams – »Obwohl er Sohn war, lernte er an dem, was er litt, den Gehorsam« – hat paränetische Bedeutung. Sie will die Gemeinde mit auf diesen Weg Jesu nehmen, der durch das Leiden des Todes mit Herrlichkeit und Ehre gekrönt« (2,9), durch Leiden vollendet (2,10), auf ewig vollendet wurde (7,28).
Wenn Jesus sich einließ auf das Leid der Menschen, so ist das selbstverständlich mehr als Ausdruck seiner Solidarität, Bekundung der göttlichen Solidarität mit dem Geschick der Menschen. Es ist unsere Erlösung. Ob hinter dem Modell vom Sohn und den Söhnen die gnostische Erlösungskonzeption steht, kann hier auf sich beruhen. In

2,10f wird gesagt, daß der Heilige (Jesus) und die, die geheiligt werden, von ein und demselben stammen. Und das klingt in der Tat gnostisch. Dagegen aber wird gesetzt, daß es sich für den Anführer des Heils ziemte, auf dem Weg des Leidens die vielen Söhne zur Herrlichkeit zu führen. Sie haben in ihm nicht nur ihren Erlöser, sondern auch ihr Paradigma, ihren Vorläufer, dem nachzufolgen sie gerufen sind, um auch ihrerseits die Vollendung zu erlangen.

3. Die Hohepriesterlehre des Hebräerbriefes hat neben der christologischen vor allem soteriologische Relevanz. Der Verfasser versteht es, auf eine recht eigene und schriftgelehrte Weise, die Heilsdaten von Kreuz und Auferstehung neu auszulegen als die Mitte des Evangeliums. Er bedient sich dabei nicht nur des Mittels der gelehrten Schriftexegese, die mit den Möglichkeiten der damaligen Zeit erfolgt, sondern er ist auch beständig darum bemüht, den Neuen dem Alten Bund gegenüberzustellen. Ziel ist aufzuzeigen, daß der Alte angesichts des Neuen Bundes seine Heilsbedeutung verloren hat und infolgedessen der Neue den Alten überragt. Man mag fragen, ob hinter dieser Argumentationsweise mehr als ein theologisches Anliegen steht. Man hat immer wieder vermutet, daß diese Argumentation gewählt wurde, weil die Adressaten ehemalige Juden sind (darum der allerdings sekundäre Titel »An die Hebräer«) oder daß sie in der Versuchung stehen, zum Judentum abzufallen. Auch diese Frage kann hier nicht weiter verfolgt werden. Neben der Konfrontation benutzt der Autor alttestamentliche Texte im typologischen Sinn. Bevor wir die Soteriologie anhand der Hohepriesterlehre beschreiben, soll der besondere Umgang mit dem Alten Testament in Kürze aufgewiesen werden.

Das Wort der Propheten hat vorausweisenden Charakter, das endgültige Wort Gottes erfolgte durch den Sohn (1,1f). Diese grundsätzliche Feststellung wird in 2,2–4 wiederholt. Hier steht das durch Engel verkündete Wort (gemeint ist das Gesetz) dem »großen Heil«, das durch den Herrn verkündigt und durch Ohrenzeugen bekräftigt wurde, in einem wertenden Sinn gegenüber. Christi überragende Stellung über die Engel ist dem Leser an dieser Stelle bereits ein vertrauter Gedanke. Mose war ein treuer Knecht, aber nur Zeuge der künftigen Offenbarungen, Jesus aber ist treu als der Sohn (3,5f). Die Mose-Generation, die sich am Tag der Versuchung in der Wüste verhärtete, wird für die Kirche zum warnenden Beispiel. Doch ist die Ruhe, die jene nicht erlangten, nur Abbild der Ruhe Gottes, die für das wandernde Gottesvolk der Kirche bestimmt ist (3,7–4,7). Das lange Zitat von Jer 31,31–34 in 8,8ff soll aufweisen, daß, weil der Prophet von einem Neuen Bund spricht, damit der Alte als veraltet und überlebt erkannt ist (8,13). Die ansehnliche Reihe der alttestamentlichen Vorbilder des Glaubens, die von Abel bis Rahab reicht

(11, 4–31), läßt die Bedeutung dieser Gestalten zwar unberührt, doch haben sie das Verheißene noch nicht gewinnen können, »weil sie nicht ohne uns vollendet werden sollten« (11, 39 f). Alttestamentliches und neutestamentliches Gottesvolk werden in 12, 18–24 einander gegenübergestellt in bezug auf das, zu dem sie jeweils hinzutreten durften. Für die einen war es der Berg Sinai, wo das Volk das Gesetz empfing, für die anderen aber ist es – neben vielen anderen Umschreibungen – das himmlische Jerusalem, der Mittler des Neuen Bundes Jesus.

Breitesten Raum nimmt die Gegenüberstellung des levitischen Priestertums mit dem Hohenpriestertum Jesu ein. Zwar gibt es zwischen beiden gewisse Übereinstimmungen – jeder Hohepriester wird von den Menschen genommen, keiner nimmt sich selbst diese Würde –, doch liegt der gravierende Unterschied darin, daß durch das levitische Priestertum die Vollendung nicht erreicht wurde (5, 1–4; 7, 11). Sie müssen immer wieder ihre Opfer darbringen, sogar für ihre eigenen Sünden, der Hohepriester Jesus hat hingegen ein einziges Opfer ein für allemal dargebracht, und damit die ewige Erlösung erreicht (7, 27 f). Dieses die Endgültigkeit bezeichnende Ein-für-allemal (ἐφάπαξ), das schon bei Paulus auftaucht (Röm 6, 10), verknüpft der Hebräerbrief auch an anderen Stellen mit dem Opfer Christi: »(Christus) ist nicht mit dem Blut von Böcken oder Kälbern, sondern mit seinem eigenen Blut ein für allemal in das Heiligtum hineingegangen und hat eine ewige Erlösung erworben« (9, 12; vgl. 10, 10). Für den Aufweis des überragenden Hohepriestertums Jesu wird erneut die Figur des Priesterkönigs Melchisedek benutzt, diesmal Gen 14, 18–20. Die Episode von der Begegnung Melchisedeks mit Abraham, bei der der Patriarch und Stammvater Israels den Zehnten von allem abgibt und von Melchisedek den Segen empfängt, wird zum Abbild der Größe des Priestertums Jesu, das nach Melchisedek benannt ist. Denn Abraham, der Stammvater, trug nach der dabei vorauszusetzenden Vorstellung von der korporativen Persönlichkeit alle Israeliten, auch den Priesterstamm Levi, in seinem Schoß (7, 1–19).

Mit dem Eintreten in das Heiligtum oder das Allerheiligste ist der Kern der soteriologischen Aussage in der Theologie des Hebräerbriefes erreicht. Christus trat mit seinem Blut ein und hat eine ewige Erlösung bewirkt. Um diese neue Deutung des Kerygmas von Kreuz und Auferstehung Jesu zu verstehen, muß man sich vergegenwärtigen, daß auch sie – in Anknüpfung an bestimmte Vorgaben, die allerdings nicht literarisch zu verstehen sind (Röm 3, 25; Mk 15, 38 par) – mit Hilfe der typologischen Interpretation eines alttestamentlichen Textes erfolgte. Sie ist in Übereinstimmung mit dem Hohepriester-Gedanken am Tempel orientiert, näherhin am Ritus des Versöhnungsfestes (jom kippur), an dem der Hohepriester allein das Allerheiligste des Tempelhauses hinter dem (zweiten) Vorhang betreten durfte, um den Sühneritus vorzunehmen (vgl. Lev 14,12–17). Der Eintritt des Hohenpriesters in das Allerheiligste wird zum Vorausabbild des Eintritts Jesu in das Heiligtum des Himmels, bei dem dieser mit seinem Blut den Weg zu Gott eröffnete und zum ewigen Hohepriester eingesetzt wurde, der fortan als himmlischer Fürsprecher für die Seinen eintritt (9,1–10,18; 7,25).

4. Die Gegenüberstellung von überholtem levitischem Priesterdienst und dem priesterlichen Opfer Christi mit seiner Einsetzung zum himmlischen Hohenpriester darf nicht zu der Vermutung Anlaß geben, daß der Hebräerbrief die Vorstellung von einem himmlischen Kult entwickelt hätte. Zwar dienen die alttestamentlichen Priester nur dem »Abbild und Schatten des Himmlischen«, bildet das irdische Zelt das himmlische ab (8,5). Doch der Vergleichspunkt betrifft das Selbstopfer Christi, die Interpretation ist auf das Kreuz und die Erhöhung konzentriert. Das himmlische Heiligtum, das auch die größere und vollkommenere Stiftshütte heißt, nicht von Händen gemacht ist, nicht von dieser Schöpfung ist (9,11), ist das letzte Ziel des wandernden Gottesvolkes. Es ist identisch mit der bleibenden Stadt (13,14), der zukünftigen Welt (2,5), dem unerschütterlichen Reich (12,28), letztlich auch mit der Ruhe Gottes, die schon das Ziel der Wanderschaft der Mose-Generation gewesen ist (3,11.18). Die soteriologische Aussage des Hebräerbriefes bezieht ihre Kraft aus dem Dualismus himmlisch-irdisch, in dem man eine »alexandrinische« Geistesprägung erkannt hat. Das Himmlische ist das Bleibende, Gültige, das Irdische ist vergänglicher Schatten. Den Eintritt in den himmlischen Bereich aber gewinnen nur jene, die von ihren Sünden gereinigt sind, deren Gewissen von toten Werken befreit ist (9,14), die Geheiligten (2,11), die Vollendeten. Der Eintritt Christi, des Vollendeten, in das himmlische Heiligtum, den er durch sein Opfer erwirkte, schuf gewissermaßen die befreiende Bresche aus der irdischen Welt, dem Höhlenbewußtsein. Denn er gewann den Zutritt zu Gott und die Vollendung nicht allein für sich selbst, sondern er ist der Heiligende (2,11), der die Bresche für die Brüder schlug, deren irdische Existenz und deren irdische Bedingungen er in seiner Menschwerdung annahm (2,17). Sie sind angewiesen und haben die Möglichkeit gewonnen, auch ihrerseits hinzuzutreten. Christus hat ihnen den »neuen und lebendigen Weg« aufgetan (10,20). »Darum laßt uns hinzutreten mit Zuversicht zum Thron der Gnade, damit wir Barmherzigkeit empfangen und Gnade finden, wenn wir der Hilfe bedürfen« (4,16; vgl. 10,22).

Die neue soteriologische Konzeption hat auch die eschatologische verändert. Der räumlich gefaßte Dualismus von irdisch-himmlisch dringt auch in die Eschatologie ein, vermag aber die zeitliche Erwartung nicht zu beseitigen. Das Resultat ist eine originelle Mischung von präsentischer und futurischer Eschatologie. Präsentisch ist diese Eschatologie, weil die Glaubenden die Vollendung, den Vollendeten schon vor sich sehen, ihre eigene himmlische Vollendung gleichsam für sie bereitliegt (3,1), sie schon hinzugetreten sind zur Stadt des lebendigen Gottes (12,22). Futurisch ist sie, weil sie noch unterwegs sind, als Gottesvolk auf der Wanderschaft, weil einzelne noch abirren und zurückbleiben können, weil sie noch auf der Suche sind nach der zukünftigen, bleibenden Stadt (13,14). Das Ziel dieser Nomadenschaft ist das Jenseitige und das Zukünftige, es liegt nicht nur oben, sondern auch vorne (Grässer, Glaube 181). Die Erwartung der Wiederkunft Christi ist durchaus erhalten geblieben: »Er wird kommen, denen zum Heil, die ihn erwarten« (9,28; vgl. 10,37). In dieser Erwartung kann die noch ausstehende Zeitspanne als kurz beschrieben werden, mag dies auch nur in paränetischen Zusammenhängen der Fall sein (10,25.37). Wichtiger ist der bereits eingetretene Beginn der Äonenwende (9,26; 1,2). Es wird aber auch die Zeit nach dem Tod, der sogenannte Zwischenzustand des einzelnen, in den Blick genommen. Zunächst wird nach dem Tod das individuelle Gericht erwartet (9,27).

5. Die besondere Prägung, die der Glaube im Hebräerbrief gewinnt, fügt sich in das theologische Konzept ein. In 11,1 treffen wir eine knappe Definition an: »Der Glaube ist ein Feststehen in dem, was man erhofft, ein Überzeugtsein von Dingen, die man nicht sieht.« Der Glaube ist entsprechend dieser Definition auf das Eschatologisch-Jenseitige ausgerichtet. Das Element der Hoffnung tritt in den Vordergrund. Die daraus resultierende Festigkeit hat sich im Leben zu bewähren. Dies wird anhand der langen Reihe von Glaubensbeispielen erläutert (11,1–31), die alle aus dem Alten Testament genommen sind. Der alttestamentliche Glaube kann als christlicher gesehen werden, weil die Glaubenshoffnung der Glaubenszeugen letztlich auf die durch Jesus Christus eingelöste Erwartung gerichtet gewesen ist, mögen sie diese in ihrem Leben auch noch nicht erreicht haben. So wurde Abraham zum Fremdling im verheißenen Land, weil er auf die Stadt mit festen Grundmauern wartete, deren Baumeister und Schöpfer Gott ist (11,10). Er war bereit, seinen Sohn Isaak zu opfern, weil er wußte, daß Gott mächtig ist, Tote zu erwecken (11,19). Mose war bereit, die »Schmach Christi« zu tragen, als er darauf verzichtete, Sohn einer Tochter des Pharao zu heißen, um sich lieber zusammen mit seinem Volk mißhandeln zu lassen (11,24–26). Wenn nähere inhaltliche Umschreibungen des Glaubens geboten werden, fällt auf, daß diese sich darauf beschränken, elementare Dinge zu benennen: »Wer zu Gott kommen will, muß glauben, daß er ist und daß er denen, die ihn suchen, ein gerechter Vergelter sein wird« (11,6). Die Schöpfung aus dem Nichts (11,3) ist ebenso Glaubensinhalt wie vor

allem die Auferstehung der Toten (11, 35). Der hier fehlende christologische Bezug darf nicht zu der Auffassung verführen, als sei dieser von sekundärem Rang. Die christologische Orientierung des Glaubens der alttestamentlichen Zeugen weist die zentrale Bedeutung des Christusglaubens in gleicher Weise aus wie das den Brief eröffnende Christusbekenntnis, an dem es glaubend festzuhalten gilt. Die Bewährung im Glauben führt zur Gerechtigkeit. Wenn in 10, 38 (wie in Röm 1, 17) Hab 2, 4 zitiert wird (»Mein Gerechter aber wird aus dem Glauben leben«), so ist klar, daß das Verständnis gegenüber Paulus ein anderes geworden ist. Das Verständnis ist ethisiert (vgl. 11, 4), wie auch die Erweiterung des Habakuk-Zitats anzeigt: »Wenn er aber zurückbleibt, so hat meine Seele an ihm kein Gefallen.« Es kommt eben vor allem darauf an festzustehen.

XIII. Die Katholischen Briefe
(mit Ausnahme der Johannesbriefe)

1. Unter den hier zusammengefaßten neutestamentlichen Dokumenten, die durchaus nicht von einheitlicher Art sind, ragt in theologischer Hinsicht der erste Petrusbrief heraus. Die in diesem Brief angesprochene Gemeinde befindet sich um ihres Glaubens willen in einer Situation des Angefochtenseins. Dies zur Kenntnis zu nehmen ist wichtig, weil das Grundanliegen des Schreibens darin besteht, die Adressaten ihre Leiden als Teilhabe an den Leiden Christi begreifen zu lehren. Im allgemeinen ist man heute geneigt, noch nicht damit zu rechnen, daß eine geplante und staatlich verordnete Verfolgung über die Gemeinde hereingebrochen ist. Doch sind die Christen in ihrer sich unterscheidenden Lebensweise in die Isolation geraten, sie werden verleumdet, übler Nachrede ausgesetzt: »Es befremdet sie, daß ihr euch nicht mehr mit ihnen in dasselbe wüste, unordentliche Treiben stürzt« (4,4). Sie sollen sich nicht schrecken lassen und vor ihnen fürchten (3,14; vgl. 1,6; 3,16; 4,12f; 5,9). Wir befinden uns im Vorfeld einer bald möglichen Verfolgung, ihr Klima bereitet sich vor. Man wird auch davon ausgehen können, daß die Gemeinde sich zum großen Teil aus Angehörigen niedriger Gesellschaftsschichten zusammensetzt. Vielleicht überwogen auch die Frauen. Jedenfalls ist bemerkenswert, daß in der konkreten Paränese die Sklaven als erste angeredet werden (2,18ff). Dann folgen die Frauen (3,1ff).

Bemüht sich der Verfasser, auf die bedrängte Lage der Adressaten einzugehen, so tut er es mit gewichtigen theologischen Argumenten. Im Mittelpunkt stehen soteriologische Aussagen, oder vielleicht besser: eine soteriologisch orientierte Christologie. In der Soteriologie hat das Wort Gnade ein besonderes Gewicht. Mit Recht wertet man die Schlußaussage in 5,12 als eine Art Zusammenfassung der Anliegen des gesamten Briefes: Ich wollte euch ermahnen und bezeugen, »daß das die wahre Gnade Gottes ist, in der ihr steht.« Es ist die Gnade des Lebens (3,7), die in Gnadengaben, Charismen Gestalt gewinnt (4,10), die – gleichsam personifiziert – von den Propheten vorausgesagt wurde (1,10) und die sich bei der Offenbarung Jesu Christi, seiner Parusie, vollenden wird (1,13). Charakteristisch für 1 Petr aber ist ihre Leidensgestalt. Denn es ist Gnade, wenn jemand um des Gewissens willen das Übel erträgt und Unrecht leidet (2,19f). Der Gott aller Gnade läßt für eine kurze Zeit leiden, richtet aber auch auf, stärkt, kräftigt, stellt auf festen Grund (5,10).

Die soteriologische, sündentilgende Kraft des Todes Christi wird im Rahmen einer alten christologischen Pistisformel so formuliert: »Christus hat einmal für die Sünden gelitten, der Gerechte für die

Ungerechten, damit er euch zu Gott führe« (3,18), kann aber auch in origineller Bildersprache ein Hinauftragen unserer Sünden auf das Holz, das Christus mit seinem Leib auf sich nahm, heißen (2,24). Einprägsam und an alttestamentliche Vorgaben angelehnt ist die Aussage, daß wir losgekauft seien mit dem kostbaren Blut Christi als des Lammes ohne Fehl und Makel (1,19; Pascha-Typologie?). Daß wir mit dem Blut Jesu Christi besprengt worden sind, läßt den Bundesgedanken aufleuchten (1,2; vgl. Ex 24,8). Das Leiden Christi hat aber auch paradigmatische Bedeutung. Christus hat uns in seiner Passion ein Beispiel hinterlassen, damit wir seinen Spuren nachfolgen (2,21). Mit Christus zu leiden, soll paradoxerweise Anlaß zur Freude sein, weil solches bei seiner Offenbarung mit Wonne und Jubel vergolten wird (4,13). Daß man das neue Leben erlangt, wird als ein Wiedergeborenwerden bezeichnet. Obwohl das Wort Taufe in diesen Kontexten nicht fällt, wird man an sie zu denken haben. Die Wiedergeburt ist gewährleistet durch die Auferstehung Jesu von den Toten, an der sie Anteil gewährt (1,3). Sie erfolgt in der Kraft des Geistes Gottes, »aus unvergänglichem Samen«, durch Gottes lebendiges und bleibendes Wort (1,23). Manches bleibt in den gelegentlich aphorismenhaften Sätzen des Briefes unklar. Dies gilt etwa für die Beschreibung der Wirkungen der Taufe. So ist die Übersetzung der griechischen Phrase in 3,21, die eine Definition der Taufe bietet, unsicher: Sie ist »die Bitte zu Gott um ein gutes Gewissen« (Goppelt) oder »die Zusage fester Bindung gegenüber Gott« (Brox). Klar hingegen ist das vorausgehende Bild von der Arche Noachs als Typos der Taufe. Arche und Taufe haben rettende Funktion (3,19ff).

Steht also im Mittelpunkt der Christologie des Briefes der leidende Christus und ist gleichsam mit diesem Haftpunkt das grundsätzliche Interesse am irdischen Jesus bekundet, so wendet sich der Blick doch immer wieder zum erhöhten, denn dieser ist jetzt der Gemeinde zugewandt. Gott hat Jesus auferweckt und ihm Herrlichkeit gegeben, damit wir Glauben und Hoffnung gewinnen (1,21). In Anlehnung an alttestamentliche Stellen, die für die frühchristliche Christologie auf breiterer Basis von Bedeutung wurden, heißt Christus der lebendige Stein, der von den Menschen verworfen, aber von Gott auserwählt und geehrt worden ist (2,4; vgl. Ps 118,22; Jes 28,16; Mt 21,42 par), der Stein des Anstoßes und Fels des Ärgernisses, an dem man zu Fall kommt (2,8; Jes 8,14; Röm 9,33). Er ist der »Hirt und Bischof eurer Seelen« (2,25), der Erzhirte, auf dessen Offenbarung die Gemeinde wartet (5,4; vgl. 1,7.13; 4,13). Als er zur Rechten Gottes inthronisiert wurde, wurden ihm Engel, Gewalten und Mächte unterworfen (3,22). In der Verwendung von christologischen Hoheitstiteln ist 1 Petr relativ sparsam. Außer dem Christus-Prädikat – wiederholt in der Verbindung Jesus Christus – begegnet Kyrios. Erwähnenswert ist die Wendung Christus, der Herr (2,3; vgl. 3,15).

Bewegt sich der Autor innerhalb der Christologie weithin in bereits überkommenen Bahnen und setzt er hier nur eigene Akzente, so teilt er uns in 3,19f eine rätselvolle Vorstellung mit, die später die Höllenfahrt Christi (descensus ad inferos) heißen sollte oder sich zu dieser präzisen Glaubensaussage entwickelte. Im Text selbst ist noch manches unklar. Es heißt nur, daß Christus hingegangen sei, um den Geistern im Gefängnis zu predigen. Diese Geister werden die ungehorsamen genannt und mit den Tagen Noachs in Verbindung gebracht. Es wird nicht klar ersichtlich, ob dieser Gang Christi in das Gefängnis zwischen seinem Tod und seiner Auferweckung oder nach seiner Auferstehung zu denken ist, was des näheren mit dem Gefängnis gemeint ist (der Hades?) und warum die Predigt auf die ungehorsamen Geister der Noach-Zeit beschränkt bleibt. Möglicherweise greift der Verfasser hier eine jüdisch-apokalyptische Überlieferung auf, die Spekulationen über die sogenannten »Gottessöhne« (Gen 6,2) wiedergibt (Brox, 1 Petr 169–176). Er verbindet diese mit Christus, läßt aber offen, zu welchem Zweck die Predigt erfolgte, zum Gericht oder zum Heil. Auf jeden Fall wird man die schwierige Stelle nicht vorschnell mit 4,9 in eins setzen dürfen, wo wir – gleichfalls änigmatisch – davon hören, daß auch den Toten das Evangelium verkündigt worden sei, daß sie zwar nach Menschenweise gerichtet werden im Fleisch, aber nach Gottes Weise das Leben haben im Geist. Hier kann man nur vermutend ergänzen, daß Christus der Prediger ist. Das sich hier verbergende Anliegen ist die Sicherstellung der Universalität des durch Christus gewirkten Heiles, daß auch die vor der Verkündigung des Evangeliums Verstorbenen die Möglichkeit haben, dieses Heil zu empfangen. Vermutlich denkt der Autor daran, daß die Verstorbenen in ihrer Konfrontation mit dem Evangelium, als sei es im irdischen Leben, eine echte Entscheidung treffen können. Daß man um die frühzeitig Verstorbenen in den christlichen Gemeinden besorgt war, läßt sich auch an anderer Stelle erkennen (vgl. 1 Thess 4,13–18).
Auch über die Präexistenz Christi stellt der Autor Überlegungen an. In Anwendung des sogenannten Revelationsschemas, nach dem etwas in der Endzeit in Erscheinung Tretendes schon in der Vorzeitigkeit bei Gott beschlossen war, lesen wir in 1,20 über Christus, daß er am Ende der Zeiten offenbart wurde, aber schon vor Grundlegung der Welt dazu ausersehen war. Vermutlich weist auch 1,11 auf die Präexistenz Christi hin, denn der »Geist Christi« habe in den Propheten gewirkt und sie über die Endzeit weissagen lassen. Im Präskript des Briefes begegnet uns eine triadisch-trinitarische Aussage: Gott der Vater – die Heiligung des Geistes – die Besprengung mit dem Blut Jesu Christi. Die Reihenfolge ist ungewöhnlich.
Eigenständig ist der Autor in der Entfaltung seiner Ekklesiologie. Wiederum ist es so, daß er mit Hilfe des Alten Testaments und hier bereits vorhandener Topoi Kirche insbesondere beschreibt als das er-

wählte Volk Gottes. Es mag dabei auffallen, daß eine Abgrenzung zu Israel keine Rolle mehr spielt. Die Auseinandersetzungen mit Israel sind offenbar vergangen. Die Gemeinde setzt sich aus Heidenchristen zusammen: »Einst wart ihr ein Nicht-Volk, nun aber seid ihr Gottes Volk, einst wart ihr ohne Erbarmen, nun aber habt ihr Erbarmen gefunden« (2,10; vgl. 25). In Anlehnung an das Bundesformular Ex 19,6: »Ihr aber sollt mir als ein Königreich von Priestern und als ein heiliges Volk gehören« heißt die Kirche heilige Priesterschaft, auserwähltes Geschlecht, königliche Priesterschaft, heiliges Volk, Volk zum Eigentum. Ihre priesterliche Aufgabe besteht darin, geistliche Opfer darzubringen, die Gott wohlgefällig sind durch Jesus Christus, und die großen Taten dessen zu verkündigen, der sie aus der Finsternis zu seinem wunderbaren Licht berufen hat (2,5.9). In der durch die Taufe begründeten priesterlichen Würde der Gläubigen hat man später noch klarer die Idee des allgemeinen Priestertums der Gläubigen erkannt und sich hierfür immer mit Recht auf die genannten Stellen berufen (vgl. Vatikanum II, Lumen Gentium 9f). Dem 1 Petr kommt es allerdings zunächst darauf an, die Erwählung und Aussonderung dieses Volkes als Volk Gottes zu erklären. Die darzubringenden geistlichen Opfer wird man auf das christliche Leben zu beziehen haben, das sich im Alltag der Welt vollzieht, wo der alltägliche Gottesdienst stattfindet. In der Gemeinde gibt es das Charisma (4,10), in ihr gibt es auch Presbyter, die nicht um schändlichen Gewinnes wegen, sondern von Herzensgrund sich um die Gemeinde kümmern sollen (5,1f).
Der Glaube in 1 Petr ist zunächst Glaube an das Evangelium, und er ist Glaubensgehorsam. Dies geht aus 4,17 hervor, wo im negativen Sinn von denen die Rede ist, die dem Evangelium Gottes nicht gehorchen. Im übrigen aber ist das Glaubensverständnis dem des Hebräerbriefes ziemlich verwandt. Das Hoffnungselement tritt hervor, wenn die Adressaten gelobt werden, weil sie an Jesus Christus glauben, obwohl sie ihn nicht sehen (1,8; vgl. Hebr 11,1). Der Glaube ist die Grundlage der Bewährung und so stark ethisch geprägt. Gottes Macht behütet sie durch den Glauben, damit sie das Heil erlangen, das für sie bereitliegt (1,5). Der Glaube ist jenseitsgerichtet. In mancherlei Anfechtungen soll sich der Glaube als echt herausstellen (1,6f). Ziel des Glaubens ist die Rettung der Seelen (1,9). Der großen Anfechtung, die gedacht ist als durch den Teufel ausgelöst, der wie ein brüllender Löwe umhergeht, kann man nur durch den Glauben widerstehen (5,9). Wer sich an Christus als den Eckstein glaubend klammert, wird nicht zuschanden werden (2,6).
Gerade auch das Glaubensverständnis des 1 Petr läßt es angeraten sein, den Brief nicht allzu nahe bei Paulus anzusiedeln oder ihn gar als deuteropaulinisch zu betrachten. Gewiß gibt es einige in die Augen stechende Berührungen mit Paulus, die schon erwähnt wurden:

der Primat der Gnade, das Fortleben des Charisma-Gedankens, das Leiden mit Christus. Man könnte auf die Wendung »in Christus« hinweisen, die dreimal anzutreffen ist (3,16; 5,10.14). Wenn aber so wichtige paulinische Themen wie die Rechtfertigung des Sünders oder das Bild des Leibes für die Kirche oder die Versöhnung fehlen und der 1 Petr auch sonst in mancherlei Hinsicht eigene Wege geht oder sich anderen Überlieferungen verpflichtet weiß, bleibt die Abgrenzung zum Apostel Paulus wohl zu beachten.

2. Im Jakobusbrief haben wir eine »christliche Weisheitsschrift« vor uns, die zwar für das praktische Christentum von nicht geringer Bedeutung ist, aber kaum ein eigenes theologisches Konzept entwickelt. Er erwähnt die Taufe (1,18), bezeugt die Naherwartung (5,8) und polemisiert gegen die paulinische Rechtfertigungslehre oder – so sollte man besser sagen – gegen ihre Mißdeutung, gegen Mißverständnisse, die aus deren Deutung sich vermutlich eingestellt hatten, indem er einen toten Glauben, das heißt einen Glauben, der keine Werke aufweist, der sich nicht im Leben auswirkt, für fruchtlos und vergeblich hält (2,14–26).

3. Im zweiten Petrusbrief, der eng mit dem kleinen Judasbrief zusammenhängt und diesen als literarische Vorlage benutzt, wird grundsätzlich ein gleichliegendes Problem wirksam. Wegen ihrer Nähe behandeln wir hier beide Briefe zusammen. Das angerührte Problem ist die Auslegung der Tradition, aber auch der Schrift. Über die Paulusbriefe, die wahrscheinlich schon als Sammlung zur Verfügung standen, klagt 2 Petr 3,16, daß in ihnen einige Dinge schwer zu verstehen seien, »welche die Unwissenden und Leichtfertigen verdrehen, wie auch die anderen Schriften, zu ihrem eigenen Verderben.« Und zur Interpretation des Alten Testaments sagt er, daß keine Weissagung in der Schrift Sache der eigenen Auslegung sei. Getrieben vom Heiligen Geist hätten Menschen im Auftrag Gottes geredet (1,20f; vgl. 2 Tim 3,16). Der ein für allemal überlieferte Glaube (Jud 3), der mit der Wahrheit identisch ist (2 Petr 1,12), der »hochheilige Glaube« (Jud 20) ist – ganz ähnlich wie in den Pastoralbriefen – das Depositum, das anvertraute Gut, das es zu bewahren gilt. Die Apostel Jesu Christi haben die Worte des Herrn weitergegeben und verkündigt (Jud 17; 2 Petr 3,2), Petrus und Paulus, das Zweigespann, sind die Garanten der Überlieferung, aber auch das Brüderpaar Judas und Jakobus (Jud 1). Der Glaube ist derselbe (2 Petr 1,1), er ist der Weg der Wahrheit (2,2), der gerade Weg (2,15), der Weg der Gerechtigkeit, das heilige Gebot (2,21). Im einzelnen braucht dieses Glaubensgut nicht mehr entfaltet zu werden. Die Adressaten wissen bereits alles (Jud 5), sie müssen immer nur daran erinnert werden (Jud 17; 2 Petr 1,12; 3,2).

Das mehr angedeutete als entfaltete soteriologische Konzept wird in den Rahmen eines strengen Dualismus gestellt. Die Christen sind Berufene, Bewahrte, Erwählte (Jud 1; 2 Petr 1,3.10), vom Herrn erkauft (2,1). Sie stehen denen gegenüber, die nicht glauben, den Spöttern (Jud 5.18). Insofern diese die Welt vertreten, sind die Christen der Welt und ihrer Begierde entrissen (2 Petr 1,4; 2,20), von den früheren Sünden rein geworden (1,9), in der Welt wie an einem dunklen Ort, der vom prophetischen Wort erhellt wird wie von einem Licht (1,19). Ihre Bestimmung liegt darin, daß sie teilhaft werden sollen der göttlichen Natur (1,4). Diese einzigartige Formulierung innerhalb des Neuen Testaments läßt in besonderer Weise die hellenistische Prägung des Autors erkennen. Denn für einen griechisch empfindenden Menschen war das Einswerden mit Gott oder dem Göttlichen höchstes Ziel seines sittlichen und religiösen Strebens. Die Christen schließlich wurden auch mit teuren und allergrößten Verheißungen beschenkt (1,4). Mit den Verheißungen, die in 2 Petr auf die Parusie Christi und die Vollendung der Welt zu beziehen sind (vgl. 3,13), ist der kritische Punkt der Auseinandersetzung berührt.

In den Gemeinden des 2 Petr sind Leute aufgetreten, für die das Ausbleiben der Parusie Anlaß war, den christlichen Glauben aufzugeben. Ihr Haupteinwand ist in 3,4 zusammengefaßt: »Wo bleibt die Verheißung seiner Ankunft? Denn nachdem die Väter entschlafen sind, bleibt alles so, wie es von Anfang der Schöpfung gewesen ist.« Die Parusieproblematik, mit der sich eigens schon 2 Thess auseinandersetzen mußte, steigert sich in 2 Petr zum Theodizee-Problem (Frankemölle, 1 und 2 Petr 77). 2 Petr argumentiert mit der Ewigkeit Gottes, vor der die Zeitfrage sich gänzlich relativiert (3,8: »ein Tag vor dem Herrn ist wie tausend Jahre«), mit Gottes Geduld (3,9), hält aber an der Naherwartung fest (1,19; 3,11f). Im übrigen erneuert und entfaltet er die eschatologische Botschaft von der Parusie Christi und vom Untergang der Welt (1,16), sieht aber im Wirken der Abtrünnigen die Erwartung erfüllt, daß am Ende der Tage Spötter auftreten sollen (3,4). Der Zusammenbruch der Welt soll durch Feuer geschehen: »Die Himmel, die jetzt sind, und die Erde sind durch dasselbe Wort aufgespart für das Feuer, bewahrt für den Tag des Gerichts und des Verderbens der gottlosen Menschen« (3,7; vgl. 10 und 12). Damit greift der Autor die im Altertum verbreitete Ekpyrosis-Lehre auf. Freilich erwartet er nicht wie die Griechen die ewige Wiederkehr der Welten, sondern in Übereinstimmung mit der jüdischen Apokalyptik einen neuen Himmel und eine neue Erde (3,13).

Es ist nun von Belang, daß der Autor für den Glauben an die Parusie Christi, an dem festgehalten werden soll und der von den Spöttern radikal in Frage gestellt wird, die synoptische Tradition von der Verklärung Christi auf dem Berg gleichsam als Garant heranzieht. Er bezieht sich nicht auf die Auferweckung, die im gesamten Brief nicht vorkommt. Die Argumentation ist folgende: Auf dem Berg wurde Christi Herrlichkeit sichtbar. Von Gott empfing er diese Ehre und Herrlichkeit, wobei Gott, der Vater, ihn als seinen geliebten Sohn feierlich bekundete und die Apostel Zeugen dieses Geschehens waren (1, 16–18). Das Vergangene begründet und gewährleistet das Zukünftige und Noch-Ausstehende. Letztlich ruht die Begründung im Wort Gottes, aber auch im Wesen Christi, der als Sohn erkannt ist. Das vergangene Geschehen auf dem Berg ist als ein mysterienhaftes Geschehen dargestellt. Die Apostel waren Schauende, Epopten (1, 16). Das aus der Mysteriensprache herübergeholte Wort verstärkt diesen Eindruck. Vielleicht darf man auch einen Anschluß erblicken zu der Ansage, daß die Glaubenden zur Teilnahme an der göttlichen Natur berufen sind (1, 4). Weil die verheißene Zukunft in Gottes Wort und im Wesen des Sohnes begründet ist, stellen die Leugner nicht bloß die Zukunft in Frage, sondern letztlich leugnen sie auch Gott.

Für Jud 4 ist es umstritten, ob die Wendung »unser einziger Herrscher und Herr Jesus Christus« allein auf Christus zu beziehen oder der »einzige Herrscher« zu trennen und auf Gott-Vater auszurichten ist. Für 2 Petr 1, 1 besteht eine analoge Frage, doch wird man sich hier mit großer Wahrscheinlichkeit für die zusammengezogene Form »unser Gott und Retter Jesus Christus« entscheiden können. Die Hoheit Christi kommt auch darin zum Ausdruck, daß in 1, 11 das endgültige Reich, in das wir eintreten sollen, nicht nach Gott, sondern nach unserem Herrn und Retter Jesus Christus benannt ist. Die Barmherzigkeit Jesu Christi ist es, die das ewige Leben gewährt (Jud 21).

Das Alte Testament und auch alttestamentliche Apokryphen werden eingebracht, insbesondere in die Ketzerpolemik, die sich im Judasbrief vermutlich gegen eine frühchristliche Gnosis richtet. Die Schrift stellt die Paradigmen bereit, sowohl für den Aufruhr in der Gemeinde (Kain, Bileam, Korach) als auch für das Gericht (Sodom und Gomorra, Sintflut, der Untergang der Ägypter im Roten Meer; vgl. Jud 5–7.9; 2 Petr 2, 4–6.15 f; 3, 5 f). Auch die Überlieferung vom Engelsturz wurde für Wert erachtet, als Argumentationsmuster zu dienen (Jud 9; 2 Petr 2, 4; vgl. Äth Henoch 10, 4 f.11–14; 91, 15). In Jud 14 wird Henoch als Gerichtsprophet ausdrücklich zitiert.

XIV. Das johanneische Schrifttum

1. Unter dem Namen »johanneisches Schrifttum« sind hier das vierte Evangelium und die Johannesbriefe zusammengefaßt. Zwar nimmt man heute wohl mit Recht an, daß sich die Briefe einem anderen Autor verdanken als das Evangelium, doch stimmen Sprache und theologisches Konzept so weit überein, daß man dieses gesamte Schrifttum in einem festumrissenen Kreis, den man auch die johanneische Schule nennt, beheimaten kann. Dieses Schrifttum spiegelt eine innere Entwicklung wider, die auch kontroverse Auffassungen aufgreift und zu korrigieren sich bemüht. Möglicherweise hängt diese Entwicklung mit einer quantitativen redaktionellen Entfaltung des Gesamtwerks zusammen. Doch kann dieser komplizierte und zum großen Teil recht hypothetische Prozeß hier im einzelnen nicht dargelegt werden. Nur auf besonders herausragende Entfaltungsstufen soll aufmerksam gemacht werden. Klar ist auf jeden Fall, daß 1 Joh nach dem Evangelium abgefaßt ist, auf das Evangelium Bezug nimmt (vgl. 1 Joh 1, 1–3 mit Joh 1, 1–4) und zur Voraussetzung hat, daß in den Gemeinden Irrlehrer aufgetreten sind, die nicht von außen eindrangen, sondern aus dem Schoß der Gemeinde stammen: »Und jetzt sind viele Antichristusse gekommen... Sie sind von uns ausgegangen« (1 Joh 2, 18 f). So schwierig und umstritten die Rekonstruktion dieser Irrlehre ist, so wird man doch die folgenden beiden Kennzeichnungen als zutreffend ansehen dürfen: Einmal wichen sie in der Auffassung von Christus von der allgemeinen Lehre ab. In gnostisierender Weise bestritten sie die geschichtliche Vermittlung des Heiles durch Jesus Christus, daß dieser »im Fleisch gekommen ist« (1 Joh 4, 2 f; 2 Joh 7). Vielleicht hatten sie die Vorstellung, daß der heilbringende Logos-Christus sich bei der Taufe Jesu nur vorübergehend mit diesem verband, um ihn vor seinem Tod am Kreuz wieder zu verlassen, eine Auffassung, die sie fälschlich aus der synoptischen Taufperikope geschöpft haben könnten (Mk 1, 10 f par). Zum anderen huldigten sie einem Vollendungsenthusiasmus, daß sie frei seien von Sünde (vgl. 1 Joh 1, 8–10). Dies könnte mit ihrem anthropologischen Selbstverständnis in Zusammenhang stehen, nach dem ihr Selbst, ihr innerer Wesenskern, der an den irdischen Körper vorübergehend gefesselt ist, von dessen Verstrickung in die Welt, in Sünde und Schuld, grundsätzlich frei bleibt. Dies wiederum könnte zur Folge gehabt haben, daß 1 Joh unsere Befreiung von der Sünde durch Jesus betont (1, 7; 2, 2; 3, 5). Die Häresie als Hintergrund wird man schon für das Evangelium annehmen dürfen, doch tritt die polemische Auseinandersetzung in den Briefen artikulierter hervor.

2. Die Verfaßtheit der Welt, in der sich der Mensch vorfindet, ist durch negative Kategorien bestimmt. Es sind dies Finsternis, Lüge, Tod. In theologischer Sprache heißt es, daß der Zorn Gottes auf den Menschen lastet (Joh 3, 36). In mythologischer Sprache hören wir, daß der Teufel der Fürst dieser Welt sei (12, 31; 14, 30; 16, 11). Die ganze Welt ist dem Bösen verfallen (1 Joh 5, 19). Diese negativen Qualifizierungen sind hineingestellt in ein räumlich konzipiertes Weltbild, in dem diese Welt die »unten« befindliche Welt der Menschen darstellt. Die Welt »oben«, die sich über der Menschenwelt ausdehnt, ist die Welt Gottes, zu der der Mensch von sich aus keinen Zugang gewinnen kann. Man möchte den Eindruck gewinnen, daß diese untere Menschenwelt metaphysisch böse ist, zumindest mehrheitlich. Der Eindruck könnte sich verstärken dadurch, daß von solchen die Rede ist, die »von unten« sind (Joh 8, 23) oder eben von dieser Welt stammen (15, 19) und sich entsprechend verhalten. Das der Welt gemäße Verhalten besteht im Hassen (15, 23–25), im Lügen (8, 55), darin, daß man die Finsternis liebt (3, 19) oder – was dasselbe ist – daß man von der Welt als ein zu ihr Gehöriger geliebt wird (15, 19). Der metaphysische Eindruck könnte sich noch weiter vertiefen dadurch, daß uns nirgends gesagt wird, wie es zu dieser Verfaßtheit der Welt gekommen ist, wie die ganze Welt in die Fänge des Bösen geraten konnte. Wollte man hier vorschnell die biblische Paradiesesgeschichte mit ihrem Sündenfall zu Rate ziehen, würde man den theologischen Anliegen des johanneischen Kreises nicht gerecht, der gerade durch dieses Weltbild seine Auseinandersetzung mit der Gnosis anzeigt und in der Übernahme ihrer Sprache seine Verkündigung profiliert und zur Geltung bringt.

3. Die Sprache ist dualistisch. Finsternis, Lüge, Tod stehen nicht für sich. Sie werden profiliert durch ihre Gegenbegriffe Licht, Wahrheit, Leben. Dem Haß steht die Liebe gegenüber, der Sünde die Freiheit. Die so gewonnenen Gegensatzpaare sind nun nicht so einzuordnen, daß die einen ausschließlich in der oberen Welt Gottes verbleiben, während die anderen ausschließlich der unteren Welt der Menschen zugewiesen werden. Die Welt Gottes und die Welt der Menschen sind nicht hermetisch voneinander getrennt, nicht haben sie nichts miteinander zu tun. Vielmehr hat Gott an der Welt, am Menschen gehandelt. Er hat sich ihnen geöffnet und dies von allem Anfang an getan. Die Welt, das Universum, das All (Joh 1, 3: πάντα) ist von Gott geschaffen. Wie immer der Johannes-Prolog in seinem Verhältnis zum Evangelium näher zu bestimmen ist, die in ihm enthaltene Erschaffung des Alls durch Gott und das Wort (den Logos) oder durch Gott vermittels des Logos macht eine für das Verständnis der johanneischen Theologie unverzichtbare Aussage aus, der gegenüber formale Überlegungen wie die, hier werde einfach Gen 1, 1 nachge-

ahmt, sekundär sind. Die Schöpfungsaussage findet sich im Evangelium auch nur an dieser Stelle. Im unmittelbaren Anschluß aber bietet der Prolog die bemerkenswerte Unterscheidung zwischen dem All und der Welt, der guten Schöpfung und der Menschenwelt, und zeigt somit eine Entwicklung an, die in der Geschichte der Menschen ihren Platz hat: »Alles ist durch ihn geworden ... die Welt ist durch ihn geworden, aber die Welt erkannte ihn nicht« (1, 3 und 10). Diese durch die Menschen veranstaltete, gemachte Geschichte beinhaltet die Entfernung vom Schöpfer. Das Faszinierende an dieser Darstellung besteht darin, daß diese Entfernung von Anfang an den Logos, das heißt Christus betrifft. Indem die Menschen ihr Geschaffensein in Frage stellten, machten sie die Welt zu dem »Ihren«, obwohl sie als »die Seinen« ihn hätten aufnehmen müssen (1, 11) und so versündigten sie sich am Logos. Diese Versündigung war möglich, obgleich der Logos noch nicht im Fleisch gekommen war. Aber er war als Schöpfungsmittler und Spender des Lichtes schon auf seine Weise in der Welt. Man möchte aufgrund dieses Konzeptes fast so weit gehen und von einem zweifachen Kommen des Logos in die Welt sprechen, einem mit der Schöpfung verbundenen und einem mit seiner Menschwerdung geschehenen.

Die Sinnspitze dieser Darstellung besteht darin, alles, was Sünde heißt, auf einen einzigen Nenner zu bringen. Sünde ist immer und wesentlich die Ablehnung des Logos, der ungläubige Widerstand gegen den Logos-Christus. Freilich ist die Ablehnung des in der Finsternis scheinenden (präexistenten) Logos nur ein Vorspiel des Ungehorsams, der dem Menschgewordenen entgegengebracht wird und in dem die Sünde in ihrer Eigentlichkeit zum Vorschein kommt. Zahlreiche Äußerungen bestätigen das: »Wenn ihr nicht glaubt, daß ich es bin, werdet ihr in euren Sünden sterben« (8, 24). Diese Sünde macht unfrei: »Jeder, der die Sünde tut, ist ein Sklave der Sünde« (8, 34). Die Sünde des Unglaubens tritt in der falschen Selbstbehauptung hervor: »Wäret ihr blind, so hättet ihr keine Sünde. Da ihr aber sagt: Wir sind sehend, bleibt eure Sünde« (9, 41). Der Geist überführt die Welt gerade auch ihrer Sünde, die ihr Unglaube ausmacht (16, 8 f). Weil Christus gekommen ist und seine Werke vollbrachte, gibt es keine Entschuldigung für die Sünde (15, 22–24). Diese grundlegende Beurteilung der Sünde in ihrer Konzentration auf den Unglauben, die sich im Evangelium findet, hebt sich vom 1 Joh ab, in dem die Sünde, die es auch in der Gemeinde gibt, von Bedeutung ist. Freilich handelt es sich dabei um Sünden, die nicht zum Tod führen. Wenn der 1 Joh zwischen diesen und solchen, die zum Tode führen, differenziert, ist bei letzteren sicher an den Abfall vom Glauben zu denken. So läßt sich sagen, daß der 1 Joh die Konzeption des Evangeliums aufgreift und auf eine andere Ebene, die der Gemeinde, überträgt.

Die Räume oder Bereiche von Licht-Finsternis, Wahrheit-Lüge usw., die es in der Welt gibt, seitdem Christus in die Welt gekommen ist, deuten die Möglichkeit der Veränderung an, die nunmehr gegeben ist. Obwohl damit bereits das Thema der Soteriologie berührt ist, muß es im Zusammenhang mit dem Dualismus angesprochen werden, weil sich dessen Bestimmtheit so am besten klären läßt. Klassisch ist folgende Formulierung: »Das Licht ist in die Welt gekommen. Doch die Menschen liebten die Finsternis mehr als das Licht. Denn ihre Werke waren böse. Denn jeder, der Böses tut, haßt das Licht und kommt nicht zum Licht, damit seine Werke nicht aufgedeckt werden. Wer aber die Wahrheit tut, kommt zum Licht, damit seine Werke offenbar werden, weil sie in Gott getan sind« (3, 19–21). Die Veränderung der Situation, die in der dualistischen Sprache durch den Eintritt des Lichtes, das einen lichtvollen Raum schafft, in die Welt der Finsternis angezeigt ist, bedeutet eine Herausforderung für die Menschen. Das Kommen zum Licht oder das Verharren in der Finsternis, das hier jeweils ethisch begründet erscheint, zeigt die Entscheidungsmöglichkeit des Menschen an. Die Entscheidungsmöglichkeit ist weder durch eine metaphysische Qualität wie in der Gnosis noch durch das ethische Vorleben, wie man meinen könnte, weggebrochen. Die ethische Umschreibung will nichts anderes erreichen, als die Größe der zu treffenden Entscheidung bewußt werden zu lassen, insofern die Entscheidung auch eine Veränderung des ethischen Verhaltens des Menschen zur Folge hat. Die Begründung nimmt gewissermaßen die Zukunft voraus. Weil die Zugehörigkeit zum Bereich des Lichtes nicht von einer metaphysischen Gegebenheit, sondern von einer Entscheidung des Menschen abhängt, ist es immer noch am zutreffendsten, den johanneischen Dualismus als Entscheidungsdualismus näher zu bestimmen.

Zur dualistischen Sprache des Johannesevangeliums gehört noch eine andere Besonderheit. Sie will gleichsam den Weg anzeigen, der von einem Bereich in den anderen führt, vom Tod zum Leben, die Bresche kenntlich machen, die geschlagen ist, zum Aufschwung ermuntern, den es zu vollziehen gilt. Daß der Ausgangspunkt die Finsternis ist, kommt darin zum Ausdruck, daß die Menschen, die ja alle in der Finsternis sind, zunächst auf das Erscheinen des Lichtes verständnislos reagieren. So begreift Nikodemus nicht, daß er wiedergeboren werden muß, sondern denkt an eine Rückkehr in den Schoß seiner Mutter (3, 4); versteht die Samariterin nicht, daß das lebendige Wasser, das Jesus ihr zu geben verheißt, nicht aus dem Jakobsbrunnen fließt, sondern die Gabe des ewigen Lebens ist (4, 10 f), meinen die Juden, Jesus rede, wenn er den Wiederaufbau des Tempels in drei Tagen ankündigt, vom Jerusalemer Heiligtum. An seinen Leib zu denken, liegt ihnen fern (2, 19 f) usw. Die Verständnislosigkeit ist markant. Doch bleibt zu berücksichtigen, daß die Bildersprache, die hier gesprochen wird, sich in ihrer Ambiguität (Wiedergeburt, Wasser, Tempel) in beide Bereiche, den unteren und den oberen, einpaßt. Sie ist darum als Vehikel der Beförderung des Verstehens, das den Menschen versetzen kann, zu begreifen und sicher auch gedacht, freilich nur den Glaubenswilligen. Der Glaubensunwillige kommt aus der Begriffsstutzigkeit nicht heraus (vgl. 8,22). Doch will das Licht scheinen, die Finsternis soll vorübergehen (vgl. 1 Joh 2,8).

4. Das Heil kommt von Gott. Die Theozentrik in der Soteriologie ist nicht zu übersehen. Gott ist nicht nur vor der Zeit, der im Anfang Seiende (1,1), sondern er hat vor allem auch seinen Sohn in die Welt gesandt. In dieser Sendung, die seinen gesamten Weg miteinschließt, wird man den Kern der johanneischen Heilsaussagen zu erblicken haben. Gott, der Licht und Liebe ist (1 Joh 1,5; 4,8.16), hat seinen einzigerzeugten Sohn dahingegeben (vgl. Joh 3,16; 1 Joh 4,9). Sein einziger Beweggrund war die Liebe: »Er hat uns zuerst geliebt« (1 Joh 4,19 und 11). Objekt sowohl der Sendung als auch der Liebe Gottes ist die Welt (Joh 3,16). Weil die Welt jeweils die Menschenwelt ist, bedeutet dies letztlich, daß Gottes Heilswille universal ist (vgl. 6,51). Jesus ist von Gott gekommen (3,2), von oben (3,31), vom Himmel herabgestiegen (6,33). Besonders häufig spricht der johanneische Christus von dem, der ihn gesandt hat.
In seiner Sendung und Person ist Jesus die Offenbarung Gottes. Christus spricht zwar ausdrücklich von einer Offenbarungstätigkeit im Evangelium nur in seinem Abschiedsgebet: »Ich habe deinen Namen den Menschen offenbart, die du mir aus der Welt gegeben hast« (17,6). Daß er seine Herrlichkeit offenbart habe, wird nach dem Weinwunder von Kana festgestellt (2,11). Sonst wird das Wort auf seine Ostererscheinungen angewendet (21,1.14), kommt aber etwas häufiger in 1 Joh vor, hier auch bezogen auf die Parusie (1,2; 2,28; 3,2.5.8; 4,9). Dennoch ist die Grundfunktion seiner Sendung mit den Begriffen Offenbarung, Offenbarer Gottes ausgezeichnet umschrieben. Der Offenbarungsgedanke kann auf mannigfaltige Weise zu verstehen gegeben werden. Im Hinhören auf die Texte deutet sich – trotz des gelegentlichen Eindrucks der Monotonie in den Formulierungen – seine Reichhaltigkeit an.
Beginnen wir beim klassischen Offenbarungswort, das schon im Alten Testament sein Vorbild besitzt. Wenn der johanneische Christus dieses »Ich bin (es)« als vollen Inhalt des zu Glaubenden und Erkennenden ausspricht (Schnackenburg, Joh II 61), so hat diese Rede zwar wenigstens einmal in den synoptischen Evangelien ihre Entsprechung, ist aber letztlich engstens mit dem alttestamentlichen »Ich bin Jahwe« verwandt und von dorther abzuleiten (6,20; 8,24.28; 13,19; vgl. Mk 6,50 par; Gen 28,13.15; Ex 3,14 u.ö.). Neben dieser wegen ihrer Eindeutigkeit sogenannten absoluten Ich-bin-Aussage, treffen wir im Johannesevangelium die es kennzeichnenden, reich gefächerten

Bildworte an, in denen sich Christus gleichsam vorstellt als die Erfüllung der vielfältigen menschlichen Heilserwartungen. Insgesamt lassen sich sieben solcher Bild-Offenbarungswörter ermitteln: Ich bin das lebendige Brot (6,51; wird in 6,35-48 variiert), das Licht der Welt (8,12), die Tür (10,7.9), der gute Hirt (10,11.14), die Auferstehung und das Leben (11,25), der Weg und die Wahrheit und das Leben (14,6), der wahre Weinstock (15,1.5). Die Bilder gehen zum großen Teil auf die alttestamentliche Metaphorik zurück, manche von ihnen sind in ihrer Einprägsamkeit auch in der Sprache der anderen Weltreligionen vorhanden. Die Bilder von Licht und Wahrheit greifen im Evangelium den dualistischen Gegensatz von Finsternis und Lüge auf, der im übrigen auch mit den Bezeichnungen vom wahren Weinstock und guten Hirten angedeutet ist. Alle diese Offenbarungsbilder gewinnen ihr Relief durch den Kontext, in den sie eingepaßt sind. So ist selbstverständlich in Verbindung mit dem guten Hirten von den Schafen die Rede, zu denen auch die Tür gehört. Vor allem aber ist darauf zu achten, daß manche dieser Ich-bin-Wörter in die Nähe von Wundergeschichten gerückt sind, so daß sich Ich-bin-Wort und entsprechendes Wunder gegenseitig erklären, das Wunder zum Bild im Bilde (P. Ricœur) wird, das Speisungswunder zum Bild für das lebendige Brot, die Blindenheilung für das Licht der Welt, die Auferweckung des toten Lazarus für Auferstehung und Leben.

Damit sind wir bei einem weiteren Element des Offenbarungswirkens des johanneischen Christus. Es sind dies die von ihm gewirkten Wunder, deren theologische Eigeninterpretation schon darin kenntlich wird, daß sie Zeichen genannt werden. Freilich schließt der Evangelist hier aller Wahrscheinlichkeit nach sich einer übernommenen Quelle an, in der er seine Wundergeschichten las (Semeia- oder Zeichenquelle). Möglicherweise sind sieben Zeichen im Evangelium zu zählen, falls der Seewandel als Zeichen aufgefaßt ist, der im übrigen wie die Speisungsgeschichte und die Heilung in Kafarnaum auch der synoptischen Tradition zugehört. Das Weinwunder in Kana, die Krankenheilung beim Teich Betesda, die Öffnung der Augen des Blindgeborenen und die Erweckung des Lazarus zeichnen sich durch mirakelhafte, staunenerregende Größe aus. Der Evangelist hat vermutlich ein stärker mirakelhaft geprägtes Wunderverständnis relativiert und redigierend korrigiert, indem er den Zeichencharakter ernstnimmt. Das heißt, daß die Wunder nicht in sich selbst betrachtet werden dürfen, sondern in ihrer Hinweisfunktion durchschaut werden müssen, in der sie auf ein anderes verweisen. Diese neue Sicht ist durch verschiedene zeichenkritische Bemerkungen insinuiert (2,23; 3,2, 4,48; 6,2 u.ö.). Es gilt, das Wunder eben als Zeichen zu sehen: »Ihr sucht mich nicht, weil ihr Zeichen gesehen habt, sondern weil ihr von den Broten gegessen habt und satt geworden seid« (6,26). Wer sie so sieht, nimmt seine Herrlichkeit wahr, die sich in ihnen offenbart und kommt zum Glauben (2,11; vgl. 12,37), zu einem vertieften Glauben, der einen vordergründigen Wunderglauben hinter sich läßt. In ihrem Zeichencharakter gewinnen die Wunder ihre unzweideutige christologische und theologische Relevanz, denn das andere, auf das sie verweisen, ist er selbst, der die Wunder wirkt. Weil der altbiblische Begriff Herrlichkeit (hebräisch: kabod) die Präsenz Gottes bezeichnet, geht es darum, glaubend zu erkennen, daß in Jesus Gott gegenwärtig ist.

Die Abwehr des Mißverständnisses des Mirakelhaften, um die der Evangelist bemüht ist, verschafft sich noch auf andere Weise Ausdruck. Dennoch darf man kritisch fragen, ob ihm diese Abwehr vollständig gelungen ist. Einmal ist ihm die Wunderüberlieferung wichtig, zum anderen will er ein angemessenes Begreifen sicherstellen. So sind die Zeichen eingebettet in die Werke, die Christus tut. Daß hier ein Zusammenhang besteht, läßt sich etwa aus 10,25 ersehen: »Die Werke, die ich im Namen meines Vaters tue, sie legen Zeugnis für mich ab« (vgl. 5,20.36; 9,4; 10,32 u.ö.). Alles kann zusammengefaßt werden in dem einen Werk (Singular!), das zu vollbringen er gekommen ist: »Ich habe das Werk vollendet, das du mir gegeben hast, damit ich es tue« (17,4). Auch der johanneische Kreuzigungsruf »Es ist vollbracht« (19,30) gehört hierher. Das einheitliche Gesamtwerk, das die Zeichen mitumgreift, ist das Tat und Wort verbindende Offenbarungswirken, das zu übernehmen seine Aufgabe war, das dem Willen Gottes entspricht, den zu erfüllen er als seine Speise bezeichnet (4,34). Das Offenbarungswirken Jesu kulminiert in seinem Tod am Kreuz. Die eigene theologische Deutung dieses Geschehens ist im Wort von der Erhöhung enthalten, das der Evangelist, aus der urchristlichen Verkündigungssprache aufgreifend, schon auf das Kreuz bezieht: »Und wie Mose die Schlange in der Wüste erhöht hat, so muß der Menschensohn erhöht werden ...« (3,14; vgl. 8,28; 12,32.34). Das Kreuz ist für ihn nicht Niedrigkeits-, sondern Erhöhungsgeschehen, Rückkehr Christi zum Vater, Rückkehr in seine Herrlichkeit und so Entbindung der heilenden Kräfte des ewigen Lebens für die Menschen. Die besondere Offenbarungsqualität des Kreuzes als Erhöhung ist auch darin zu erkennen, daß Christus von ihm als von seiner Stunde spricht, etwa im Abschiedsgebet in der Nacht vor seinem Tod: »Vater, die Stunde ist da. Verherrliche deinen Sohn, damit der Sohn dich verherrlicht« (17,1; vgl. 7,30; 8,20; 12,23 u.a.). Als die besondere Stunde ist es die vom Vater festgesetzte Zeit. Die Rede von der Stunde impliziert diesen Gedanken der zeitlichen Festlegung eines Ereignisses (vgl. 16,21). Aber auch an dieser Stelle sehen wir wieder die Einbindung des gesamten Wirkens Christi in den Offenbarungsgedanken, gerade auch seines Zeichenwirkens. Denn schon bei seinem ersten Wunder in Kana, mit dem er sein Wirken eröffnet, spricht er von seiner Stunde. Diese vieldiskutierte Antwort Jesu an seine

Mutter: »Meine Stunde ist noch nicht gekommen« (2, 4) will besagen, daß allein der Vater die Zeit des Beginns seines Offenbarungswirkens bestimmt. Unter dem Dach des Offenbarungsgedankens besteht auch die Verbindung zum Kreuz. In Kana hebt die Stunde der Offenbarung der göttlichen Herrlichkeit an, sie wird vollendet im Erhöhungsgeschehen am Kreuz.

Die besondere Ausprägung des johanneischen Offenbarungsverständnisses gelangt nochmals in den Blick, wenn wir fragen, welches der Inhalt dieser Offenbarung sei. Mit überraschender Eindeutigkeit und Farblosigkeit gibt Christus die Antwort, daß er das mitteilt, was er beim Vater gehört oder auch gesehen hat (8, 26.38. 40; 15, 15). Oder anders gewendet, heißt es: »Was wir wissen, reden wir, und was wir gesehen haben, bezeugen wir« (3, 11). Negativ entspricht dieser abstrakten Auskunft die Beobachtung, daß nirgendwo ein besonderes Wissen eröffnet wird, Informationen über kosmologische oder himmlische Dinge gegeben werden. Es wird aber nicht eine Auskunft verweigert. Denn wiederum kommt es allein darauf an zu erfassen, daß er selbst die Offenbarung des Vaters ist. Er ist dies sogar in einem ausschließenden Sinn: »Niemand hat Gott je geschaut. Der einzigerzeugte Sohn, der an der Brust des Vaters ruht, er hat Kunde gebracht« (1, 18). Auf bündige, aber auch tadelnde Weise wird Philippus, der den gar nicht naiven Wunsch äußerte, den Vater sehen zu wollen, über diesen Sachverhalt belehrt: »So lange bin ich mit euch und du hast mich nicht erkannt, Philippus? Wer mich sieht, sieht den Vater« (14, 9).

5. Welches sind die Heilsgaben? Hier ist zunächst an die dualistische Sprache des Evangeliums zu erinnern. In ihr sind Licht, Wahrheit, Leben die postiven Gaben, vor allem das Leben. Dabei muß ihre stringente Bindung an Christus wahrgenommen werden, denn er ist die Wahrheit, das Licht (der Welt), das Leben. Leben ($\zeta\omega\acute{\eta}$) ist bei Johannes immer das von Christus geschenkte Leben, das ein anderes Leben ist als das irdische und das durch Glaube und Wiedergeburt gewonnen wird: »Was vom Fleisch geboren ist, das ist Fleisch, was vom Geist geboren ist, das ist Geist« (3, 6). Es kann auch das ewige Leben genannt werden, also das Leben, das bleibt und nicht zerstört werden wird. So hören wir in der Hirten-Allegorie: »Und ich gebe ihnen ewiges Leben. Und sie werden niemals zugrunde gehen, und niemand kann sie meiner Hand entreißen« (10, 28; vgl. 3, 15 f.36; 4, 14 u. ö.) Das Eingangstor zu diesem ewigen Leben ist der Glaube: »Wer mein Wort hört und dem glaubt, der mich gesandt hat, der hat das ewige Leben« (5, 24). Die Botschaft lautet also, daß der Glaubende bereits jetzt, in seiner irdischen Existenz, mit diesem ewigen Leben beschenkt ist. Die Aussage darf nicht philosophisch dahingehend reduziert werden, daß der Glaubende ein neues Verständnis seines Seins,

ein neues Vertrauen gewonnen hat und sein Weg hell geworden ist. Gewiß ist dies alles auch der Fall. Daß aber darüber hinaus und vor allem auch an das Problem des physischen Todes gedacht ist, kann unter anderem daraus ersehen werden, daß die Erweckung des Lazarus als Bild im Bilde dem Satz Christi als Verstehenshilfe dient: »Wer an mich glaubt, der wird leben, auch wenn er stirbt« (11, 25). Dabei ist es selbstverständlich, aber auch geboten, daß dieses Leben sich in der irdischen Existenz, im praktischen Leben, auswirkt, vor allem in der Bruderliebe (1 Joh 3, 14).

Wie aber ist die schwierig zu begreifende Zusage, daß der Glaubende schon jetzt ewiges Leben hat, vorzustellen? Vor Mißverständnissen ist von vornherein zu warnen. Weder handelt es sich bei diesem ewigen Leben um eine essentielle Qualität, die dem Menschen, seinem Innern oder seiner Seele, eingepflanzt und inhärent geworden wäre, noch ist es nur ein neu im ethischen Bereich sich auswirkendes praktisches Christentum. Die Zusage des ewigen Lebens steht in Kohärenz zu anderen Verheißungen, die davon reden, daß der Glaubende neue, ihn prägende Verbindungen gewonnen hat. An erster Stelle ist daran zu erinnern, daß der Glaubende die Gemeinschaft mit Christus erhielt, die Johannes – mit Paulus vergleichbar – als ein In-Christus-Sein umschreibt: »Ihr seid in mir und ich bin in euch« (14, 20); »Bleibt in mir, dann bleibe ich in euch« (15, 4; vgl. 17, 23; 1 Joh 3, 5 f). Diese Gemeinschaft ist nicht bloß die gegenseitige Immanenz des einzelnen in Christus, sondern auch die Gemeinschaft mit Gott und seinem Geist: »Wer seine Gebote hält, der bleibt in Gott und Gott in ihm. Und daran erkennen wir, daß er in uns bleibt: an dem Geist, den er uns gegeben hat« (1 Joh 3, 24). Diese vollendete Gemeinschaft ist durch Christus vermittelt: »Sie sollen eins sein, wie wir eins sind, ich in ihnen und du in mir, damit sie vollkommen eins seien«, betet Christus im Abschiedsgebet (Joh 17, 22 f). Diese mystisch klingenden Formulierungen besitzen freilich Äquivalente, die sie uns vielleicht noch näherbringen. So kann davon die Rede sein, daß sein Wort in uns ist (1 Joh 1, 10) oder wir in seinem Wort sind (Joh 8, 31), daß die Wahrheit (1 Joh 1, 8), die Liebe des Vaters (2, 15) in uns ist oder wir in der Lehre Christi bleiben sollen (2 Joh 9). Diese Liste, die sich fortsetzen ließe, läßt die Vielfalt der soteriologischen Aussagen im johanneischen Schrifttum aufscheinen. Ihr Kernpunkt aber ist die Christusgemeinschaft und die über sie erreichte Gottesgemeinschaft, in der wir auch das werden zu sehen haben, was das dem Glauben gewährte ewige Leben ausmacht, insofern diese Gemeinschaft von jener den Christen tragenden Beständigkeit ist, daß sie durch nichts zerschnitten werden kann, auch nicht durch den physischen Tod.

Jesus hat uns von den Sünden befreit. Dieser Gedanke tritt im 1 Joh stärker hervor als im Evangelium. Für 1 Joh wird das mit der Auseinandersetzung mit den Irrlehrern zu tun haben. Immerhin spricht Johannes der Täufer nach Joh 1, 29 das proklamatorische Wort: »Siehe, das Lamm Gottes, das hinwegnimmt die Sünde der Welt.« Als das Lamm Gottes ist Jesus das wahre Lamm, das das sündentilgende Opfer ein für allemal vollbringt und alle weiteren und bisherigen Opfer aufhebt. Es ist bezeichnend, daß in dem vergleichbaren Logion 6,51 gleichfalls die Welt in den Blick tritt: »Das Brot, das ich geben werde, ist mein Fleisch für das Leben der Welt.« Die nur in 1,29 ausdrücklich aufgegriffene Lamm-Typologie hat aller Wahrscheinlichkeit nach das jüdische Paschalamm zum Vorbild. Daß der Evangelist an dieser Symbolik interessiert ist, ist darin ersichtlich, daß er den Tod Christi zeitlich zusammenfallen läßt mit der Schlachtung der Paschalämmer, die am Vorabend des Festes (14. Nisan) stattfand (nach den Synoptikern stirbt Jesus am 15. Nisan). Noch direkter ist die Typologie im Bericht von der Kreuzigung Jesu herausgearbeitet. Wenn ihm kein Knochen zerbrochen werden darf, erfüllt sich an ihm die Weisung, die nach Ex 12,46 für das Paschalamm gilt (19,36). Auch im 1 Joh, in dem das Thema Sünde stärker auf die Gemeinde bezogen ist, wird der universale Sühnegedanken festgehalten: (»Jesus Christus) ist die Versöhnung für unsere Sünden, nicht allein aber für die unseren, sondern auch für die der ganzen Welt« (2, 2).

Ein soteriologisches Problem, das allgemein gültig ist, sich aber im johanneischen Schrifttum zuspitzt, ist das des Verhältnisses der Freiheit Gottes zur Freiheit des Menschen, von Bestimmtsein und Verantwortung. Wir haben eine Anzahl von Sätzen, die das Erwählen Gottes, sein Prädestinieren, im starken Maß herausstellen. Christus spricht von den Glaubenden als von den Seinen: »Da er die Seinen, die in der Welt sind, liebte, liebte er sie bis zum Äußersten« (13, 1); er spricht von ihnen als denen, die der Vater ihm gegeben hat (6, 37.39; 17, 6–11), die er aus der Welt erwählt hat (6, 70; 13, 18; 15, 16.19). Das Logion: »Es kann niemand zu mir kommen, es sei denn, es zieht ihn mein Vater, der mich gesandt hat« (6, 44), kann als klassischer Satz einer prädestinatianischen Fundamentaltheologie bezeichnet werden. Es finden sich aber auch negativ bestimmte Formulierungen wie: »Deshalb hört ihr nicht, weil ihr nicht aus Gott seid« (8, 47), oder: »Aber ihr glaubt nicht, weil ihr nicht aus meinen Schafen seid« (10, 26).

Diesen prädestinatianischen, vom Erwählen Gottes und Christi handelnden Erklärungen stehen nun aber zahlreiche andere gegenüber, die die freie Entscheidung des Menschen ohne weiteres zur Voraussetzung haben. Da ist zunächst die wiederholte Einladung zum Glauben. Sie reicht von 1,7: »(Johannes) kam zum Zeugnis, daß er Zeugnis gebe für das Licht, damit *alle* durch ihn zum Glauben gelangten« bis zur abschließenden Sentenz, die als Zweck der Evangeliumsschrift ausweist, »daß ihr glaubt« (20, 31). Unmittelbar nach der oben zitierten prädestinatianischen Feststellung 6, 44 liest man ein Wort mit einer unüberhörbar imperativischen Note: »Jeder, der vom Vater hört und lernt, der kommt zu mir« (V. 45). Besonders eindrucksvoll ist die Einladung am Ende der öffentlichen Wirksamkeit Jesu: »Glaubt an das Licht, solange ihr das Licht (bei euch) habt, damit ihr Kinder des Lichtes werdet« (12, 36). Aus dieser Gegenüberstellung einer strikt erscheinenden Prädestinationsauffassung und eines eindeutig wirkenden Freiheitsbewußtseins läßt sich der Schluß ziehen, daß der Evangelist sicherlich nicht mit einer Festlegung auf das Nichterwähltsein gerechnet hat, wie das in manchen gnostischen Zirkeln der Fall war. Auch aus den positiven prädestinatianisch wirkenden Aussagen darf man das nicht folgern. Auf jeden Fall hat er das Voraussein der Gnade klar gesehen und betont. Es ist der Dank der Glaubenden, der sich hier ausdrücken mag. Auch werden die johanneischen Gemeinden von der Erfahrung geprägt gewesen sein, daß viele Menschen nicht bereit waren, den Glauben anzunehmen (vgl. 12, 37–43). Die »Lösung«, die Johannes anbietet und die in der Folgezeit wiederholt werden wird, mag im letzten nicht befriedigen. Die Freiheit Gottes und die Freiheit des Menschen stehen so nebeneinander, daß ein Ausgleich, der aufgerechnet werden könnte, nicht möglich erscheint. Das Lob über die Erwählung (17, 6ff) steht neben der Klage über den Unglauben (12, 38). Beide sind an Gott gerichtet, dem damit das endgültige Geschick der Menschen anheimgestellt ist.

6. Vielfältig ist die johanneische Christologie. Was die christologischen Hoheitstitel betrifft, so gewinnt das Christus- (Messias-)Prädikat nochmals volle Geltung. Vielleicht hängt das auch mit dem Bann zusammen, den die Synagoge über jene Juden(-Christen) verhängt hatte, die sich zu Jesus als dem Christus bekannten (9, 22). Als Messias ist Jesus jener, den die Schriften vorausgesagt hatten. »Wir haben den Messias gefunden« steht parallel zu: »Wir haben den gefunden, von dem Mose im Gesetz und die Propheten geschrieben haben« (1, 41.45). Doch der Messiasglaube reicht nicht aus. Er muß weitergeführt werden zum Glauben an Jesus, den Sohn Gottes (vgl. die Apposition in 11, 27; 20, 31). Simon Petrus spricht in seinem Bekenntnis nicht von Jesus als dem Christus wie Mk 8, 29 par, sondern – ganz singulär – vom Heiligen Gottes (Joh 6, 69; vgl. Mk 1, 24).
Jesus ist der Prophet. Im Johannesevangelium verdichtet sich diese Bezeichnung über die unzureichende Volksmeinung hinaus, daß Jesus irgendein Prophet wie die vielen vor ihm sei, zu einer messianologischen Titulatur (besonders 1, 23.25; vgl. 6, 14). Die Erwartung des prophetischen Messias hat im zeitgenössischen Judentum seine Entsprechungen (Qumran) und wurzelt in der Mose-Verheißung Dtn 18, 18. Vielleicht sind in das johanneische Christusbild auch Züge des hohepriesterlichen Messias aufgetragen. Dies könnte in der rätselhaften Bemerkung in 19, 23 der Fall sein, nach der der Leibrock

Jesu, über den die Soldaten das Los werfen, »ungenäht von oben ganz und gar gewebt« gewesen sei. Diese Anfertigung nämlich entspricht dem hohepriesterlichen Mantel (vgl. Josephus, ant. 3, 161; bJoma 72b). Die Benennung »Hohepriesterliches Gebet« für Joh 17 kommt erst im 16. Jahrhundert auf (seit Chytraeus). Christus tritt hier als der Sühnende und in freier Souveränität Sich-Opfernde auf (17, 19), ein Aspekt, der ganz von seinem persönlichen Lebensweg geprägt ist und den messianologisch-hohepriesterlichen Erwartungen des Judentums nicht entspricht.
Schwierig ist die Kyrios-Titulatur zu bestimmen. Eindeutig als Hoheitsprädikat ist »Herr« in den Ostergeschichten anzutreffen, also auf den Auferweckten und Erhöhten bezogen: »Sie haben meinen Herrn weggenommen, und ich weiß nicht, wohin sie ihn gelegt haben« (20, 13; vgl. 20, 18.20.25; 21, 7), vor allem im abschließenden Bekenntnis des Thomas: »Mein Herr und mein Gott« (20, 28). Eine eigene Prägung hat der Menschensohntitel. Wie in den synoptischen Evangelien spricht Jesus auch im Johannesevangelium von sich selbst als dem Menschensohn, das heißt, der Menschensohntitel artikuliert sich nicht in Bekenntnissen oder Äußerungen, die an Jesus herangetragen werden. Aber als Menschensohn ist Jesus als jener gesehen, der beim Vater, also im Himmel, in der oberen Welt beheimatet ist, der eine Prä- und Postexistenz hat, aus der Herrlichkeit des Vaters kommt und dorthin zurückkehrt (13, 31f; 3, 13). Als irdischer Menschensohn bringt er darum das Heil, ist ihm die Krisis übertragen, die Heil, Leben und Gericht bedeutet (5, 27), gibt und ist er die Speise zum ewigen Leben (6, 27.53). Als irdischer Menschensohn verfügt er über die Engel, was das dunkle Bildwort von der Jakobsleiter besagen will (1, 51). Wie in den synoptischen Evangelien wird der Menschensohn verknüpft mit dem Leidensgedanken, aber auf johanneische Weise umgestaltet. In der schon bekannten Weise wird nicht von der Notwendigkeit des Leidens, sondern des Erhöhtwerdens gesprochen (3, 14; vgl. 12, 34), wie ja das Kreuz als seine Erhöhung aufgefaßt ist. Darum ist es nicht leicht, ihn als Menschensohn zu erkennen. Nur im Glauben ist es möglich. Als Menschensohn gebührt ihm die anbetende Huldigung (9, 35–38).
Obgleich in ihrer Sinnfülle nicht weit vom Menschensohn angesiedelt, erweist sich – schon rein quantitativ – die Aussage vom Sohn bzw. Sohn Gottes als die zentrale. Im Sohn ist gleichsam alles zusammengefaßt, was über ihn gesagt werden kann und was er ist: Spender des ewigen Lebens, Offenbarung und Präsenz Gottes in der Welt, letzter Inhalt des christlichen Glaubens (3, 18.36; 20, 31). Die Problematik, die hier noch aufgegriffen sein soll, verdichtet sich hin auf die grundsätzliche Bestimmung dieser Christologie. Einerseits ist man bereit, dem Evangelium den Vorwurf zu machen, daß es ein Christusbild befördere, in dem das Menschsein Christi nicht mehr ernst-

genommen und die Grenze zum Doketismus, was dasselbe besagt, überschritten worden sei (E. Käsemann). Auf der anderen Seite läßt man die johanneische Christologie eine rein funktional bestimmte sein, was soviel bedeutet wie, daß alle Aussagen über ihn und alle ihn betreffenden Titulaturen (insbesondere Sohn Gottes) nur Ausdruck seines Heilsauftrages, seines Erwähltseins zu diesem, eben seiner einzigartigen »Funktion« seien. Beide Auffassungen liegen nicht völlig auf derselben Ebene, haben aber sicherlich nicht unbeträchtliche Berührungen.

Es ist kaum zu bestreiten, daß bei Johannes die göttliche Würde des Christus, sein verherrlichtes Bild, in den Vordergrund rückt. Exemplarisch kann dies nochmals mit Hilfe der johanneischen Passionsgeschichte in Erinnerung gerufen werden. Die Szenen der tiefsten Erniedrigungen sind umgestaltet oder fehlen ganz. So fehlt die Getsemani-Perikope von Jesu Todeskampf. Reminiszenzen, die anzeigen, daß der Evangelist sie gekannt hat, sind an anderer Stelle untergebracht wie das Wort von der Erschütterung der Seele oder die Bitte um Befreiung aus dieser Stunde (12,27; vgl. Mk 14,34f). Die Verhaftung ist zu einer Epiphanieszene geworden, in der die Soldaten zurückweichen und zu Boden stürzen, während Jesus das Offenbarungswort spricht: »Ich bin es« (18,1–8). Das Verhör durch Pilatus ist ein theologischer Diskurs über Jesu Königswürde (18,33ff). Die Geißelung ist verknüpft mit einem Präsentationsakt, bei dem der Römer Jesus als den Menschen präsentiert (19,1–5). Was immer mit dem »Mensch« gemeint sein mag, man wird hier mehr erkennen dürfen als nur einen Hinweis auf seine Erbärmlichkeit, diesen erbärmlichen Menschen. Vielleicht steht die Präsentation doch im Zusammenhang mit dem Menschensohn, der im Himmel beheimatet ist. Auf dem Kreuzweg trägt Jesus selbst sein Kreuz. Es ist nahezu sein Würdezeichen (19,17). Auf Simon von Kyrene ist verzichtet (vgl. Mk 15,21 par). Das Sterbewort ist die Kundgabe der Erfüllung des Offenbarungsauftrags (19,30). Grundsätzlich hat Christus die Vollmacht, sein Leben zu lassen, aber auch die Vollmacht, es wieder zu nehmen (10,28), wie er als der gute Hirt freiwillig sein Leben für die Schafe gibt (10,15).

Trotz dieser unverstellten Herrlichkeits-Christologie, wird gerade auch der wirkliche Mensch in der Passionsgeschichte erkennbar. Die Realität seines Todes, die durch das Herausströmen von Blut und Wasser aus der Seitenwunde bezeugt ist, garantiert auch die Realistik seiner Menschheit (19,34). Er wird geschlagen (18,22), dürstet (19,28), sein Leichnam wird bestattet, mag auch der johanneische Grabesbericht den Aufwand der Bestattung ins Überdimensionale gesteigert haben (19,39). Durchaus menschliche Züge werden auch während seines Wirkens nicht verschwiegen: Er wird von Müdigkeit befallen, vom Zorn gepackt (4,6; 2,15), weint (11,35). Sein Mensch-

sein wird zum Anstoß, daß seine Eltern bekannt sind (6,42), daß er aus Nazaret stammt (1,46). Seine Brüder sind unwillig über ihn (7,3 ff). Dieses Nebeneinander von göttlicher Würde und menschlicher Kontingenz, das an manchen Stellen unausgeglichen zu sein scheint, spiegelt das Ringen um das Verständnis der Person Jesu wider. Dieses Ringen erfolgt in der Auseinandersetzung mit einer gnostisierenden Christologie, deren Terminologie aufgegriffen wird und das zu redaktionellen Überarbeitungen des Evangeliums geführt haben dürfte, die den Verstehensprozeß um sein Menschsein und sein Gottsein weitertrieben. Doch wird in diesem Ringen das reale Menschsein Jesu behauptet und verteidigt. In diesem Sinn gipfelt die Erkenntnis in der Inkarnationsaussage von 1,14: »Und das Wort (der Logos) ist Fleisch geworden.« Sie ist im Evangelium einmalig, wirkt fort in 6,51 und im 1 Joh in den Stellungnahmen gegen jene, die sein Kommen im Fleisch in Frage stellen (4,2 ff). Doch kommt ihr am Anfang des Evangeliums richtungweisende Bedeutung zu (Bultmann, Joh 41).
In Joh 1,1 heißt der Logos-Christus Gott. Das zu beachtende Fehlen des Artikels im griechischen Text, der dem Gott, bei dem der Logos von Anfang war, nicht vorenthalten wird, markiert seine Unterordnung. Thomas bekennt am Schluß Christus als seinen Gott (20,28). Der Satz: »Ehe Abraham wurde, bin ich« (8,58 f) wird von den Juden als Gotteslästerung empfunden. In der Gleichzeitigkeit seines erlösenden Wirkens mit dem des Vaters, die er behauptet, erkennen sie, daß er sich Gott gleich mache (5,17 f). Man wird nicht bei der Feststellung stehen bleiben dürfen, daß nach dem Verständnis des Johannesevangeliums sich die Gottessohn-Titulatur in seinen Funktionen erschöpft. In der theologischen Reflexion auf den Präexistenten, Inkarnierten und in völliger Einheit mit seinem Vater Verbleibenden (10,30), ist eine christologische Stufe erreicht, auf der das Wesen des Gottessohnes bedeutungsvoll geworden ist.

7. Das eschatologische Konzept des Evangelisten hat man auf die Formel von der präsentischen Eschatologie gebracht. Dies bedeutet, daß das endgültige Heil schon voll präsent ist, aber nicht nur es, sondern auch jene Geschehnisse, die eine herkömmliche (futurische) Eschatologie erst für die Zukunft erwartet. Gerade in der Vorverlegung dieser Geschehnisse in die Gegenwart erhält das Konzept seine besondere Schärfe. Die Glaubenden haben bereits ewiges Leben (3,15 f.26; 5,24 u.ö.). In der dualistischen Sprache wird dies als Überschritt vom Tod zum Leben beschrieben: »Wer mein Wort hört und dem glaubt, der mich gesandt hat, der hat das ewige Leben und kommt nicht in das Gericht, sondern er ist vom Tod zum Leben hinübergegangen« (5,24; vgl. 1 Joh 3,14). Man sollte in diesem Zusammenhang nicht von einer Totenauferstehung sprechen, höchstens in

einem übertragenen Sinn, wie auch jene, die in der Sünde sind, obwohl sie physisch leben, Tote heißen können (Joh 5,25). Denn die Totenauferstehung im strikten Sinn ist auf die Wiedererweckung/ Neuschaffung des Leibes ausgerichtet, und an diese ist hier nicht gedacht. Das Gericht ereignet sich bereits in der Gegenwart. Es geschieht in der Konfrontation mit dem Wort als Scheidung der Menschen in Annehmende und Ablehnende, Glaubende und im Unglauben Verharrende oder – bildlich gesprochen – in solche, die zum Licht kommen, und andere, die in der Finsternis bleiben (3,19–21). In 14,23 hören wir von einem Kommen und Einwohnen des Vaters und des Sohnes in jenem, der den Sohn liebt und an seinem Wort festhält. Auch hier ist es nicht angebracht, den Terminus Parusie zu verwenden. Doch ist der so Beschenkte gleichsam in der Fülle des Heiles. Im Gespräch Jesu mit Martha wird die herkömmliche (futurische) Eschatologie, die Martha äußert: »Ich weiß, daß er auferstehen wird bei der Auferstehung am jüngsten Tag« korrigiert im Sinn der präsentischen Eschatologie: »Wer an mich glaubt, der wird leben auch wenn er stirbt. Und jeder, der lebt und an mich glaubt, wird in Ewigkeit nicht sterben« (11,23–26).

Man muß die Frage stellen, was zur Veränderung der eschatologischen Position geführt hat. Sicher war es die Auseinandersetzung mit der Gnosis, in der sich die Prädestinierten zum vollen Heil gekommen wähnten und sich dieses Heils wahrscheinlich sicher wußten. Die Dehnung der Zeit im Hinblick auf die Parusie wird eine Rolle mitgespielt haben. Unsicherheiten in bezug auf die Heilsfrage: »Was hat sich verändert?« (siehe Hebräerbrief) können gleichfalls mitgewirkt haben. Doch ist das Wissen um ein präsentisches Heil natürlich nicht neu. Es ist von Anfang an in der Reich-Gottes-Predigt Jesu gegeben gewesen, nur sind hier die Gewichte zwischen Gegenwart und Zukunft ganz anders verteilt. Hat das johanneische Schrifttum die Zukunftseschatologie mit Parusie, Totenauferweckung und letztem Gericht abgeschrieben? Im 1 Joh, der das präsentisch-eschatologische Konzept aufgreift (3,14), ist sie vorhanden. Er spricht vom (zukünftigen) Tag des Gerichts (4,17), erwartet Christi Parusie (2,28) und für die Glaubenden die Vollendung des Heiles: »Wir sind schon Kinder Gottes. Und noch ist es nicht offenbar geworden, was wir sein werden. Wir wissen: Wenn er offenbar wird, werden wir ihm ähnlich sein, denn wir werden ihn schauen, wie er ist« (3,2). Selbst die Naherwartung wirkt fort: »Kinder, es ist die letzte Stunde« (2,18).

Die im Evangelium vorhandenen Bezüge auf die Totenauferweckung werden vielfach als sekundärer Eintrag aufgefaßt und einer »kirchlichen Redaktion« zugeschrieben. In der Tat wirkt die viermal in Erscheinung tretende Wendung »ich werde ihn (es) auferwecken am jüngsten Tag« wie nachgetragen (6,29f.44.54). Der Kritik unterliegt insbesondere der Absatz 5,27b–29, wo mit plastischer Anschaulich-

keit das Herauskommen der Toten aus ihren Gräbern zur Auferstehung des Lebens oder zur Auferstehung des Gerichts in der Stunde des letzten Gerichts, das der Menschensohn halten wird, geschildert wird. Die Singularität dieser Aussage ist gewiß auffällig. Doch gehört sie, mag sie auch ein Nachtrag sein, in den Prozeß der um Klarheit ringenden Auseinandersetzungen, die im johanneischen Kreis stattgefunden haben und die auch den Prozeß der Entstehung des Evangeliums besser verstehen lassen. Es ließe sich zeigen, daß die Verse 5,27b–29 in ihren Formulierungen und in ihrer Wortwahl in einer Weise in den von präsentischer Eschatologie geprägten Text eingepaßt sind, daß sie diese nicht völlig aufheben, sondern nur klarstellen und möglicherweise vor Mißverständnissen sicherstellen wollen (Blank, Krisis 109–182). So ist einmal vom Übergang vom Tod zum Leben, das andere Mal vom Herauskommen aus den Gräbern die Rede, einmal von den Toten (im geistigen Sinn), das andere Mal von denen, die in den Gräbern sind. Man muß auch ernsthaft in Frage stellen, daß die futurische Eschatologie je gänzlich ausgeschaltet werden sollte. Die Bewährung des Christen ist nicht ausgeklammert, doch kommt auch sie auf andere Weise zur Sprache. Die für dieses Schrifttum markante Aufforderung, zu bleiben (in Christus, im Wort, in der Liebe), setzt die Möglichkeit des Verlustes des Lebens voraus, das heißt, der Status der Glaubenden drängt nach endgültiger Offenbarung (vgl. 1 Joh 3,2). Auch hat der Evangelist nicht auf die Wiedergabe der Ostergeschichten, also der Erweckung des toten Leibes Jesu, verzichtet. Dabei legt er großen Wert auf die Identität des Auferweckten mit dem Gekreuzigten: Thomas soll mit seinen Fingern die Wunden der Nägel und mit seiner Hand die Wunde der Seite Jesu berühren (20,27). Da Christus nach Johannes schon am Kreuz erhöht wurde, was die Rückkehr in seine Herrlichkeit bedeutet, hätten die Ostergeschichten doch weggelassen werden können. Ihre Aufnahme in der angedeuteten Gestalt muß im Kontext eines Interesses an einer leiblichen und somit weltbezogenen und darum auch futurischen Eschatologie gesehen werden.
Eine zukünftige Aussicht eröffnet die Verheißung himmlischer Wohnungen im Haus des Vaters (14,1–3). Hier ist in einer – was die anthropologischen und zeitlichen Aspekte betrifft – recht unbestimmten Art von einem Fortleben des einzelnen über die Grenze des Todes hinaus die Rede. Die genannten Aspekte können deswegen zurücktreten, weil allein die zugesagte Gemeinschaft mit Jesus und dem Vater der beherrschende Gedanke ist. Letztlich ist diese nur eine Weiterführung und Intensivierung der Gemeinschaft, in der der Christ schon jetzt steht. Die Christusgemeinschaft ist eine Sichtweise, die das johanneische Schrifttum mit breiten Schichten des Neuen Testaments teilt.

8. Die grundlegende, zentrale an die Menschen gerichtete Forderung heißt Glauben. Von dieser Glaubensforderung aus lassen sich nochmals wie in einem Prisma die wesentlichen theologischen Anliegen des Johannes beleuchten, zunächst die Christologie als deren Mitte. Der Glaube ist stets auf Jesus gerichtet, mag er auch in verschiedenen Formulierungen umschrieben werden können. Er richtet sich auf Jesus als den Menschensohn (9,35), als das Licht (12,36) oder einfach an ihn (2,11: εἰς αὐτόν; 3,16.18; 4,39), an seinen Namen (1,12), an den Namen des einzigerzeugten Sohnes Gottes (3,18; vgl. 1 Joh 5,13). Glauben heißt anerkennen, daß Jesus der Christus und Sohn Gottes ist (Joh 20,31; 1 Joh 5,1.5). Man glaubt aber dabei seinem Wort, der Schrift, Mose oder auch dem, der ihn gesandt hat (Joh 2,22; 5,46; 12,44). Die Verschränkung des Glaubens an Gott und an Jesus: »Glaubt an Gott und glaubt an mich« (14,1) hebt die christozentrische Ausrichtung des Glaubens nicht auf, sondern will Jesus als die Offenbarung Gottes erfassen lassen. Darum nimmt man mit dem Glauben an ihn die Liebe an, die Gott zu uns hat (1 Joh 4,16), wie man Gott zum Lügner macht, wenn man nicht an den Sohn Gottes glaubt (5,10). Glaubensinhalt kann auch sein, daß Jesus im Vater ist und der Vater in ihm (Joh 14,11) oder daß er vom Vater ausgegangen ist (16,27).

Glaube kommt zustande durch das Wort oder auch das das Wort umgreifende Zeugnis. Der Zeuge weiß, wovon er redet, wie Johannes der Täufer, der durch sein Zeugnis alle zum Glauben führen sollte (1,7.33). Durch das Zeugnis der Samariterin kommen deren Landsleute zum Glauben (4,39). Auch die von Jesus gewirkten Zeichen wollen Glauben wecken, wenn man fähig ist, sich durch sie zu Jesus als den, in dem sich Herrlichkeit offenbart, führen zu lassen (2,11). Ein Glaube, der nicht über das Zeichen hinauszublicken vermag, bleibt unvollkommen (2,23 f; 7,31). Jedoch wirkt das Verharren im Unglauben angesichts der großen Zeichen um so belastender (12,37). Unübertrefflicher Zeuge für Jesus ist Gott selbst, auf den er sich beruft. Dieses Zeugnis ist aber letztlich nur durch Jesus zugänglich, der für sich Zeugnis ablegt. Die in diesem widersprüchlich erscheinenden Nebeneinander ruhende Dialektik hebt sich wieder im Offenbarungsgedanken, im Einssein von Sohn und Vater, auf. Und sie macht deutlich, daß die Offenbarung nur dem Glauben zugänglich ist, der dem Menschen nicht abgenommen wird (5,31 f.37; 8,13 f).

Als in der Konfrontation mit dem Wort entstehend, hat der Glaube Entscheidungscharakter. Der Glaube ist die einzige Bedingung, das Heil zu erlangen. Nur der Glaube befreit vom Gericht, nur der Glaube führt zum Licht und zum ewigen Leben (3,18–21; 5,24). Umgekehrt gilt: »Wenn ihr nicht glaubt, daß ich es bin, werdet ihr in euren Sünden sterben« (8,24). Der Glaube ist keine Privatsache, sondern fordert das Bekenntnis heraus. Das Bekenntnis kann für den Bekenner gefährlich werden (9, 22; 12, 42). Auch schafft es die Trennung vom Irrglauben (1 Joh 4, 1 f). Der Glaube führt zur Anbetung (Joh 9, 38). Als etwas Lebendiges ist er des Wachstums, aber auch des Schwindens fähig. In diesem Zusammenhang gewinnt das Bleiben seine Bedeutung. Die anfanghaft glaubenden Juden werden aufgefordert, in seinem Wort zu bleiben, um wahrhaftig seine Jünger zu werden (8, 31). Der Glaube muß sich auswirken im Leben. Auch dies ist vom Bleiben abhängig. Das wird in der Allegorie vom Weinstock verdeutlicht: »Ohne mich vermögt ihr nichts zu tun« (15, 5). Natanaël erwies einen besonders feinfühligen Glauben, weil er, auf ein (rätselvolles) persönliches Erlebnis hin von Jesus als dem Herzenskenner angesprochen, zu ihm findet (1, 48 f).

Die für den Apostel Paulus so bedeutsame Alternative von Gesetz und Glaube hat im johanneischen Schrifttum keine Spuren hinterlassen. Gewiß ist das Gesetz Zeuge für Christus (5, 46). Im Dialog zwischen Jesus und den Juden nach der wunderbaren Speisung fragen diese, was zu tun sei, welche Werke Gottes sie wirken müßten. Dabei ist gewiß an die Werke des Gesetzes zu denken. Wenn Jesus auf den Glauben als das allein erforderliche Werk Gottes verweist, kann man darin eine Konfrontation von Gesetz und Glaube erblicken, aber im »Werk Gottes« vor allem den Glauben als Geschenk bezeichnet sehen (6, 28 f). Charakteristisch für Johannes hingegen ist die Bildersprache, die er auch in der Sprache des Glaubens einsetzt. Verschiedene Bilder sind als Ausdruck des Glaubens, sei es eines beginnenden, sei es eines vertieften, genommen. Zu Jesus kommen heißt, zu glauben beginnen: »Wer zu mir kommt, den wird nicht mehr hungern, wer an mich glaubt, den wird nie mehr dürsten« (6, 35). Die Parallelität von Kommen und Glauben erweist die Sinnidentität. So kamen einst die ersten Jünger vom Täufer zu Jesus (1, 39). Aber auch Sehen und Hören stehen für Glauben und machen kund, auf welchem Weg sich Jesus erschließen kann. Es geschieht durch die Sinne. Wer in diesem Sinn sieht, erblickt seine Herrlichkeit (1, 14). Wer in diesem Sinn hört, ist ein Glaubender (5, 24; negativ 8, 47). Suchen und Finden, Begriffe, die in dieser Füllung schon in der Weisheitsliteratur anzutreffen sind, vermögen den Glaubensprozeß zu verdeutlichen (1, 38.41.43.45 u. ö.). Was immer für Verben hier eingesetzt werden, immer sind es die einfachen, teilweise sogar unbewußten Lebensvollzüge, die als Bildmaterial in der Glaubenssprache Verwendung finden. Sie geben auch zu verstehen, daß Glaube stets in der Begegnung mit Jesus entsteht, wie Glaube selbst ja die Gemeinschaft mit ihm ausmacht. Diese Begegnung bzw. diese Möglichkeit, die Christusgemeinschaft zu gewinnen, ist auch in der nachösterlichen Situation gegeben. Sie wird gewährleistet durch das Wort, das die Jünger auszurichten beauftragt sind. So betet der scheidende Christus in seinem Abschiedsgebet nicht bloß für die Jünger, sondern auch für alle, die durch ihr Wort an ihn

glauben werden (17,20). Als erster kommt nach 20,8 der Lieblingsjünger zum Glauben an den auferweckten Herrn (vgl. 21,7), wobei ihm Schweißtuch und Leinenbinden, die der Auferweckte zurückließ, genügen. Aber auch solcher Hinweise bedarf es nicht. Von nun an heißt es: »Selig, die nicht sehen und doch glauben« (20,29).
Als dunkle Folie für die Darstellung des Glaubens dient die Auseinandersetzung mit dem Unglauben. Dessen Vertreter sind pauschalisierend die Juden, nicht so sehr als Angehörige des Volkes als vielmehr im Sinn von Repräsentanten der gottfeindlichen Welt. Die ungläubige Ablehnung geschieht, damit das vom Propheten Jesaja im voraus angekündigte Verstockungsgericht erfolgt: »Darum konnten sie nicht glauben, weil Jesaja wiederum gesagt hat: Er hat ihre Augen verblendet und ihr Herz verstockt, damit sie nicht sehen mit ihren Augen und mit ihrem Herzen verstehen und sich bekehren und ich sie heile« (12,39f; vgl. Jes 6,10). Aber auch hier gilt – wie schon oben ausgeführt –, daß die Freiheit des Menschen neben der in diesem Fall so stark akzentuierten Freiheit Gottes nicht aufgehoben ist. Gleich anschließend wird eine die Freiheit des Menschen hervorkehrende Begründung des Unglaubens angegeben: »Denn sie liebten die Ehre bei den Menschen mehr als die Ehre bei Gott« (12,43).

9. Die Existenz der Kirche ist im johanneischen Schrifttum vorausgesetzt, wenn das entsprechende Wort auch nur in 3 Joh 6.9f fällt. Die Abwesenheit des Wortes besagt wenig (vgl. die synoptischen Evangelien). Gewiß steht im Evangelium die den einzelnen herausfordernde Glaubensentscheidung stark im Vordergrund, so daß für Johannes von einer »Gemeinde der gesammelten Einzelnen« gesprochen werden konnte (Bultmann, Theologie 444). Doch meldet sich das Wir der Gemeinschaft schon im Prolog an (1,14), ebenso am Schluß: »Wir wissen, daß sein (des Lieblingsjüngers) Zeugnis wahr ist« (21,24). Dasselbe Wir tritt in 1 Joh in Erscheinung (1,1-4 u.ö.), wo auch der ekklesial geprägte Gemeinschafts-(Koinonia-)Begriff begegnet: »...damit auch ihr Gemeinschaft mit uns habt« (1,3; vgl. V.7). Entsprechend der Sprachwelt des Evangeliums ist von der kirchlichen Gemeinschaft in Bildern die Rede, vor allem im Bild von Hirt und Herde. Dabei ist die christologische Zentriertheit der Gemeinschaft prägend. Christus ist der Hirt seiner Herde. Dennoch ist die kirchliche Gemeinschaft keine unsichtbare. Das Bekenntnis ist gefordert. Wichtig ist, daß zwischen dem »judenchristlichen« Ausgangspunkt der Kirche und den zu gewinnenden Heiden unterschieden wird. Diese Differenzierung ist vorausgesetzt, wenn Christus von anderen Schafen spricht, die nicht aus dieser Hürde sind und die er noch herbeiführen muß (Joh 10,16). Dieselbe Ausweitung haben wir in einer Bemerkung des Evangelisten im Anschluß an die dunkle Prophetie des Hohenpriesters Kajafas, daß es besser sei, wenn ein Mensch für

das Volk stirbt, als daß das ganze Volk zugrunde geht: »Denn Jesus sollte sterben für das Volk ..., aber auch, um die verstreuten Kinder Gottes zusammenzubringen« (11,51f). Diese kirchliche Gemeinschaft ist begründet im Tod Jesu, der als der gute Hirt sein Leben hingibt für die Schafe (10,11).

Verfassungsmäßige Strukturen lassen sich in der johanneischen Kirche nicht ausmachen. Herausragende Autorität und als Garant der von ihr überlieferten Traditionen in Anspruch genommen ist jener Mann, dessen eigentlichen Namen wir nirgendwo erfahren, sondern der vielmehr ehrfurchts- und rätselvoll »der Jünger, den Jesus liebte«, heißt (erstmals in 13,23). Wahrscheinlich ist dieser mit dem anderen Jünger identisch, der zu den Erstberufenen gehört und auch in diesem Zusammenhang namenlos bleibt (1,37–40). Hier war die Erwähnung seines Decknamens noch nicht angebracht, dessen Ersterwähnung in das Szenario des letzten Mahles weitaus besser paßte, wo der Jünger an der Brust Jesu ruht. Dem Lieblingsjünger historische Individualität absprechen zu wollen und ihn als bloße Symbolfigur zu werten, muß als phantasievolles exegetisches Konstrukt bezeichnet werden. Auffällig ist sein wiederholtes gemeinsames Auftreten mit Simon Petrus: beim letzten Mahl (13,23f), beim Lauf zum Grab Jesu (20,2ff), bei der Erscheinung des Auferstandenen am See (21,7.15ff.20). Dieses Paarverhältnis spiegelt aller Wahrscheinlichkeit nach ein akutes Anliegen wider. Petrus ist als mit der Leitung der Gesamtkirche beauftragt anerkannt, wie im Nachtragskapitel bekundet wird (21,15–17). Das Nebeneinander könnte dann bedeuten, daß die Autorität des Petrus zwar anerkannt ist, die johanneische Gemeinde aber ihrerseits um Anerkennung in der Großkirche ringt. Die gesamtkirchliche Autorität des Petrus wird benutzt, um die speziell johanneisch orientierte Autorität des Lieblingsjüngers zur Geltung zu bringen (Becker, Joh 438). Man wird sich die johanneische Gemeinde als eine am Rand angesiedelte, vielleicht elitär bestimmte vorstellen können. Daß ihr der Gedanke der gesamtkirchlichen Einheit ein dringendes Anliegen war, verrät sie in der Überlieferung des Abschiedsgebetes (17,21–23).

Ein bemerkenswertes Schlaglicht auf die Situation dieser Gemeinde werfen die beiden kleinen Johannesbriefe. Hier hören wir von Wanderpredigern, auch von feindseligen Auseinandersetzungen (2 Joh 10f; 3 Joh 5–10). Ob der Presbyteros (Ältester, Alter), als welchen sich der Verfasser bezeichnet, ein kirchliches Amt oder eine Ehrenbezeichnung umschreiben soll, ist umstritten.

10. Das Johannesevangelium erwähnt die Sakramente von Taufe und Eucharistie. Die Taufe wird im Nikodemus-Gespräch als das Sakrament vorausgesetzt, das dem Menschen die Wiedergeburt schenkt und ihm – in Übereinstimmung mit einer breiten Tradition – den Hei-

ligen Geist verleiht (3,5). Das im sogenannten eucharistischen Redestück (6,51c–58) der Brotrede zum Austrag kommende Eucharistieverständnis hebt ab auf die Gewinnung des ewigen Lebens und die personale Gemeinschaft mit Christus: »der bleibt in mir und ich in ihm« (6,56). Die gewonnene Gemeinschaft mit den übrigen Mahlteilnehmern und ihre gemeinsame Christusverbindung (vgl. 1 Kor 10,17) fehlen. Theologisch bedeutsam ist insbesondere der Anschluß an den Inkarnationsgedanken: »Das Brot, das ich geben werde, ist mein Fleisch für das Leben der Welt« (6,51c), der sich auch darin ausdrückt, daß das eucharistische Redestück zwischen die Aussagen vom Abstieg (6,33.38.41f.50f) und vom Aufstieg Jesu (6,62) eingepaßt ist. Dies könnte auf eine Auseinandersetzung mit den gnostisierenden Irrlehrern hindeuten, die sowohl die Inkarnation als auch die Eucharistie in Frage stellen. In die gleiche Richtung weist die Betonung der Notwendigkeit zu essen und zu trinken: »Wenn ihr nicht eßt und trinkt ...« (6,53). Von daher läßt es sich begreiflich machen, daß im Zuge des Prozesses der Entstehung des Evangeliums die Eucharistie, die im Zusammenhang mit dem letzten Mahl Jesu mit seinen Jüngern nicht erwähnt wird – statt dessen hören wir von der Fußwaschung (13,1ff) –, im sechsten Kapitel nachgetragen wurde am passend erscheinenden Ort. Es wäre abwegig, die Betonung zu essen und zu trinken auf ein magisches Eucharistieverständnis hin auslegen zu wollen. Das Thema des Glaubens ist im unmittelbaren Kontext, von dem man nicht absehen darf, hinreichend artikuliert (6,29f.35f.40.47.64. 69).
Gegenstand der Diskussion ist, ob Blut und Wasser, die aus Jesu Seitenwunde hervorfließen (19,34), und 1 Joh 5,7f: »Denn drei sind es, die Zeugnis ablegen: der Geist, das Wasser und das Blut, und diese drei sind eins« auf symbolische Weise die Sakramente von Taufe (Wasser) und Eucharistie (Blut) bezeichnen wollen. Für Joh 19,34 käme eine solche Deutung zusätzlich zu der Bedeutung, daß Blut und Wasser die Realität seines Todes bezeugen, hinzu. Für 1 Joh 5,7f, wo die Reihenfolge umgekehrt ist (Wasser und Blut), wie es der Taufe als Initialsakrament entspricht, muß diese Symbolik ernsthaft in Erwägung gezogen werden (Schnackenburg, 1 Joh 261f). Daß »Blut« als Symbolausdruck für die Eucharistie singulär ist, stellt kein unüberwindliches Hindernis dar.

11. Garant für die Zugehörigkeit zu Gott ist der Geist: »Daran erkennen wir, daß wir in ihm bleiben und er in uns, daß er uns von seinem Geist gegeben hat« (1 Joh 4,13; vgl. 3,24). Von diesem göttlichen Geist, den die Gemeinde von 1 Joh bereits als göttliches Geschenk erfahren hat, hatte Christus in seinen Abschiedsreden gesprochen. Von besonderer Bedeutung sind die fünf Parakletsprüche, für die ein Zweifaches zu beachten ist: einmal heißt der Geist hier auch Paraklet, ein nur hier im Neuen Testament in diesem Sinn verwendeter Begriff,

der am besten mit Beistand zu übersetzen ist. Etymologisch entspricht er genau lateinischem advocatus. Freilich greift sein Wirken über das mit dem Wortsinn Bezeichnete hinaus. Zum anderen ist in der Folge der Parakletsprüche zu beachten, daß der Geist-Paraklet immer enger an Christus gebunden wird: »(Der Vater) wird euch einen anderen Beistand geben« (14,16); »Der Beistand aber, der Heilige Geist, den der Vater in meinem Namen senden wird...« (14,26); »Wenn aber der Beistand kommt, den ich euch vom Vater aus senden werde, der Geist der Wahrheit...« (15,26). Schon dies dürfte anzeigen, daß die Parakletsprüche sorgfältig aufeinander abgestimmt sind.

Was der Geist vor allem wirken wird, ist die volle Einführung in die Wahrheit. Darum wird er bevorzugt Geist der Wahrheit genannt (14,17; 15,26). »Er wird euch alles lehren und euch an alles erinnern, was ich euch gesagt habe« (14,26); »Er wird euch in die ganze Wahrheit einführen« (16,13). Hierin unterscheidet sich Johannes von Paulus. Es sind nicht außerordentliche Charismen, die der Geist bewirkt, wie Zungenreden oder Heilungen. Der Geist ist auch nicht als Prinzip des neuen sittlichen Lebens gedacht wie in Röm 8. Seine Tätigkeit ist nach den Parakletsprüchen ganz ausgerichtet auf die Erkenntnis und damit die Ermöglichung der Weiterführung der Verkündigung. Denn der Geist wird für Christus Zeugnis ablegen, und die Jünger sollen es tun (15,26f). In diesem Nebeneinander ist die Befähigung zur Verkündigung ausgesagt. Ähnliches meint die Verheißung, daß der Beistand die Welt der Sünde, der Gerechtigkeit und des Gerichts überführen wird (16,7–11). Denn das die Menschen scheidende Gericht hat sich schon in der Verkündigung Christi ereignet (3,19–21). In der Verkündigung der Jünger soll er fortgeführt werden. Manchmal möchte man den Eindruck gewinnen, als seien der Geist und Christus nahezu identisch, vor allem, wenn der Geist der »andere Beistand« heißt (14,16). Was er lehrt, ist auch von Christus genommen und dient dessen Verherrlichung (16,14). Doch wird man letztlich die Zuordnung von Christus und Geist – ähnlich wie bei Paulus – als Wirkidentität bestimmen können.

Wie wurde die Einführung in die volle Wahrheit erfahren? Durch eine innere Kraft oder Erleuchtung, die dem einzelnen zuteil wurde? Oder durch Belehrung, die besonders geistbegabte Menschen in der Gemeinde übernahmen? Manche Aussagen verweisen auf die Geistbefähigung jedes einzelnen: »Die Salbung, die ihr von ihm empfangen habt, bleibt in euch. Und ihr braucht euch von niemandem belehren zu lassen. Alles, was seine Salbung euch lehrt, ist wahr und ist keine Lüge« (1 Joh 2,27; vgl. Joh 6,45). Mit der Salbung ist die Gabe des Geistes gemeint (vgl. 1 Joh 2,20). Der Geist verleiht auch die Befähigung zum rechten Beten, das nämlich »im Geist und in der Wahrheit« geschehen soll (Joh 4,23). Er ist die lebenschaffende Kraft (6,63). Das dem Pfingstbericht in Apg 2,1ff vergleichbare Geschehen hat der vierte Evangelist in einen Osterbericht verlegt. Der seinen Jüngern erscheinende erhöhte Christus haucht diese an mit den Worten: »Empfanget heiligen Geist« (Joh 20, 22) und erfüllt so die Verheißung (vgl. 7, 38 f).

XV. Die Apokalypse

1. Die in einer eigenen Sprache, die sich von der Sprache der übrigen Schriften des Neuen Testaments erheblich unterscheidet, in der Sprache der Apokalyptik mit ihren Bildern und Visionen abgefaßte Schrift geht an Gemeinden, die in eine schwere Verfolgung und in harte Auseinandersetzungen mit der Umwelt geraten sind. Die Verfolgung hat bereits blutige Opfer gefordert. Sie ist in Verbindung mit dem im Osten des Römischen Reiches sich ausbreitenden Kaiserkult unter Domitian zu sehen. Die Bedrängnisse, die für die Christen entstanden sind, werden immer wieder angesprochen, teilweise in recht konkreter Art. Der Verfasser selbst war auf die Insel Patmos verbannt worden (1,9). Kultbildern des Kaisers mußte offenbar öffentliche Verehrung geleistet werden. Die Schikanen der Behörden griffen ein in das alltägliche Leben des Kaufens und Verkaufens und bereiteten den Verweigerern bittere Not (13,15–17). In einer Vision bekommt der Seher die Seelen derer zu schauen, die um des Wortes Gottes und des Zeugnisses willen, an dem sie festhielten, hingeschlachtet wurden und die sich jetzt in der Nähe Gottes befinden und um Vergeltung rufen (6,9f; vgl. 16,6; 17,6; 18,24). In dieser schweren Zeit sind Geduld und Treue erforderlich (13,10). Die an sieben kleinasiatische Gemeinden gerichtete Schrift (2f) will trösten und aufrütteln, indem sie die Gegenwart auf das bevorstehende Ende hin durchleuchtet und das Gericht ankündigt, mit dem Christus seine Weltherrschaft antritt. Obwohl die Schrift apokalyptische Bilder und Visionen in aufeinander folgendem Fluß bietet und sich damit weitgehend der Sprache der jüdischen Apokalyptik anpaßt, unterscheidet sie sich von vergleichbaren Dokumenten darin, daß sie keine Geheimschrift für esoterische Kreise sein, sondern weithin gehört werden will (22,10.15). Darum nennt der Verfasser seinen Namen, wie es apokalyptischer Art widerspricht, und verzichtet er auf Deutungen der Bilder und Visionen, wie es der Esoterik entspräche.

2. Zentrum des Handlungsablaufs ist Gott. Die theozentrische Sicht ist durch die eröffnende Thronvision markiert. Von Gott geht alles Geschehen aus, zu ihm kehrt es zurück. Er ist das Alpha und das Omega, der ist und der war und der kommen wird, der Allherrscher (1,8; vgl. 21,6). Er wird als Schöpfer der Welt, von Himmel und Erde und Meer und den Wasserquellen gepriesen (4,11; 10,6; 14,7). Die im Neuen Testament nicht allzu häufig vorkommende Schöpfungsaussage verdient Beachtung. Denn Gott als der Schöpfer der ersten Welt garantiert die Erschaffung des neuen Himmels und der neuen Erde (21,5.1), die erwartet werden und auf die alles zuläuft.

Dann, wenn die Zeit aufhört, wird das Geheimnis Gottes vollendet sein (10,6f). Wird Gott als Lenker der Geschichte und der Wege des Menschen, der Völker und der Welt gesehen, so gebührt ihm das neue Lied des Mose, das von jenen angestimmt wird, die über das Böse gesiegt haben: »Groß und wunderbar sind deine Werke, Herr, allmächtiger Gott. Gerecht und wahrhaftig sind deine Wege, du König der Völker« (15,3; vgl. 19,2).

3. Auf die Thronvision, die gleichsam der ruhende Punkt ist, von dem alles ausgeht, folgt, noch in sie hineingenommen, die Übergabe des siebenfach versiegelten Buches an das Lamm, das wie geschlachtet dasteht und als allein würdig befunden wird, die Siegel des Buches zu öffnen. Seine sieben Hörner und sieben Augen bezeichnen seine vollkommene Macht und Weisheit (5,1–7). Weil das siebenfach versiegelte Buch den noch ausstehenden Lauf der Geschichte beinhaltet, der mit der Öffnung der einzelnen Siegel in Gang kommt, ist Christus, das Lamm, als der endzeitliche Weltregent eingeführt, der durch seinen Tod und seine Auferweckung die Weltregentschaft errungen hat. Die Übernahme dieser Regentschaft stellt sich dann als ein Prozeß dar, der sich in der Niederwerfung der Mächte des Bösen vollzieht, so wie die verschiedenen Siebener-Reihen der Plagen einander ablösen, oder besser: wie jeweils die eine aus der anderen hervorgeht: die Reihe der sieben Posaunen aus der Reihe der sieben Siegel, die Reihe der sieben Schalen aus der Reihe der sieben Posaunen. Am Ende dieses Prozesses steht Christus da als der Reiter auf weißem Pferd, angetan mit den Insignien des Weltherrschers, der auf seinem Gewand und auf seiner Hüfte den Namen trägt: König der Könige und Herr der Herren, Namen, die sich die Großkönige, die jetzt alle abgetan sind, zugelegt hatten (19,11–16).
In dem beständigen Szenenwechsel von irdischem und himmlischem Geschehen, die aufeinander abgestimmt sind und wo Engel die Regie führen, hat Christus seinen Platz im Himmel. Auf sein irdisches Leben ist nurmehr im Zusammenhang mit seinem Kreuzestod zurückverwiesen. Als Lamm trägt er die Schlachtwunde. Daß er in Jerusalem gekreuzigt wurde, wird in Verbindung mit den zwei Zeugen erwähnt (11,8). Dem Seher eröffnet er sich als der, welcher tot war und jetzt lebt in die Äonen der Äonen (1,18). Die nähere Bestimmung Christi als Lamm in der Apokalypse ist strittig. Anders als im vierten Evangelium wird an die Symbolik des Paschalammes kaum zu denken sein, zumal das verwendete Wort (ἀρνίον) auch mit »Widder« übersetzt werden kann. Diese Übersetzung wird von einigen Interpreten mit Hinweis auf die Aufgestaltung des Bildes (5,6: sieben Hörner; 6,16: sein Zorn) bevorzugt. Doch spricht die Anlehnung an Jes 53,7 (»wie ein Lamm, das man zum Schlachten führt«) und das Vorbild des deuterojesajanischen Gottesknechtes eher für das Bild

vom Lamm. Die Geburt des messianischen Kindes in der Vision von der himmlischen Frau ist zwar gewiß auf Jesus zu beziehen, doch ist sie in einer Weise in den mythologischen Drachenkampf einbezogen, daß sie geschichtlichen Grenzen zu entschwinden droht. Freilich ist in Übereinstimmung mit dem Gesamtkonzept dem Knaben angesagt, daß er mit eisernem Szepter alle Völker weiden wird (12,5). Daß das neugeborene Kind unmittelbar nach seiner Geburt zum Thron Gottes entrückt wird, während die Frau in die Wüste flieht, kann gewiß nicht aus dem Leben Jesu abgeleitet werden, sondern hat mit dem Mythos vom Drachenkampf zu tun (12,5f). Als Messias stammt Jesus aus dem Stamm Davids. Auch daran wird in Bildern erinnert, wenn er »Löwe aus dem Stamm Juda, die Wurzel Davids« (5,5) genannt wird oder von sich selbst sagt: »Ich bin die Wurzel und das Geschlecht Davids« (22,16). Nach 3,7 sind ihm die Schlüssel Davids übertragen. Dieses aus Jes 22,22 übernommene Bild, das dem Verwalter des königlichen Palastes in Jerusalem gilt, ist auf den himmlischen Palast übertragen, in den einzulassen und zu geleiten, Christus die Vollmacht hat. Das Christus-Prädikat kommt in der Apokalypse voll zum Zuge, wenn von seiner Vollmacht (12,10) und Weltherrschaft die Rede ist (11,15), die Wirklichkeit geworden sind. Dies hat auf verstärkte und eigentümliche Weise Bedeutung für das tausendjährige Reich, in dem alle, die um des Zeugnisses Jesu und des Wortes willen enthauptet worden sind, mit Christus herrschen werden. Von ihnen heißt es weiter: »Sie werden Priester Gottes und Christi sein und tausend Jahre mit ihm herrschen« (20,4.6).
Das Kyrios-Prädikat wird überwiegend auf Gott übertragen (wiederholt in der Formel: Herr, Gott, Allherrscher 4,8; 11,17; 15,3; 21,22). Neben dem Titel »Herr der Herren« wird Jesus im liturgischen Anruf mit Herr angesprochen (22,20f). Auch bei den Toten, die im Herrn sterben (14,13), ist an den Herrn Jesus zu denken und somit an solche, die im christlichen Glauben entschlafen sind. Die Christologie der Apokalypse ist dadurch geprägt, daß sie über Christus die gleichen Aussagen machen kann wie über Gott. Auch Christus ist Alpha und Omega, der Erste und der Letzte, der Anfang und das Ende (22,13; vgl. 1,17; 2,8). So präexistierte er bei Gott vor der Schöpfung, denn er ist auch der Anfang der Schöpfung und das Amen (3,14). Er erhält wie Gott die Attribute »der Heilige, der Wahrhaftige« (3,7; vgl. 6,10). Nach seinem Sieg, den er in Kreuz und Auferweckung errang, hat er sich mit dem Vater auf den Thron gesetzt (3,21; vgl. 22,1); der anbetende Preisgesang der himmlischen Wesen gebührt ihm wie Gott (5,13). Im himmlischen Jerusalem, das keinen Tempel mehr benötigt, werden Gott und das Lamm der Tempel sein (21,22). Auffällig ist die Zurückhaltung im Gebrauch des Gottessohn-Titels. Wir treffen ihn nur ein einziges Mal an, in der Einführung des Sendschreibens an die Gemeinde von Thyatira (1,18).

Es nimmt nicht wunder, wenn die in der Apokalyptik wurzelnde Bezeichnung Menschensohn auch in der Apokalypse auf Jesus übertragen wird. Dabei wird der Begriff gleichsam nur indirekt titular verwendet, insofern Jesus in der Vision sichtbar wird als einer, der aussieht wie ein Menschensohn (1, 13; 14, 14). Das mag Anlehnung an Dan 7, 13 sein. Menschensohn ist Jesus in seiner Hinwendung zu den Gemeinden, zur Kirche. Ganz klar ist dies in der den Sendschreiben vorgeordneten Vision, in der Jesus zum erstenmal als Menschensohn erscheint. Dabei ist er umgeben von sieben goldenen Leuchtern, und er trägt in seiner Rechten sieben Sterne, die für die Engel der sieben Gemeinden und für die sieben Gemeinden stehen (1, 12–20). Später erscheint Jesus nochmals wie ein Menschensohn mit goldener Krone auf seinem Haupt und einer Sichel in der Rechten. Der Bezug auf die Gemeinde ist hier nicht so deutlich, doch dürfte die von ihm vollzogene Ernte auf die Einbringung, Heimholung der Gemeinde zu beziehen sein (Holtz, Christologie 128–134). Denn die Ernte des Menschensohn-Ähnlichen hebt sich ab von der unmittelbar anschließend geschilderten, von einem Engel zu vollziehenden Ernte, die den Weinstock der Erde betrifft (14, 14–20). Unabhängig vom Menschensohn-Begriff ist die Hinwendung Christi zur Kirche am Anfang und am Ende der Schrift nachdrücklich zu verstehen gegeben. Christus hat die Offenbarung von Gott empfangen, damit er sie seinen Knechten weitergebe (1, 1). Die Hochzeit des Lammes ist die vollendende Gemeinschaft Christi mit der Kirche und den zu ihr Gehörenden (19, 1–10).

4. Charakteristisch für die Welt der Apokalyptik und darum auch der Apokalypse ist die Vorstellung, daß himmlische Wesen, Engel nicht nur bei Gott stehen, sondern auch in seinem Auftrag in die Geschichte der Welt und der Menschen eingreifen. Neben den Myriaden von Engeln um Gottes Thron (5, 11) sind es die vier lebenden Wesen, in Anlehnung an Ez 1, 4 ff phantasiereich geschildert (erstmals erwähnt in 4, 6), und die vierundzwanzig thronenden Ältesten (erstmals 4, 4), die eine Hierarchie der himmlischen Welt andeuten. Mit ihren Preisgesängen unterbrechen sie immer wieder den Lauf der Dinge. In den Sendschreiben wird jeweils der Engel der Gemeinde als Adressat angesprochen (2, 1 u. ö.), der deren himmlischen Repräsentanten darstellen könnte. Seine Deutung ist freilich kontrovers. Ein Engel vermittelt die Offenbarung (1, 1), Engel verkündigen (5, 2), lenken die Winde (7, 1), tragen die Gebete der Menschen vor Gott (8, 3). In ihren vielfältigen kosmologisch-eschatologischen Funktionen sind sie gleichsam das unerläßliche apokalyptische Requisit, das die Welt in Gang hält. Die Engel stehen aber den Menschen nahe, auch rangmäßig, besonders den Glaubenden. Der Engel nämlich, der sich wiederholt dem Seher nähert, gibt sich kund als »dein und deiner

Brüder Mitknecht, die das Zeugnis Jesu haben« (19,10; vgl. 22,9). Die Apokalypse überliefert auch die mythologische Tradition vom Sturz des Drachen, der Teufel und Satan heißt, durch Michael und seine Engel (12,7-9). Damit ist gleichzeitig die Front der gottfeindlichen Engel im Visier. Zum gottfeindlichen apokalyptischen Repertoire gehören auch das Tier, das aus dem Meer aufsteigt (13,1), und das Tier, das aus der Erde aufsteigt (13,11). Doch hier mischt sich Geschichtliches mit Mythologischem, da das erste Tier mit dem römischen Weltreich identisch ist, das in 17,1 als die große Hure erscheint, die an vielen Wassern sitzt, und in 14,8 zum erstenmal das große Babylon heißt. Das zweite Tier hingegen ist der Lügenprophet (16,13; 19,20; 20,10), bei dem wir wahrscheinlich an die den Kult des Kaisers propagierende staatliche Priesterschaft zu denken haben.

5. Die Soteriologie der Apokalypse, die es gleichfalls in Bildern zu erfassen gilt, konzentriert sich vor allem auf zwei Gedanken. Der erste Gedanke ist die durch Jesu Tod gewirkte Erlösung. Christus hat uns durch sein Blut von unseren Sünden befreit (1,5); er hat mit seinem Blut Menschen aus allen Stämmen und Sprachen und Völkern und Nationen für Gott erkauft (5,9). Wenn deren Zahl mit 144 000 angegeben wird (14,3; vgl. 7,4-8), so darf dies keinesfalls wörtlich genommen werden. Als Symbolzahl (zwölf mal zwölf) hat sie mit dem Zwölfstämmevolk Israel zu tun, das im geistigen Sinn in der Völkerkirche neu entstanden ist. Darum ist die große Schar, die niemand zählen kann und die die Rettung erfährt, letztlich mit der Symbolzahl gleichzusetzen (7,9f). Daß die universale Völkerwelt in das Heil miteinbezogen ist, deutet auch 21,24 an. Die Vorstellung vom Loskauf darf nicht gepreßt werden, als sei irgendeinem mit Christi Blut, dann dem Satan, ein Kaufpreis bezahlt worden. Der positive Gedanke ist, daß Christus die vielen Menschen durch seine Hingabe für sich erwarb. Allerdings wird die Macht des Bösen als eine die menschlichen Widerstandskräfte übersteigende angesehen. So ist es auch dem Blut des Lammes zu verdanken, daß die Blutzeugen Satan, ihren Ankläger, überwanden (12,11). Der Primat der Gnade und der zuvorkommenden Erwählung Gottes drückt sich aus in der Idee vom Buch des Lebens, in dem die Namen der Erwählten geschrieben stehen (13,8; 17,8 u.ö.). Beim Endgericht wird es aufgeschlagen (20,12). Es ist auffallend, daß das Lebensbuch meist in Bezug auf die Nichterwählten erwähnt wird. Dieser prädestinatianischen Aussage, die die Freiheit Gottes betont, steht die andere gegenüber, nach der die sich verweigernden Menschen durch die über sie kommenden Plagen zum Besseren gerufen werden sollen. In diesem Sinn wird man die wiederholte Bemerkung zu deuten haben, daß diese Menschen nicht bereit waren, umzukehren und davon abzulassen, Gott zu verfluchen (9,20f; 16,9.11).

Der zweite hervortretende soteriologische Gedanke ist der des Schutzes Gottes. Wenn die 144 000 versiegelt werden, das Siegel Gottes auf die Stirn bekommen (7, 3 f) – wahrscheinlich bezieht sich das Bild auf die Taufe, nicht daß es die Taufe abbildet, aber in Anlehnung an die Bezeichnung der Taufe als Siegel gebildet wurde (2 Kor 1, 22; Eph 1, 13; 4, 30) –, so bedeutet das einen besonderen, von Gott gewährten Schutz. Dieses Siegel steht in Antithese zum Malzeichen des Tieres, das sich jene Menschen machen, die das Tier und sein Standbild anbeten und darum gewisse irdische Privilegien erhalten (13, 16 f; 14, 9). Die Antithese zeigt, daß den Versiegelten Gottes die Verfolgung nicht erspart bleibt, im Gegenteil sind sie wegen der Weigerung, das Malzeichen des Tieres anzunehmen, besonderen Repressalien ausgeliefert. Der Schutz Gottes, der auf die innere Stärke und Festigkeit gehen dürfte, kommt auch in den Bildern von der Vermessung des Tempels, bei der der äußere Vorhof der Heiden ausgespart und alle im Tempel Anbetenden gezählt werden sollen (11, 1 f), und der Rettung des Heerlagers der Heiligen zum Ausdruck (20, 9). Mit der Vermessung des Tempels ist eine alte Weissagung aufgegriffen, die in den Jüdischen Krieg zurückgreift und denen, die sich in den Tempel retteten, angeblich Schutz verhieß. Obwohl diese damals umkamen, erweckt der Seher die alte Weissagung zu neuem Leben, könnte aber mit der inzwischen gemachten Erfahrung des Krieges andeuten wollen, daß Gottes Schutz das äußere Scheitern nicht zu verhindern braucht.

Eine besondere Sicht macht die Berufung der Gläubigen zu Königen und Priestern aus. Sie geschieht in Anlehnung an Ex 19, 6, die Berufung Israels zu einem Königtum von Priestern als ein heiliges Volk. Diese Berufung der Christen meint nicht eine amtliche Beauftragung, sondern eine Verheißung, die voll erfüllt werden wird, wenn sie sich in der Anfechtung bewähren (vgl. 1, 6; 5, 10; 20, 6). Dahinter steht der Gedanke, daß der vollendete lobpreisende Gottesdienst erst im Himmel ermöglicht sein wird, wo die Herrschaft und das Herrsein Gottes und Christi uneingeschränkt anerkannt sind (Schüßler Fiorenza, Priester 420).

Der Glaube ist in der Apokalypse kein theologisches Thema. Das Verb Glauben kommt nicht vor. Der Glaube ist eine Tugend, die neben der Liebe steht, vor allem neben der Geduld. Eines ist geboten: den Glauben festzuhalten und nicht zu verleugnen (vgl. 2, 13.19; 13, 10; 14, 12). Gerühmt werden jene, die treu sind (im Glauben; vgl. 2, 10.13; 17, 14).

6. Die Kirche ist als erste einbezogen in die Geschehnisse der Endzeit. Zwar richtet sich die Apokalypse konkret an sieben kleinasiatische Gemeinden, unter denen Ephesos als erstgenannte die bedeutendste ist (2, 1), und werden die Gemeinden nochmals am Ende er-

wähnt (Plural; 22,16), doch ist damit zu rechnen, daß die Siebenzahl die Gesamtheit vertritt, das Schreiben also die ganze Kirche anreden möchte. Im Gottesvolk-Gedanken tritt die Christenheit als Einheit in den Blick, näherhin im Ruf, der vom Himmel her ergeht, die Stadt Rom zu verlassen: »Geht hinaus, ihr, mein Volk, daß ihr nicht teilhabt an ihren Sünden« (18,4). Doch ist die innere Einheit vor allem dadurch gewährleistet, daß die Kirche eine Vergangenheit und eine Zukunft hat. Im Blick auf ihre Vergangenheit und Zukunft soll sie Einheit und Festigkeit gewinnen. An ihre Vergangenheit wird sie erinnert durch ihre Vorgeschichte in Israel, das als das Volk der zwölf Stämme geistigerweise in der Kirche weiterlebt (7,5–8; 21,12). Die mit zwölf Sternen gezierte himmlische Frau, die den Messias zur Welt bringt, hat – bei allem Streit der Interpreten – mit Israel zu tun, wie immer man hier Kirche zu Israel in Beziehung setzt (12,1ff). Als Braut des Lammes ist die vollendete Kirche geschaut (19,7; 21,9), aber auch als das himmlische Jerusalem, dessen Grundsteine die Namen der zwölf Apostel tragen (21,14).

In dem Wechselspiel vom irdischen und himmlischen Geschehen, in das auch die Kirche einbezogen ist, verliert sie nicht ihre harten, irdischen Konturen. Dafür sorgen schon die ständigen Verweise auf die Verfolgungssituation. Dafür sprechen die Sendschreiben in bezug auf die Verfaßtheit der Gemeinden eine zu deutliche Sprache. Über ihre Verfassung jedoch läßt sich kaum etwas ausmachen. Der Verfasser der Schrift, Johannes, ist ohne Zweifel eine herausragende, über die Ortsgemeinden greifende Autorität. In den Engeln der Gemeinden irdische Amtsträger sehen zu wollen, ist abwegig. Es gibt Wanderprediger, doch vor ihnen wird gewarnt (2,2). Die einzige greifbare Funktionsbezeichnung ist die des (christlichen) Propheten (11,18; 16,6; 18,20.24; 22,9). Nähere Daten sind kaum erhebbar. Die Propheten dürften mit der Belehrung der Gemeinde befaßt gewesen sein.

7. Die Eschatologie macht die durchgreifende Orientierung der Apokalypse aus. Alles ist ausgerichtet auf das Ende (6,10: »Wie lange noch, Herr, Heiliger, Wahrhaftiger?«), auf das Gericht, das seine Schatten in den Reihen der Siegel, Posaunen und Schalen vorauswirft, auf die endgültige Herrschaftsübernahme durch Gott und Christus, bei der es heißt: »Jetzt ist geworden die Rettung und die Kraft und das Reich unseres Gottes und die Macht seines Christus« (12,10; vgl. 11,15). Das Gericht steht im Vordergrund, der große Tag des Zornes (6,17), an dem die große Kelter des Zornes getreten wird (14,19f). Es ergeht nach den Werken eines jeden (2,23; 22,12). Christus, der Erstgeborene der Toten (1,5), verbürgt die Auferstehung der Toten.

Gemäß dem eschatologischen Repertoire der Apokalyptik ist die dem Ende vorangehende kurze Zeit eine Periode ausgelassener Bosheit und schlimmer Schrecknisse. Eindrücklich schildert dies die Vision von den vier apokalyptischen Reitern auf weißem, feuerrotem, schwarzem und fahlgelbem Roß (6, 1–8). Die letzten drei Reiter symbolisieren Krieg, Hunger und Tod. Umstritten ist die Deutung des ersten. Möglicherweise meint auch er den Krieg, so daß man zwischen Völker- und Bürgerkrieg differenzieren muß. Oder sollte er den Antichrist darstellen? Die Siebener-Reihen-Visionen von den Siegeln, Posaunen und Schalen sind der ausführlichen Darstellung des Vergehens des Kosmos gewidmet, so daß sich insgesamt eine weitgehende Parallele zur eschatologischen Rede nach Mk 13,7–27 ergibt, wobei die Auflösung des Weltgebäudes ungleich eingehender beschrieben wird. In der apokalyptischen Eschatologie ist auch die Erwartung des großen Widersachers (Antichrist) beheimatet. In 13,3 erscheint er – wie verkleidet – als eines der Häupter des Tieres aus dem Meer, also des Römerreiches. Wenn er eine tödliche Wunde trägt, aber davon geheilt wird, ist sein Schicksal dem Weg Christi über das Kreuz zur Auferstehung nachgebildet, nachgeäfft. Dabei schließt sich diese Erwartung vermutlich zusätzlich der damals verbreiteten Sage von der Wiederkunft des Kaisers Nero an, dessen schlimme Regierungszeit unvergessen geblieben und der durch Selbstmord aus dem Leben geschieden war.

Eine Besonderheit im Enddrama der Apokalypse ist das tausendjährige Reich, das allerdings gleichfalls apokalyptischem Denken schon bekannt war. Die tausendjährige Herrschaft des Christus mit den christlichen Martyrern ist der besondere Lohn, der nur ihnen zuteil wird. Dieses Reich soll auf dieser Erde begründet werden. Zu ihm sollen die Martyrer auferstehen (20, 1–6). Wie die konkrete Realisierung dieses phantastisch anmutenden Millenniums, das politisches Planen in der Folgezeit zum Segen und zum Fluch beflügelte, gedacht war, bleibt unklar. Man wird im Sinn des Sehers aber dann zwischen zwei Totenerweckungen zu unterscheiden haben; die allgemeine Auferstehung ist an das letzte Ende gerückt.

Oder ist die tausendjährige Herrschaft nur als eine qualitative Aussage aufzufassen? Denn die Ankunft Christi wird für bald erwartet: »Die Zeit ist nahe« (1,3); »Ich komme bald« (3,11; vgl. 2,25; 22,7.10.12.20). Es fehlt auch nicht an dem Versuch, das Ende zu berechnen (17,7–18). Auch das ist der Apokalyptik gemäß wie die Naherwartung. Doch ist die grundsätzliche Beurteilung dieser Berechnung umstritten. Die Deutung und Bewältigung der Gegenwart steht im Vordergrund. Die kaum noch erträgliche Gegenwart wird als Vorauslauf der Herrschaft Christi und Gottes, des neuen Himmels und der neuen Erde gesehen.

Sachregister

Abraham 83
Adam 70f
Altes Testament 30, 48f, 114f, 123, 125
Anthropologie 68–70
Antichrist 93f, 156
Amt 60, 100, 104f
Apostel 59f, 125
Astrologie 96
Auferstehung Jesu 62–64, 91
Auferstehung der Toten 91f

Buße 60f
Bruderschaft 46f

Christus 32, 36f, 41–43, 53, 136
Christusgemeinschaft 84–86, 100f

Davidssohn 39f
Dualismus 127–130

Engel 152
Emmanuel 42f
Eschatologie, präsentische 139–141
Eucharistie 145f
Evangelium 34f, 41

Freude 51f
Frieden 28, 99

Gebet 53
Geist Gottes (heiliger Geist) 27, 52, 87–89, 146–148
Gemeinde 89–91, 110f, 119
Gerechtigkeit 49, 76–79
Gesetz 73–76
Glaube 39, 49, 78, 81–84, 106f, 117f, 122f
Gnade 80f, 109
Gottesknecht 42

Herrschaft Gottes 11–15, 40, 47f, 55
Hoherpriester 112–114

Höllenfahrt 121

Israel 19, 44–46, 56f
Jerusalem 50f
Johannes der Täufer 23f
Jünger 18f, 37–39, 51

Kerygma 34f, 64
Kirche 46f, 89–91, 97–100, 103–105, 121f, 144f, 154f
König der Juden 31f
Kreuz 37, 77, 115f, 119f
Kyrios 43, 137, 151

Leben 133f, 139f
Lehre 17f, 104–106
Leiblichkeit 68f

Martyriumsparänese 20
Menschensohn 22, 24f, 32, 36, 43f, 47, 54, 137, 152
Messias 20f

Nachfolge 18, 38
Naherwartung 13, 54f, 93f
Nazoräer 42

Offenbarung 130–133

Paraklet 146–148
Parusie 55, 65, 91, 93f, 101, 124
Petrus 39, 46
Prädestination 135f, 153
Präexistenz Jesu 66, 121

Rechtfertigung 76–79
Reich Gottes s. Herrschaft Gottes
Retter 107f

Satan 14f, 56, 153
Schöpfung 67, 95f
Sendung 28
Sohn Gottes 25f, 32, 35, 41f, 52, 65f, 111f, 137f
Sünde 15f, 60, 70–72, 128, 134f

Taufe 86f, 145f
Theologie 7f
Tod 72f
Tod Jesu 26f, 62–64

Umkehr 13f

Vergebung 15f
Volk Gottes 19, 39f, 44–46, 57–59, 91

Vollkommenheit 49

Wachstumsgleichnisse 12
Weisheit 26
Welt 127
Weltende 40
Wunder 16f, 131f

Als weitere Ergänzungsbände der
NEUEN ECHTER BIBEL – Neues Testament
werden erscheinen:

Band 2: Einleitung in das Neue Testament
Band 3: Zeitgeschichte und Umwelt des Neuen Testaments
Band 4: Quellentexte zur Zeitgeschichte und Umwelt
   des Neuen Testaments
Band 5: Hermeneutik des Neuen Testaments

Echter Verlag

Zeitschriftenstimmen zur Neuen Echter Bibel

Band 1/1
Rudolf Schnackenburg
MATTHÄUSEVANGELIUM 1–16, 20, 156 Seiten, Broschur

»Der Würzburger Neutestamentler und Herausgeber der Neuen Echter Bibel bietet einen fundierten Kommentar zum Matthäusevangelium, das in der alten Kirche den größten und tiefsten Einfluß unter allen neutestamentlichen Schriften ausgeübt hat. Neben Gestalt, Aufbau, Quellen und redaktioneller Gestaltung des Textes arbeitet er das geistliche Milieu und die Herkunft, Zeit und Umstände der Abfassung heraus. Wichtig sind ihm das Verhältnis von Israel, Judentum und Kirche und die Bedeutung des Petrus. Die Theologie des Matthäusevangeliums behandelt die Punkte: Christologie, altes Gesetz und neue Gerechtigkeit, Heilsgeschichte und Endvollendung. Aktualität gewinnt es gerade heute durch die Forderungen der Bergpredigt.
Bibel und Kirche

Band 1/2
Rudolf Schnackenburg
MATTHÄUSEVANGELIUM 16, 21–28, 20, 144 Seiten, Broschur

Band 3
Jacob Kremer
LUKASEVANGELIUM 256 Seiten, Broschur

»Endlich ein neuer Lukas-Kommentar in lebendiger, heutiger Sprache! Von einem Lukas-Spezialisten so geschrieben, daß ihn Nicht-Fachleute gut verstehen und mit Gewinn lesen können, ohne daß Fachleute dabei das Grausen bekommen. Im Gegenteil: Er ist solide wissenschaftlich-exegetisch fundiert, ›auf dem neuesten Stand‹ – und zugleich in guter Weise immer auf die Ermöglichung des Glaubens bezogen. Für den Alltag der Verkündigung und Glaubensvermittlung ein Glücksfall!«
Institut für Fort- und Weiterbildung, Rottenburg

Band 4
Joachim Gnilka
JOHANNESEVANGELIUM 164 Seiten, Broschur

»Dieser Band ist eine positive Überraschung. Er zeigt, wie man trotz des fast nicht mehr zu überschauenden Forschungsmaterials das vierte Evangelium ausgewogen, kurz und präzis – und sogar mit Erwähnung bedeutsamer Interpreten der Kirchengeschichte (z. B. Thomas v. Aquin und Martin Luther) – erläutern kann. Zunächst wird der Text nach der Einheitsübersetzung geboten. Dann folgt eine blockartige Zusammenfassung literar-, form- und traditionskritischer Beobachtungen. Daran schließt sich die eigentliche Interpretation an. Am Ende wird noch die Wirkungsgeschichte des Textes angedeutet und so Anregung für die Predigt und Meditation gegeben.« *Bibel heute*